세가지열쇠

지은이 **권오상**은 벤처캐피털 회사 프라이머사제파트너스의 공동 대표로서 국내 벤처 기업들을 국제 무대에 진출시키는 것을 돕고 있다. 금융감독원 복합금융감독국장과 연금금융실장, 도이체방크 홍콩 지점과 서울 지점 상무, 영국 바클리스캐피털 런던 시섬과 싱가포트 시짐에서 근무했다. 또 히의과학대학교 글로벌경영학과 교수, 한국과학기술원KAIST 기술경영학과 겸직교수를 지냈으며, 삼성SDS 수석보, 기아자동차 주임연구원으로 근무했다.

서울대학교 기계설계학과에서 학사, 한국과학기술원 기계공학과에서 석사, 미국 캘리포니아대학교 버클리 캠퍼스University of California, Berkeley 기계공학과에서 박사 학위를 받았고, 프랑스 인시아드INSEAD 경영대학원에서 MBA를 취득했다. 금융 분야의 저서로 《신금융선언》《오늘부터 제대로, 금융 공부》《돈을 배우다》《고등어와 주식, 그리고 보이지 않는 손》《돈은 어떻게 자라는가》《파생금융 사용설명서》《기업은 투자자의 장난감이 아니다》, 의사결정에 관한 저서로 《이기는 선택》이 있다. 그 외에도 《미래를 꿈꾸는 엔지니어링 수업》《혁신의 파》《엔지니어 히어로즈》 등을 썼다.

세 가지 열쇠

2019년 11월 12일 초판 1쇄 인쇄 | 2019년 11월 19일 초판 1쇄 발행

지은이 권오상 | 펴낸곳 부키(주) | 펴낸이 박윤우 | 등록일 2012년 9월 27일
등록번호 제312-2012-000045호 | 주소 03785 서울 서대문구 신촌로3길 15 산성빌딩 6층
전화 02) 325-0846 | 팩스 02) 3141-4066 | 홈페이지 www.bookie.co.kr
이메일 webmaster@bookie.co.kr | 제작대행 올인피앤비 bobys1@nate.com
ISBN 978-89-6051-758-5 03190

이 도서의 국립중앙도서관 출판예정도서목록(CIP)은 서지정보유통지원시스템 홈페이지(http://seoji.nl.go.kr)와 국가자료공동목록시스템(http://www.nl.go.kr/kolisnet)에서 이용하실 수 있습니다. (CIP제어번호:CIP2019043103)

세 가지 열쇠

▶ 운·스킬·네트워크의 성공 방정식 ◀

권오상 지음

부·키

사랑하는 윤경, 이준, 서준에게

목차

들어가는 말

모든 사람은 성공을 꿈꾼다. 그러나 성공은 모두에게 허락되지 않는다. 이유는 단순하다. 성공에 이르는 길을 오해하기 때문이다.

성공에 도달하려면 잠겨 있는 문을 하나 이상 열어야 한다. 각각의 문에는 그에 맞는 열쇠가 있다. 운運, 술術, 망網이 바로 그것이다. 이름하여 '세 가지 열쇠'다.

무릇 모든 자물쇠는 짝이 맞는 열쇠에 의해서만 열린다. 성공에 이르는 길을 가로막는 문도 마찬가지다. 운으로 열리는 문을 스킬로 열겠다는 시도는 헛되다. 스킬이 필요한 문을 네트워크로 해결하려는 계획도 부질없다. 열쇠 구멍이 세모인데 네모인 열쇠를 들이미는 것보다 더 미련한 짓이 있을까.

나는 이제까지 엔지니어와 금융인으로 살아왔다. 스킬이 전부일 듯한 영역에서 운을 몸소 겪었고, 운이나 스킬과 구별되는 네트워크의 영향도 알게 되었다. 지금은 벤처캐피털리스트로서 운, 스킬, 네트워크가 스타트업과 창업자들의 성공에 어떻게 영향을 미치는지를 지켜보고 있다.

이 책에서 나는 세 가지 열쇠가 무엇이며 서로 어떻게 다른지를 설명하려 했다. 또한 언제 어느 열쇠를 사용해야 하는지를 이야기했다. 궁극적으로는 세 가지 열쇠와 관련된 삶의 규칙을 모두 열 가지로 정리했다.

규칙에 관해 한마디 하자. 조던 피터슨_Jordan Peterson_의 《12가지 인생의 법칙_12 Rules of Life_》영어판 서문에 나오는 이야기다. 유대인의 신 야훼는 원래 수십 가지의 율법을 내리려 했다. 40년간의 방랑 생활 끝에 금 송아지를 떠받들 정도로 자유분방해진 유대인들은 율법의 수가 너무 많다며 불평했다. 한참 후 모세가 시나이산에서 내려와 군중에게 외쳤다. "여러분, 좋은 소식과 나쁜 소식이 있소. 무엇을 먼저 듣고 싶소?" 쾌락주의자들이 답했다. "좋은 소식이요." 모세가 외쳤다. "규칙을 열 개로 줄였소. 이른바 십계명이오!" 군중은 기뻐했다. 누군가 물었다. "나쁜 소식은 무엇이오?" 모세가 말했다. "간음하지 말라는 빼지 못했소." 사람들은 투덜댔다.

규칙은 이중적이다. 표면적으로는 우리의 자유를 속박하는 것처럼 보인다. 그러나 본질적으로는 그 제약을 통해 우리의 선택을 의미 있게 만든다. 따르지 않을 수도 있었지만 결국 따르기로 한, 자유로운 결정을 내림으로써 가능한 일이다. 삶의 중요한 결정 때마다 이 책의 열 가지 규칙을 다시 읽어 보시라.

세 가지 열쇠가 여러분과 함께 하기를.

2019년 10월 자택 서재에서
권오상

운, 스킬, 네트워크를 분별하라

어느 날 갑자기 금융감독원 국장이 된 사연

스마트폰이 울렸다. 모르는 번호였다. 잠시 주저하다 받았다. 젊은 여자 목소리였다.

"권오상 교수님 핸드폰이신가요?"

"예, 그렇습니다만, 누구시죠?"

"여기는 금융감독원장 비서실입니다."

머릿속이 하얘졌다. 갑자기 웬 금융감독원장? 수년 전 투자은행 임원으로 일하던 때의 일들이 떠올랐다. 금융업계에서 일해 본 사람이라면 내가 어떤 심정이었는지 이해할 것이다. 나도 모르게 몸이 떨렸다.

'뭔가 걸렸나? 난 크게 잘못한 일이 없는데……'

투자은행이란 데가 하는 일이 원래 좀 그렇다. 업계의 관행 중에 하늘을 우러러 부끄럼 한 점 없기는 힘든 것들이 있다. 물론 노골적인 불법도 없지는 않다. 궁금하면 1MDB나 그리스 국가 부채 조작 스왑 등을 찾아보시길.

"무슨 일 때문에 그러시죠?"

떨리는 목소리를 감지했는지 비서는 날 안심시키려 들었다.

"아, 다른 것이 아니고요, 원장님이 교수님께서 쓰신 책을 보고 한번 만나 뵙고 싶어 하셔서요."

그제야 안도의 한숨을 쉬었다. 내가 쓴 책 이야기 때문이라면 하루 종일이라도 만날 수 있었다. 금융감독원장이 내 책에 관심을 갖다니 감사한 일이었다. 당연히 그전까지 일면식도 없는 사이였다.

부지런한 금융감독원장은 아침 7시 조찬을 제안했다. 2시간 넘게 이어진 식사 시간 동안 거의 아무것도 먹지 못했다. 금융에 대해 궁금한 것이 너무 많은 금융감독원장의 속사포 같은 질문 때문이었다. 구름 위에 있을 것 같은 사람이 속세의 일에 관심을 가진다는 사실이 신기했다. 나중에 특강 요청이 있을지도 모른다고 생각했다.

조찬 이후 한동안 잠잠하더니 몇 달 만에 갑자기 연락이 왔다. 용건은 금융감독원에서 일해 보지 않겠냐는 것이었다. 무려 국장 자리를 제안했다. 극소수의 금융감독원 직원만이 은퇴를 앞둔 50대 초중반이 되어서야 도달할 수 있는 위치였다. 평생 꿈조차 꿔 본 적 없는 억힐이있다. 왜? 불가능히니까.

그런데도 선뜻 가겠다는 대답이 나오지 않았다. 금융감독원이라는 조직이 얼마나 폐쇄적이고 순혈주의적인지 알고 있었기 때문이다. 일의 성격상 그럴 수밖에 없는 곳이었다. 제아무리 국장이 높다 한들 고생길이 뻔했다. 게다가 금융감독원에 가려면 만 65세까지 20년 이상 순탄하게 보낼 수 있는 정년 트랙 대학 교수직을 그만둬야 했다. 그건 누가 봐도 미친 짓에 가까웠다. 확답 없이 시간이 흘렀다.

어느 날 아침 학교 출근길에 전화가 왔다. 금융감독원장이었다. 임원의 설득으로도 소용이 없자 원장 본인이 직접 나선 것이었다. 십수 년의 나이 차에도 불구하고 극존칭의 경어를 사용하며 결심을 종용했다. 부담스러웠다. 여전히 주저하는 나에게 금융감독원장은 아마도 마지막이었을 방법을 시도했다.

"권 교수님, 국가와 민족을 위해 봉사하는 심정으로 금융감독원에 꼭 와주시기를 바랍니다."

나는 몰랐다, 내가 국가와 민족이라는 단어에 무너질 줄은. 저 말을 듣고도 가지 않는다면 뭔가 죄를 짓는 느낌이었달까. 약 한 달 뒤 언론들은 40대 중반의 금융감독원 최연소 국장 선임의 소식을 전했다. 외부 인사 영입에 대한 금융감독원 노조의 반발과 직원들의 속앓이가 적지 않다는 기사와 함께.

그로부터 약 1년 후 기가 막힌 이야기를 들었다. 금융업계에 퍼진 내가 친박이라는 소문을 한 친구가 접했다. 코흘리개 시절부터 40년 넘게 나를 알아 온 친구 입장에서는 어이없는 소문이었다. 친구는 업계 사람에게 내가 그런 사람이 아니라고 말했으나 그는 단호했다. 이유를 묻자 금융감독원 국장 같은 고위직에 어떻게 아무 연고 없이 갈 수 있냐는 대답이 돌아왔다고 한다. 그에게는 모든 것이 연줄이요, '빽'이었다. 허탈한 심정에 나는 다음과 같이 되묻고 싶었다. 2014년에 태어난 아이는 그러면 모두 친박이냐고.

운을 스킬로 착각하면 오래가지 못한다

5년이 지난 지금도 그때를 돌이켜 보면 여전히 잘 믿기지 않는다. 어떻게 내가 금융감독원 국장이 되었을까 싶은 것이다. 물론 전문성 측면에서 부족함은 없었다. 실무 능력과 이론을 모두 갖춘 보기 드문 사람이라는 수식어가 나를 따라다녔다. 당시 금융감독원장이 보고 연락해 온 책은 현재도 그 분야의 필독서로 꼽힌다. 솔직히 말해 금융이라는 주제에 대해 나만큼 고민한 사람을 아직 만나 보지 못했다.

그러나 그것이 전부일 리는 없다. 매년 한국에서만 5만 종 이상의 신간이 쏟아져 나온다. 그중 특정한 한 권을 금융감독원장의 위치에 있는 사람이 읽을 가능성이 얼마나 되겠는가? 거기에다가 책을 읽고 감동받을 가능성과 굳이 만나자고 제안할 가능성과 주변의 우려에도 불구하고 국장으로 불러들일 가능성을 모두 곱해 보라. 0이라 봐도 무방할 정도로 극히 미미한 수준일 테다. 이를 설명할 수 있는 방법은 하나밖에 없다. 바로 운이다.

어떤 사람들은 다른 관점으로 풀기도 한다. 네트워크로 보는 것이다. 앞에 나왔던 금융업계 사람이 대표적이다. 빽이란 일종의 부정한 네트워크다. 원래 기준으로는 불합격인데 어디선가 전화가 오더니 갑자기 합격하는 일이 그 예다.

물론 부정하지 않은 네트워크도 존재한다. 어떤 네트워크가 부정한지 아닌지를 한눈에 알기는 쉽지 않다. 네트워크 자체는 원래 중립적이다. 다만 그것이 부정한 일을 벌이는 경로나 수단으로 전락할 가능성이 문제다.

이를 판가름하는 한 가지 시금석은 해당 네트워크가 얼마나 외부에 개방되어 있는가다. 부정한 네트워크는 대개 폐쇄적이고 위계와 출신을 중시한다. 사람 가리지 않고 받아들이는 아파트 조기 축구회가 부패의 온상이라는 뉴스를 들어 본 적 있는가? 없을 것이다. 조기 축구회는 위계를 따지지 않는 개방된 네트워크이기에 그렇다.

이처럼 운, 스킬, 네트워크는 서로 다른 대상이다. 독립된 변수라는 이야기다. 그럼에도 불구하고 이를 두고 혼돈과 오해가 적지 않다.

가장 흔한 오해는 운의 결과를 스킬 때문이라고 착각하는 일이다. 일단 누구라도 동의할 사례를 먼저 들어 보자. 인터넷에서 로또를 검색하면 자극적인 말로 치장된 사이트가 끝없이 나온다. "1등 91명째 배출" "143주 연속 1~2등 배출" "6일 만에 로또 1등 당첨" 등이 이들의 광고 문구다. 돈 내고 회원이 되면 가능성 높은 로또 번호를 알려 주겠다며 순진한 사람을 유혹한다. 알파고의 인공 지능이나 빅데이터 기반의 패턴 분석까지 들먹이는 곳도 있다. 내 최애 문구는 모 사이트의 "운보다는 실력 베스트XX"다.

애처롭게도 로또의 당첨에 스킬이 적용될 여지는 없다. 그냥 제로다. 왜냐하면 로또 번호는 무작위로 추출되기 때문이다. 무작위한, 즉 랜덤random한 일에는 스킬이 존재하지 않는다. 스킬이 존재할 수 없는 일에서 실력을 주장하니 딱하기만 하다. 저들도 자신의 광고 문구를 진심으로 믿지는 않는다. 믿었다면 자신의 돈을 걸어 143주째 1~2등에 당첨되었을 것이다. '호갱' 회원을 모집 중인 사실 자체가 저들에게 스킬이 없음을 증명한다.

운을 스킬로 오해하는 대표적 부류 중에는 이른바 '금수저'도 있다. 영호해라는 사람을 예로 들자. 영호해는 영정의 아들이다. 영정은 중국을 통일한 진시황의 본명이다. 아버지가 중국의 최초 황제요 절대 권력자니 아들인 영호해가 누렸을 권세와 호사는 두말하면 잔소리다. 모든 것을 가지고 태어난 그에게 성공은 숨쉬기보다도 쉬운 일이었을 듯싶다.

실제로 영호해는 21세에 황제가 되었다. 지방을 순찰하던 50세의 진시황이 병사하자 그에게 황제 자리가 왔다. 사실 이 자체를 성취로 보기에는 무리가 있다. 태어날 때 주어진 신분을 물려받은 것에 불과하기 때문이다. 원숭이의 아들은 언젠가는 아빠 원숭이가 되고 고양이의 딸은 언젠간 엄마 고양이가 될 가능성이 높지 않던가.

물론 영호해의 경우는 원숭이나 고양이보다는 좀 더 고려할 사항이 있다. 그에게는 형만 17명이 있었다. 즉, 위로 17명에 달하는 형들을 모두 제쳤다. 영호해에게 남다른 스킬이 있었던 것일까? 내막은 이렇다. 환관 조고는 세상 물정 모르는 가장 만만한 영호해를 꼬셔 황위에 오르게 했다. 영호해는 그 과정에서 후환이 될지 모르는 형들을 모조리 죽였다. 그렇다면 이것이 네트워크의 결과였을까? 황제조차도 네트워크를 완벽히 소유할 수는 없었다. 부려먹는다고 생각했는데 알고 보니 이용당하는 것이 네트워크의 속성이다.

이후 그는 환관과 후궁에 둘러싸여 진시황 흉내를 내며 살았다. 다른 할 줄 아는 게 없어서였다. 아버지 묘와 아방궁과 만리장성 등의 토목 공사를 끊임없이 벌였고, 외적의 침공에 대비한다며 징병을 계속했다. 사람들의 마음은 진즉에 그를 떠났다.

영호해의 시간은 길지 않았다. 하늘에서 뚝 떨어진 운이 영원하리라 착각했던 자에게는 당연한 결과였다. 사슴을 가리켜 말이라 부른다는 뜻의 '지록위마指鹿爲馬'라는 고사성어는 바로 조고에게서 유래된 말이다. 조고는 진짜 사슴을 말이라 부르고는 이에 의문을 표하는 사람은 곧바로 제거했다. 믿었던 조고가 4년 만에 반란을 일으키자 영호해에게 다른 선택지는 없었다. 그는 자살로 생을 마감했다.

부정한 네트워크를 스킬이라 주장하기도 한다

또 다른 대표적 오해는 네트워크의 결과를 스킬 덕분이라고 주장하는 경우다. 묘하게도 그 반대, 즉 스킬의 결과를 네트워크 덕이라고 주장하는 경우는 거의 없다.

이런 오해의 고전이라고 할 만한 사례를 하나 들자. 대학 입학 시

세 가지 열쇠

험에서 전국 수석을 차지한 학생의 이야기다. 편의상 이 학생의 이름을 한현경이라고 부르자.

한현경은 만점에서 단 1점 모자라는 성적으로 1등을 차지했다. 요즘은 수능에서 만점자가 많이 나와 별일 아니라고 생각할지 모르겠지만, 당시에는 대입 수석을 올림픽에서 금메달을 딴 운동선수만큼이나 영웅시했다. 시험 성적이 그해 모든 수험생 중에 제일 높으니 원하는 대학과 과를 고르기만 하면 합격은 자동이었다. 한현경은 누구나 예상할 수 있듯이 의대를 지원했고 당연히 수석 합격했다. 그녀는 그녀 가족에게 크나큰 기쁨이자 자랑거리가 되었다.

그런데 한 가지 어리둥절한 사항이 있었다. 그녀가 고른 대학은 순천향대학이었다. 대학 측은 전국 수석의 지원이 영광스러우면서도 찜찜했다.

겉으로 드러난 상황만 보면 이해할 여지는 있었다. 고려대 의대를 졸업했고 가톨릭대학 의대 교수를 지낸 한현경의 아버지는 순천향대학에서 가까운 지역의 사립 대학 이사장이었다. 아버지의 머리를 물려받아 공부를 잘한다고 생각할 법했다. 게다가 한현경의 두 언니도 모두 의대생이었다. 큰 언니는 2년 전 재수 끝에 충남대학 의대에 입학했고 작은 언니도 같은 해에 현역으로 단국대학 의대에 들어갔다. 340점 만점에 306점과 309점을 받은 언니들은 각각 과에서 3등과 1등으로 합격했다.

그러나 순천향대학은 께름칙한 마음을 떨칠 수가 없었다. 그럴 만한 이유가 있었다. 참고 사항에 가까웠던 내신 성적이 이유였다. 한현경의 내신 등급은 최하위 등급인 10등급이었다. 좀 더 구체적으로는 학교 석차가 94명 중 92등이었다. 전국 수석인 학력고사 성적과 학교 꼴등이나 다름없는 내신 성적이 동시에 진실일 수는 없었다. 하루와 3년이라는 평가 기간의 차이를 생각하면 후자 쪽에 아무래도 무게가 실렸다.

좀 더 조사하자 더욱 괴상한 사실이 드러났다. 한현경은 같은 해의 전기 학력고사에서도 308점이라는 고득점을 기록했다. 그러고는 지역에서 가까운 충북대학 의대를 지원했다. 한현경의 기대와는 달리 충북대학은 수능 등급을 문제 삼아 그녀를 불합격시켰다. 알고 보니 언니들도 비슷했다. 첫째 언니의 내신 성적은 106명 중 104등, 둘째 언니는 172명 중 135등이었다. 세 자매의 성적 향상은 마치 데칼코마니 같았다.

기적과도 같은 세 자매 학력고사 점수의 양자 도약은 얼마 안 가 전모가 밝혀졌다. 시험을 출제하는 국립교육평가원 장학사가 동향 선배인 한현경의 부모와 함께 벌인 일이었다. 문제 유출을 감독하는 위치에 있던 이가 정답을 몰래 넘겨준 것이었다. 고양이에게 생선을 맡긴 꼴이었다. 딸들은 엄마가 받아 온 정답 전체를 하루 동안 외우고 시험을 치렀다. 짜고 치는 고스톱이 따로 없었다.

물론 체력장 점수 20점을 제외한 320개의 숫자를 순서대로 외우는 일이 아주 쉽지는 않았다. 그나마 평소 하던 대로 다소 허술하게 외워도 된다는 점이 이들에게는 다행이었다. 너무 고득점을 받았다가는 누군가의 눈에 띌지도 몰랐다. 네트워크의 힘을 빌려 뭔가를 이루려고 할 때는 남들의 관심을 피하는 쪽이 상책이다. 그렇게 위의 두 언니는 그럭저럭 넘어갔다. 그런데 한현경의 경우는 일이 꼬여 버렸다. 언니들처럼 했음에도 전기에서 불합격하자 마음이 급해졌다. 만점은 그래도 과하다고 생각했는지 하나만 틀리는 쪽을 택했다. 어쨌거나 무리수였다.

대학 재단 이사장과 장학사의 네트워크는 여러모로 끈끈했다. 이사장의 부인은 첫째와 둘째 딸이 시험을 보기 두 달 전 3억 원을 장학사의 부인에게 건넸다. 당시 기준으로 강남 아파트 몇 채를 살 수 있는 돈이었다. 장학사는 그 돈으로 수유동의 4층짜리 여관의 소유주가 되었다. 셋째 딸 때도 1억 원을 받기로 약속했지만 처음에는 불합격 때문에, 나중에는 검거되는 바람에 결국 받지 못했다. 문제의 이사장은 도피 중 자살을 시도했으나 순천향대학병원에서 응급치료를 받고 살아났다. 순천향대학과의 얄궂은 운명이랄까.

마지막 세 번째 오해는 운과 네트워크를 혼동하는 일이다. 남다른 네트워크를 통해 뭔가를 해낸 사람은 대개 이를 자랑하고 싶어 한다. 흥미롭게도 이들은 자신의 네트워크를 스킬로 간주한다. 그러다 어느 선을 넘어서면 네트워크의 존재를 숨기려 든다. 그럴 때 갖다 붙이기 딱 좋은 대상이 바로 운이다.

바로 앞의 사례는 이런 면에서도 좋은 표본이다. 순천향대학이 성적에 의문을 품고 조사에 착수하자 한현경의 아버지는 대학에 진술서를 제출했다. 딸의 학력고사 성적은 '의외성 고득점'이라는 것이 진술의 요지였다. "아버지인 나도 믿기가 어려워 정신과 의사와 상의해 보았더니 드문 경우지만 정신 의학상 가능하다고 한다"고 했다. 정신과 상담이 실제로 있었는지 확인할 수는 없지만 한마디로 "운이 좋았다"는 주장이었다.

운에는 인과 관계가 없다

물론 위 사례들은 가장 극단적인 경우다. 그만큼 구별도 쉽다. 우리가 살면서 실제로 맞닥트리는 일은 이보다 모호한 경우가 많다. 열쇠 여러 개가 동시에 작용하는 것이 그 원인일 수 있다. 그러나 보다 근본적으로는 각각의 개념이 분명하지 않기 때문이다. 의도했든 하지 않았든 각각의 열쇠에 대한 혼돈은 성공에 이르는 길을 방해하는 크나큰 장애물이다.

그렇기에 성공에 이르는 첫 번째 규칙은 바로 "운, 스킬, 네트워크를 분별하라"다. 분별하려면 각각에 대해 알아야 한다. 차례대로 알아보자.

먼저 운이다. 운이 무엇이냐고 물으면 제각각의 대답이 돌아온다. 사람들의 대답은 대략 세 가지 중 하나에 속한다. 각각의 대답이 0점짜리는 아니지만 100점짜리 정답도 아니다. 부분적으로는 맞지만 전체적으로 봤을 때 놓치는 것이 많아서다. 큰 그림을 보려면 우선 세 개념 모두 접할 필요가 있다.

첫 번째는 운을 우연으로 보는 쪽이다. 우연이란 인과 관계가 없는 상태를 말한다. 다시 말해 생각지 않은 일이 발생하는 경우를 가리킨다. 우리가 탈 배가 사랑의 유람선일지 혹은 타이타닉일지 누가 미리 알 수 있으랴. 이는 우연의 영역에 속한다.

우연을 나타내는 영어 단어는 찬스chance다. 가능성 혹은 기회를 의미하기도 하는 이 단어는 같은 철자의 프랑스어 '샹스'를 그대로 빌려왔다. 영국인들이 프랑스인들에게 우연의 개념을 배웠다는 뜻이다.

그러면 샹스는 프랑스인들에게 무슨 의미였을까? 샹스의 라틴어 어원인 카데레cadere에는 물체가 떨어진다는 뜻이 있다. 즉, 샹스란 주사위 또는 점치는 물체인 '로트lot'를 던지는 일과 같았다. 기호를 표시해 놓은 돌멩이나 나무 막대기가 일반적인 로트의 모습이었다. 자연스러운 우리말로 옮기면 제비뽑기 혹은 사다리 타기다. 로트의 투척은 무속인이 쌀알을 던지는 행위와 크게 다르지 않다.

17세기 영국인 토머스 가타커Thomas Gataker가 쓴 책《로트의 본성과 사용에 관해Of the Nature and Use of Lots》에는 로트를 던지는 세 가지 용법이 나온다. 첫 번째 용법은 좋은 것과 나쁜 것을 가르는 것, 두 번째는 앞으로 취할 행동이나 과거의 사실에 대한 자문을 얻는 것, 세 번째는 신의 뜻을 구하는 것이었다. 우아한 언어로 나타낸 세 번째를 노골적 표현으로 바꾸면 '점을 치는 것'이 된다. 현대인의 기준으로는 셋 다 어이없게 느껴질 것 같다.

혹시 가타커가 미신을 숭상하는 무식한 사람이거나 혹은 이교도였을까? 그렇지 않다. 가타커는 케임브리지대학의 세인트존컬리지를 졸업했고 유서 깊은 영국 법조인 교육 단체 링컨스인Lincoln's Inn과 런던 남동부 교구의 사제였다.

사실 앞의 의심은 그에겐 억울한 노릇이다. 세 가지 용법은 수 세기 전의 가톨릭 교부 토마스 아퀴나스Thomas Aquinus를 그대로 따라 한 결과였다. 게다가 가타커는 두 번째와 세 번째의 용법은 옳지 않다고 책에서 주장했다.

사실 성경에서 로트 던지기는 어렵지 않게 찾을 수 있다. 특히 구약 곳곳에서 등장한다. 가령 여호수아 7장에는 죄인을 색출하기 위해 야훼의 뜻에 따라 로트를 던지는 이야기가 있다. 잠언 16장 33절은 아예 대놓고 "로트는 옷 폭에 던져지지만 결정은 온전히 주님에게서만 온다"고 말한다. 빛과 완전함을 상징하는 우림Urim과 둠밈Thummim 또한 일종의 로트라는 견해가 지배적이다.

로트를 던져 신의 뜻을 발견하려는 행위를 사라진 과거의 일로만 치부하기는 어렵다. 예를 들어, 1917년 러시아 정교회는 총대주교를 뽑기 위해 로트를 던졌다. 세 후보 중 한 명인 바실리 이바노비치 벨라빈Vasily Ivanovich Belavin이 이를 통해 11대 모스크바 총대주교가 되었다. 가장 최근의 예는 2012년 콥트 정교회의 교황 선출이다. 이집트 카이로의 성마르코 성당에서 경찰 입회하에 치러진 의식에서 회중은 "주님께서 선한 목자를 선택해 달라"고 먼저 기도했다. 그 후 눈을 가린 소년이 성배에서 쪽지 한 장을 들어 올렸다. 주님의 선택은 타와드로스 2세Tawadros II였다.

가타커는 사실 다른 고발에 시달렸다. 바로 우연의 게임을 옹호했다는 죄명이었다. 가타커는 자신의 책 후반부에서 우연의 게임은 해를 끼치지 않는 놀이라고 썼다. 레크리에이션 목적으로 사용한다면 합법이며 불법적 남용과 구별돼야 한다는 의견이었다. 이는 당시로선 대담하다 못해 불경하기까지 한 주장이었다. 여기서 우연의 게임이란 바로 로트나 주사위를 던지는 게임, 즉 도박을 가리켰다.

알고 보면 확률의 개념은 도박으로 인해 생겨났다. 17세기 중반의 프랑스인 앙투안 공보_Antoine Gombaud_는 글을 쓰고 술을 마시고 여자들과 놀아났다. 말하자면 사교계의 한량이었다. 하지만 보통의 난봉꾼과 다른 점이 하나 있었다. 공보는 자신의 수학 지식을 실제에 적용하는 데에 진지했다. 한 세기 전의 팔방미인 지롤라모 카르다노_Girolamo Cardano_가 홀로 개발한 확률 개념이 바로 공보의 비밀 병기였다. 늘 돈이 없어 쩔쩔맸던 카르다노는 도박과 내기 체스를 통해 생계를 영위했다. 공보 역시 확률을 활용해 도박에서 큰돈을 따고는 했다.

공보는 경험을 통해 어떤 도박이 더 유리한지에 대한 남다른 감을 갖게 되었다. 그중에는 자신의 수학 지식으로 설명이 안 되는 경우도 더러 있었다. 탐구열이 높았던 공보는 주변의 숫자 좀 가지고 논다는 사람들에게 해법 찾기를 주문했다. 그중 한 명인 블레즈 파스칼_Blaise Pascal_이 수학이 취미인 변호사 피에르 드 페르마_Pierre de Fermat_와 함께 공보가 주문한 도박 문제 두 개를 푼 사실은 꽤나 유명하다. 사실 파스칼은 공보의 도박 친구였다. 파리 사교계의 이름난 바람둥이였던 파스칼은 그 직후 일종의 영적 계시를 받고 죽을 때까지 경건한 삶을 살았다.

확률이란 쉽게 말해 숫자로 표현한 우연의 상대적 크기다. 특정 경우의 수를 일어날 수 있는 모든 경우의 수로 나눈 값이 바로 확률이다. 확률의 초기 명칭은 무엇이었을까? 바로 '우연의 조약돌calculus of chance'이다. 확률이 생겨난 이유를 적나라하게 보여 주는 이름이다. calculus는 셈할 때 쓰던 조약돌인데 나중에 계산법이라는 뜻이 추가 됐다.

확률이 어떻게 우연을 다룰 수 있는지 다음 두 경우를 보자. 첫 번 째 내기는 주사위 한 개를 네 번 던져 1이 한 번이라도 나오면 이긴다. 두 번째 내기는 주사위 두 개를 열두 번 던져 (1, 1)이나 (6, 6)이 한 번 이라도 나오면 이긴다. 이기면 건 돈만큼 따고 이기지 못하면 건 돈을 잃는다. 17세기에 공보가 실제로 돈을 걸던 도박과 크게 다르지 않은 상황이다. 어느 쪽에 돈을 걸어야 할까? 계산하지 말고 육감으로 짐 작해 보라. 쉽지 않을 것이다.

확률은 이에 대한 답을 줄 수 있다. 돈을 딸 확률은 둘 다 50퍼센트 에 가깝다. 하지만 첫 번째 내기는 50퍼센트를 넘는 반면 두 번째 내 기는 50퍼센트에 못 미친다. 그러니까 첫 번째 내기는 해도 좋지만 두 번째 내기는 하면 안 된다. 숫자가 궁금할 사람을 위해 쓰자면 두 내 기의 이길 확률 차이는 고작 2.14퍼센트다.

도박이 삶에서 중요해지면 한 가지 따라오는 게 있다. 바로 삶 자 체가 도박이라는 생각이다. 1647년에 출간된 책《손안의 신녀와 사려 의 기술Oráculo Manual y Arte de Prudencia》은 삶을 카드 게임에 비유해 당대 의 큰 주목을 받았다. 나중에 철학자 니체와 쇼펜하우어의 찬사를 받 은 이 책의 작가는 예수회 수사 발타사르 그라시안Balthasar Gracian이다. 그라시안은 가타커와 동시대인이었다.

삶을 도박에 비유하는 일은 특히 그라시안의 모국 스페인에서 인기였다. 신대륙 탐험과 카드 도박의 본질은 사실 크게 다르지 않다. 우연, 즉 운에 맡기는 행위다. 스페인의 도박 사랑은 역사적으로도 남다르다. 전 세계에서 가장 오래된 국영 복권은 바로 1763년에 시작된 스페인의 로테리아 나시오날Loteria Nacional이다. 공식 통계에 의하면 스페인 사람들은 평균적으로 월수입의 15퍼센트를 복권을 포함한 내기나 도박에 쓴다.

왜 17세기 초중반에 많은 사람들이 우연의 게임에 관심을 가졌을까? 삶이 괴로우면 사람들은 도박에 끌린다. 당시 유럽은 시민 전쟁과 30년 전쟁 등으로 온통 전쟁판이었다. 30년 전쟁 때의 스페인 군인 알론소 데 콘트레라스Alonso de Contreras는 자신의 자서전에서 다음과 같은 기록을 남겼다.

"선장은 도박을 금지했다. 챙긴 몫을 본국 귀환 전에 다 잃는 선원이 너무 많아서였다. 주사위와 카드를 모두 바다에 던지도록 명령하기도 했다. 그러나 선원들은 다른 방법을 찾아서라도 내기를 계속했다. 소용이 없음을 깨달은 선장은 결국 도박 금지 명령을 철회했다."

운의 여러 가지 얼굴

운을 이해하는 두 번째 개념은 무작위로 인식하는 쪽이다. 사실 무작위는 특수한 종류의 우연이다. 무작위한 대상은 각각의 상태가 발생할 확률이 동일하다. 쉽게 말해 무작위한 동전은 앞면과 뒷면이 나올 확률이 50퍼센트로 서로 같다. 또 무작위한 주사위는 각 눈이 나올 확률이 모두 6분의 1이다.

흥미로운 사실은 무작위에 대한 사람들의 관념이 수학적 진리와 다르다는 점이다. 예를 들어, 사람들에게 1부터 20까지의 자연수에서 무작위하게 고르라고 하면 각 숫자가 뽑히는 빈도가 거의 같아야 한다. 실제로 실험을 해 보면 엉뚱한 결과가 나온다. 1은 꽤 선택하는 데 반해 10과 20은 거의 선택하지 않는다. 일의 자릿수가 0이면 왠지 무작위하다는 느낌이 덜 들어서다. 또 4나 13은 기분 나쁘다는 이유로 기피한다. 알 수 없는 이유로 17은 엄청 선택한다. 대개 홀수가 짝수보다 더 인기다.

진정한 무작위를 어쩐지 어색하게 느끼는 사람들의 습성은 다른 곳에서도 발견된다. 가령, 애플이 아이팟 셔플을 처음 내놓았을 때 음악이 무작위하게 재생되도록 프로그램해 놓았다. 그러자 많은 사용자가 곡 재생이 무작위하지 않은 것 같다며 불평했다. 셔플을 덜 무작위하게 만들자 불평은 사그라들었다. 얼마 후 나온 스티브 잡스의 다음 인터뷰는 아이러니하다.

"우리는 셔플이 좀 더 무작위하게 느껴지도록 덜 무작위하게 만들고 있습니다."

운과 관련된 세 번째 개념은 복福으로 바라보는 쪽이다. 영어의 '포춘fortune'에 해당하는 경우다. 한자의 복은 원래 돼지고기와 술을 가리킨다. 말하자면 복은 전적으로 물질적인 개념이다. 재물이나 재산을 의미한다고 보면 틀리지 않는다.

서양의 포춘은 동양의 복과 결이 조금 다르다. 로마 신화의 여신 포르투나가 풍요를 주관한 점은 복과 일맥상통한다. 하지만 포르투나에는 그리스 신화의 두 여신 아난케와 티케의 이미지도 공존한다. 아난케는 숙명의 여신으로 일종의 거스를 수 없는 힘이었다. 고전 문헌에서 아난케는 신들조차 복종해야 하는 존재로 묘사됐다. 티케는 운과 우연의 여신으로 행운과 불운을 결정했다.

드디어 운의 진정한 모습을 이야기할 순서다. 영어 '럭luck'에 해당하는 운에는 지금까지 이야기한 우연이나 무작위 혹은 복의 요소도 일부 녹아 있다. 하지만 그 자체는 아니다. 개별적인 요소들보다 훨씬 크고 웅대하다. 무작위나 복이 1차원적 존재라면 운은 4차원의 존재다. 우연이 땅바닥을 기어 다니는 개미라면 운은 시공간을 넘나드는 초끈superstring이다.

운은 우연과 여러 면에서 다르다. 먼저 운은 자체로서 좋은 쪽, 즉 행운good luck을 의미한다. 그에 반해 우연은 중립적이다. 우연이 장님이라면 운은 말 못 하는 착한 바보다. 말하자면 운에는 낙관주의가 깃들어 있다. 일례로, 도박사들은 운과 우연을 엄격히 구별한다. 포커 선수에게 우연은 계산할 수 있는 확률이다. 우연의 계산은 스킬의 문제다. 운에 의존하는 일은 스킬과 가장 거리가 멀다.

또 운은 사람이 전제되는 반면 우연은 그렇지 않다. 이래도 그만, 저래도 그만인 사건은 우연의 범주에 속하지만 운의 영역은 아니다. 우연히 사막에 비가 내려도 비를 맞은 사람이 없다면 운을 논할 게 없다. 내가 그 비를 놓고 큰 내기를 벌였다면 이는 운의 영역이다. 운은

RULE 1. 운, 스킬, 네트워크를 분별하라

휴머니즘에 기반한다.

운은 민주적 요소기 있다는 점에서 복과 근본적으로 다르다. 복은 의문의 여지없이 평민보다 귀족을 예뻐한다. 운은 아니다. 빈털터리 한테 "복이 많다"는 말은 무언가 어색하게 들린다. 반면 무일푼이어도 "운이 좋다"고 이야기하는 경우는 있다. 달리 말해 돈 많은 부모 밑에 태어남은 다복하거나 다행한fortunate 일일지언정 운 좋은lucky 일은 아니다. 운은 자본가와 노동자를 차별하지 않는다.

결론적으로 운은 여러 모습을 갖고 있다. 때로는 우연이나 무작위로, 때로는 복으로 나타난다. 그 각각은 운이 갈아입는 옷과도 같다. 운을 이야기하면서 확률이 전부인 듯 말하는 것은 근시안적이다. 마찬가지로 운과 복을 동일시하는 것도 가로등 밑에서만 동전을 찾는 격이다. 복은 운의 작은 부분이다. 운은 움직이고 변한다.

운, 스킬, 네트워크를 구분하는 법

이제 나머지 두 열쇠를 알아볼 차례다. 다행하게도 어려운 이야기는 이미 다했다. 운에 비해서 스킬과 네트워크는 이해가 쉬운 대상이다.

이제 두 번째 열쇠인 스킬을 알아보자. 스킬에 해당하는 우리말은 기술이다. 한국어의 기술보다는 영어의 스킬을 생각하는 쪽이 이 책의 의도에 더 부합한다.

스킬은 반복적인 훈련이나 연습에 의해서만 생긴다. 실력이나 기량 혹은 역량으로 이해해도 큰 무리는 없다. 피아노를 오래 치면 피아노 스킬이, 수학 문제를 많이 풀면 수학 스킬이 는다. 스킬이 무엇인지에 대해선 다음 한 가지 사항을 제외하면 별로 오해할 부분이 없다.

스킬에 관한 유일한 오해는 바로 스킬을 재능과 동일시하는 일이다. 스킬은 선천적인 재능이나 재주와는 거리가 있다. 물론 재능이 스킬의 결과에 영향을 미치는 경우도 없지는 않다. 그러나 타고난 재능은 스킬의 영역이기보다는 운의 영역에 속한다. 스킬이 강해지면 상대적으로 운의 효과는 줄어든다. 스킬에 대해서는 2장에서 좀 더 자세히 살펴보도록 하자.

마지막 세 번째 열쇠는 네트워크다. 네트워크는 사람들 간의 연결된 상태를 말한다. 네트워크는 종종 하나의 살아 있는 생물처럼 움직이기도 한다. 다수의 요소가 연결된 복합계의 특성 때문이다. 복합성은 생명 현상의 발현을 설명할 수 있는 어쩌면 유일한 길이다.

느슨하면서 광대한 네트워크는 간혹 운의 원인으로 지목된다. 이는 네트워크의 속성이기보다는 운의 속성 때문이다. 무엇도 차별하지 않는 운은 어디서나 나타날 수 있다. 커다란 네트워크일수록 불가능할 듯한 일이 우연에 의해 발생할 가능성도 높아진다. 그렇다고 그것이 운의 원인이라고 말할 수는 없다.

여러분이 속한 네트워크를 잠깐 상상해 보자. 대학 때 과를 생각해도 좋고 지금 속한 회사 조직을 생각해도 좋다. 네트워크 내에서 생일이 같은 사람이 한 쌍이라도 있을 가능성이 얼마나 될까? 30명의 네트워크라고 할 때 그 가능성은 5퍼센트도 안 될 듯싶지만, 실제로는 약 70퍼센트다. 대략 세 번 중 두 번은 그런 일이 생긴다. 네트워크가 커질수록 확률은 급속히 100퍼센트에 수렴한다. 50명이면 97퍼센트, 70명이면 99.9퍼센트의 확률로 생일 같은 사람이 나온다.

네트워크를 내가 할 수 있는 일이나 행위로 이해하는 사람들이 있다. 이를테면 소셜 미디어나 오프라인 모임 등을 통한 인맥 관리를 일종의 능력이라 생각하는 경우다. 가만히 있는 쪽보다 그런 수고를 하는 쪽이 네트워크 형성에 약간의 도움은 된다. 다만 큰 도움이 되는 경우는 드물다. 한 개인이 애쓴다고 해서 네트워크가 커지는 것이 아니기 때문이다. 네트워크는 이미 존재한다. 네트워크는 만드는 게 아니라 참여하는 대상이다. 이에 대해서는 4장과 5장에서 다시 살펴보도록 하자.

정리해 보자. 운은 우리를 넘어선다. 운은 우리가 어떻게 할 수 없는 무엇인가다. 그렇기에 우리는 운을 완전히 이해하거나 예측할 수 없다. 운은 우리의 외부에 존재한다.

스킬은 우리가 통제할 수 있는 대상이다. 스킬은 우리 내부에 존재한다. 우리가 온전히 가질 수 있는 유일한 대상이 바로 스킬이다.

네트워크는 스킬과 운의 중간 어딘가다. 네트워크는 우리의 손아귀에 잡혀 있는 듯싶지만 전적으로 통제되지는 않는다. 네트워크는 우리의 내부와 외부를 연결하는 짙은 안개와 같다.

세 가지 열쇠의 오묘한 삼중주

운, 스킬, 네트워크의 삼중주가 한 사람의 인생에 어떤 식으로 나타나는지를 잘 보여 주는 다음 이야기로 이번 장을 마치자. 열아홉 살의 조지 커스터George Armstrong Custer는 1857년 7월 미국 육군사관학교 웨스트포인트에 입학했다. 당시 웨스트포인트는 5년제였다. 같이 입학한 생도는 커스터를 포함해 모두 79명이었다. 오하이오의 대장장이 아들이 웨스트포인트에 들어간 것만으로도 운이 좋다고 할 만했다.

커스터의 인생은 1861년 4월 미국이 내전인 남북전쟁에 돌입하면서 갑자기 롤러코스터를 탔다. 장교가 필요했던 북부연방군은 아직 1년 더 훈련해야 하는 57년 입학생도 전원을 그해 6월에 속성으로 졸업시켰다. 그때까지 23명이 성적 미달 등의 이유로 퇴학당했고, 22명은 남부연맹군에 합류하기 위해 자퇴했다. 커스터의 졸업 성적은 남아 있는 생도 34명 중 34등이었다. 총 726개의 벌점을 받아 웨스트포인트의 기록을 세운 커스터는 평시였다면 졸업 자체가 불투명했을 터였다.

워싱턴 DC를 방어하는 2기병연대의 소위로 군 생활을 시작한 커스터는 무모함에 가까운 용기를 전장에서 발휘하며 주목을 받았다. 1862년 7월에 중위가 된 커스터는 1863년 6월 미시간기병여단을 지휘하는 의용군 준장으로 벼락 승진했다. 그의 나이 25세 때였다.

4일 후 커스터는 게티즈버그 전투에서 남군 기병대의 결정적 배후 습격을 자신의 기병여단으로 막아내는 전공을 세웠다. 북군은 그날 커스터를 정규군 명예 소령으로 임명했다. 1864년 정규군의 대위와 명예 중령 및 명예 대령으로 차례로 승진했고, 1865년 4월 남북전쟁 종전 즈음에 정규군 명예 소장과 의용군 소장이 되었다. 한마디로 별처럼 빛나는 군 경력이었다. 군인으로서 커스터의 실력은 뛰어났을 수 있다. 하지만 전쟁이라는 운이 없었다면 불가능했을 경력이기도 했다.

1866년 2월 의용군에서 소집 해제된 커스터는 같은 해 6월 신설된 7기병연대에 중령으로서 배치되었다. 전쟁 영웅인 데다가 당시 미국 대통령 앤드루 존슨과 친분이 두터웠던 커스터는 그 후 10년 동안 캔자스, 오클라호마, 다코타에서 아메리칸 인디언을 공격하는 작전에 참가했다. 커스터의 직속 상관인 7기병연대장 대령 새뮤얼 스터지스는 1876년 기병동원총감의 임무를 임시로 맡았다. 7기병연대의 차석 지휘관은 바로 커스터였다.

1876년 5월 커스터는 7기병연대를 이끌고 공세적 작전을 수행하기 위해 기지를 떠났다. 6월 25일 7기병연대는 현재의 몬태나 리틀빅혼강 근처에서 수우와 샤이엔 인디언 거주지를 발견했다. 커스터는 정규군인 휘하 부대의 능력을 과신했는지 급하게 병력을 나눠 포위하려 들었다. 숫자에서 한참 앞서는 인디언이 반격을 펼치자 커스터의 부대는 오히려 포위당했다. 결과는 각개격파된 7기병연대의 전멸이었다. 268명의 전사자 중에는 물론 커스터도 포함되었다.

커스터를 들어 올렸다 내동댕이친 운은 의외의 한 사람에게는 동아줄을 내려 주었다. 1871년에 웨스트포인트를 졸업한 프레더릭 그랜트Frederick Grant는 1873년부터 커스터의 부관으로 근무했다. 프레더릭의 아내 아이다 오노레는 1876년 6월 6일 첫째 딸 줄리아를 낳았다. 출산 휴가를 얻은 프레더릭은 리틀빅혼 전투 바로 전날인 6월 24일 7기병연대를 떠나 워싱턴 DC로 향했다. 그 혼자 살아남았음은 물론이다.

위 이야기에는 한 가지 반전이 있다. 프레더릭의 성이 그랜트라는 사실이다. 남북전쟁 때 북군 총사령관으로서 1869년부터 8년간 미국 대통령을 지낸 율리시스 그랜트Ulysses Grant가 프레더릭 그랜트의 아버지였다. "거 봐, 아버지가 현직 대통령이라는 '빽' 때문에 프레더릭 그랜트가 작전 도중임에도 출산 휴가를 간 거다!"라고 할 '만사빽통' 주의자들의 목소리가 들리는 듯하다.

실상은 그보다 복잡했다. 북군의 장군으로서 커스터를 아꼈던 대장 윌리엄 셔먼이나 중장 필립 쉐리단과는 달리 율리시스 그랜트는 커스터를 전혀 좋아하지 않았다.

리틀빅혼 전투에서 전사하기 약 두 달 전에 커스터는 하원 청문회에 나와 율리시스 그랜트의 동생 오빌 그랜트에게 불리한 증언을 했다. 육군의 상품 판매 이권에 오빌이 개입했다는 의혹을 긍정하는 듯한 증언이었다. 게다가 커스터는 임무 중 만취한 프레더릭 그랜트를 군법 위반으로 체포한 적이 있었다.

율리시스 그랜트는 커스터의 지휘권을 박탈하여 복수하려 했다. 장군들은 커스터만 한 지휘관이 없다며 항의했지만 율리시스 그랜트는 꿈쩍도 하지 않았다. 커스터는 제멋대로 부대 복귀를 시도하다가 그랜트의 명령에 의해 공개적으로 체포되는 망신까지 당했다. 커스터와 율리시스 그랜드의 관계는 말하자면 최악이었다.

요약하면 프레더릭 그랜트가 출산 휴가를 갈 수 있었던 이유는 군법상 권리가 보장되어 있거나 커스터가 관대한 처분을 했거나 둘 중하나였다. 전자라면 빽이 원인일 수 없고 후자라면 행운의 선물 말고다른 설명은 불가능했다. 커스터 입장에선 프레더릭 그랜트를 놓아주지 않음으로써 율리시스 그랜트에게 소심한 복수를 할 수 있었다. 즉,프레더릭 그랜트의 생존은 빽의 결과일 수는 없다.

스킬이 중요한 일을 연마하라

아들, 아빠가 미안해

내 둘째 아들 서준이는 자동차를 무척 좋아한다. 젖먹이 때부터 다섯 살 위 형과 장난감 자동차를 가지고 논 까닭이다. 아빠 편하자고 보여준 각종 로봇 자동차 만화도 한몫했을 터다. 얼마 전부터는 자신이 변신 소방차라고 생각하는 눈치다. 불을 끈다며 하루 종일 침을 튀기며 집 안을 누비고 있다.

아들들이 자동차에 관심을 보일수록 나는 좌불안석이다. 부인하기 어려운 원죄가 있어서다. 기계 공학으로 박사학위까지 받았고 심지어 6년간 자동차 엔지니어로 일했으니 내 탓이 아니라고 변명해 봐야 살 벅히지 않는다. 아내는 아이들의 ㅗ틴 모습을 볼 때마다 미를 찬다. 의대를 보내야 하는데 아빠의 혈통이 불안한 것이다. 고3 막판에 의대 가길 거부하고 공대를 택했던 내 과거를 생각하면 불안해할 만하다.

만 세 살을 갓 넘긴 서준이의 현재 가장 큰 관심사는 자동차가 어떻게 작동하는가다. 자동차의 각종 장치가 신기해 어쩔 줄 모른다. 본인 의도대로 작동하는 것이 기쁜 모양이다. 여기에 더해 자기 뜻대로 작동하지 않는 것에 흥미를 잃으면 너드의 길을 걷기 마련이다. 너드란 어떤 사람인가? 자기 뜻대로 되지 않는 연애를 포기하고 자기 마음대로 되는 컴퓨터 프로그램에만 몰두하는 이가 아니던가. 잘 되면 빌 게이츠나 마크 저커버그지만, 잘 안 되면, 음…… 아빠로서 심란한 일이다. 제 마음대로 안 되는 형에 대한 남다른 애정을 보건대 아직 너무 걱정할 일은 아니다.

서준이가 최근에 심취해 있는 놀이는 일명 차문 열기다. 잠긴 상태에서는 아무리 열려고 해도 열리지 않는다. 하지만 손잡이에 있는 버튼을 누르면 윙 소리와 함께 문이 열린다. 한동안 아빠가 하는 모습을 유심히 관찰하더니 방법을 홀로 깨달았다. "됐다!" 하는 기쁨의 탄성과 함께 몇 번이고 반복하기를 즐긴다.

너무나 귀여운 그 모습에 얼마 전 나는 슬쩍 장난을 쳤다. 서준이가 버튼을 눌러도 바지 주머니 속의 키 버튼을 다시 누르면 차문은 열리지 않는다. 서준이는 어리둥절해 했다. 처음에는 아빠가 조금 멀리서 있어서 그렇다고 짐작하는 듯했다. 만 세 살치고는 훌륭한 추측이었다. 아빠 다리를 잡아끌어 차문 바로 옆으로 데리고 왔다. 결과는 마찬가지였다. 바지 속의 버튼을 누르는 일은 차문 가까이서도 할 수 있었다.

내가 전혀 예상하지 못했던 일이 그다음에 벌어졌다. 자신이 겪은 일을 완전히 이해할 수 없었던 서준이는 이상한 설명을 시도했다. 우리 차 근처로 다른 차가 지나가면 차문이 열리지 않는다는 것이었다. 내가 장난을 치던 도중 우연히 다른 차들이 지나간 건 사실이었다. 그 순간 장난을 계속할 마음이 싹 사라졌다.

바지 속 키 버튼 누르기를 그만하자 차문은 원래대로 작동했다. 내가 바로 옆에 서 있으니 차문은 문제없이 열렸다. 하필이면 더 이상 다른 차도 나타나지 않았다. 차문 여는 방법에 대한 서준이의 생각도 바뀔 리 없었다. 아빠 차는 다른 차가 지나가면 문이 열리지 않는다고 서준이는 아직도 믿고 있다.

"메아 막시마 쿨파mea maxima culpa." 이야말로 내 큰 원죄다.

운을 스킬로 착각하는 본능을 극복하라

앞에서 서준이가 보인 행동이 아주 예외적인 일은 아니다. 심리학자들은 대체로 이러한 사실에 익숙하다. 고마자와대학의 오노 고이치 등이 실시한 이른바 '레버 실험'이 이를 설명한다.

실험은 개별적으로 격리된 방 안에서 수행된다. 방 안에는 세 개의 레버와 점수를 보여 주는 점수판이 있다. 이어 실험 진행자는 참가자들에게 실험에 대해 브리핑한다. 방 안의 점수판에 나타나는 점수를 높이는 것이 실험의 목표다. 어떻게 해야 점수가 올라가는지는 알려 주지 않는다.

방에 들어간 참가자들은 이내 레버를 건드려 보기 시작한다. 레버를 당기면 종종 소리도 나고 불빛도 번쩍거린다. 실험 중간에 진행자는 아무런 간섭도 하지 않는다. 얼마 후 실험이 끝날 때쯤에는 한 가지 공통점이 나타난다. 바로 참가자들이 점수를 올리기 위한 자신만의 고유한 방법을 정립한다는 점이다.

어떤 참가자는 마치 모스 부호를 치듯 레버를 길게 당겼다가 짧게 당기기를 적절히 조합하는 방법을 찾아냈다. 다른 참가자는 특정 숫자에 맞추어 그 횟수만큼 당기는 방법을 발견했다. 가장 인상적인 경우는 레버를 당기지 않는 방법을 개발한 참가자였다. 그는 레버의 주변과 방 안의 다른 물건을 건드려 점수를 올렸다.

'뭔가 이상한데……'라고 생각한 독자가 있을 것 같다. 맞다. 오노는 점수가 규칙적으로 올라가도록 실험을 디자인했다. 다시 말해 점수는 레버의 조작을 포함한 그 어떤 행위와도 무관했다. 즉, 위 방법들은 모두 엉터리였다.

위와 같은 성향은 비단 인간만의 전유물이 아니다. 20세기를 풍미한 행태 심리학자 버러스 스키너Burrhus Skinner는 1940년대에 동물을 대상으로 비슷한 실험을 했다. 한 예로, 밥을 굶긴 비둘기를 새장에 넣고는 일정한 시간마다 모이를 넣어 주었다. 비둘기는 주기적으로 제공되는 모이를 기꺼이 받아 먹었다.

스키너를 놀라게 했던 점은 이후의 행태였다. 비둘기는 모이를 얻을 때 마침 하던 행동을 모이가 없을 때도 반복했다. 자신의 행동이 모이를 가져왔다고 믿는 듯했다. 그 행동은 물론 우연의 결과였다. 스키너의 말을 직접 들어 보자.

"한 마리는 새장을 시계 반대 방향으로 계속 돌았다. 다른 한 마리는 머리를 새장의 위쪽 구석으로 계속 들이밀었다. 세 번째 비둘기는 머리를 들었다 났다 하기를 반복했다. 다른 두 마리의 비둘기는 머리를 앞으로 쭉 뽑고는 좌우로 흔들었다."

이렇게 동물과 사람은 운의 결과를 자신의 스킬 덕분이라 착각한다. 이러한 습성은 인간에게 본능적이다. 인간이 동물에 속하기 때문이다. 그뿐만 아니라 인간의 뇌는 내러티브, 즉 이야기라면 사족을 못 쓴다. 이야기가 사실이든 아니든 뇌는 상관하지 않는다. 지어낼수록 오히려 더 그럴듯하게 들린다. 뒷말과 뜬소문이 사라지지 않는 이유다. 이러한 두 가지 습성 때문에 우리는 과거를 불가피한 것으로 정당화하며, 미래가 현재와 똑같지 않을 가능성을 무시한다.

무엇인가가 동물적 본능이라고 해서 무조건 받아들여야 할 이유는 없다. 인간은 동물 세계에 존재하지 않는 장치, 제도, 개념을 만들어 냈다. 성추행이 동물의 본능이라면 미투 운동은 인간의 문명이다. 본능적 한계를 넘어서려는 행동이 인간을 가장 인간답게 만든다.

스킬을 제대로 구별하는 법

운에 대한 동물적 착각을 벗어나려면 좀 더 운과 스킬을 세분해서 볼 필요가 있다. 가장 간단하게는 모든 일의 결과를 운과 스킬의 합으로 이해할 수 있다. 결과가 10이라고 할 때 운이 7이면 스킬이 3이라는 이야기다. 반대로 스킬의 영향이 8이면 운은 2다.

물론 네트워크도 고려해야 마땅하지만 이번 장과 다음 장에서는 네트워크의 영향은 없다고 가정하려 한다. 네트워크가 아무런 영향을 미치지 못하는 일은 실제로 적지 않다. 가령, 심판을 매수해서 기록을 조작하겠다는 것이 아니라면 100미터 달리기에서 네트워크의 영향은 무시할 만하다.

어떤 일의 결과가 운과 스킬의 합이라는 말은 이해하기 어렵지 않다. 그렇다면 문제는 얼마만큼이 운이고 얼마만큼이 스킬인가다. 이를 구체적으로 파악할 방법이 없다면 앞의 말은 공자 왈 맹자 왈에 지나지 않는다.

이럴 때 쓸 수 있는 한 가지 방법이 있다. 이른바 '진짜 점수법'이다. 진짜 점수법은 언제나 완벽한 답을 줄 수 있는 만병통치약은 아니다. 하지만 큰 그림을 보는 면으로는 충분히 유용하다.

한 가지 질문을 던져 보자. 우리가 관찰하는 점수가 진짜 점수일까? 물론 관찰된 점수는 경험적으로 존재한다. 부모와 장학사 사이의 부정한 거래를 통해 얻은 한현경의 학력고사 점수 339점은 실제로 발생한 점수다. 그렇다고 그 점수가 스킬에 의해 나온 진짜 점수라는 뜻은 아니다. 발생한 모든 점수에는 운의 영향이 개입되기 마련이다. 제 아무리 특등 사수라도 일정 수준으로 탄이 퍼지는 것을 막기는 힘들다. 한현경의 경우에는 모든 점수가 네트워크에 의한 점수였다.

위로부터 다음과 같은 사실을 깨달을 수 있다.

관찰된 점수 = 스킬에 의한 점수 + 운에 의한 점수(+네트워크에 의한 점수)

우리가 관심을 가져야 할 점수는 무엇일까? 말할 필요도 없이 스킬에 의한 점수다. 이유는 자명하다. 스킬만이 진짜 그 사람의 점수이기 때문이다. 운, 스킬, 네트워크 중 오직 스킬만이 온전히 소유가 가능하다는 1장의 설명을 기억한다면 당연한 이야기다. 스킬에 의한 점수를 '진짜 점수'라고 부르는 이유다. 말하자면 운에 의한 점수는 가짜 점수고, 가짜 점수인 운에 의한 점수가 포함되어 있는 관찰된 점수도 결국 가짜 점수다.

그러면 스킬에 의한 점수, 즉 진짜 점수를 어떻게 알 수 있을까? 안타깝게도 이를 직접 구할 방법은 없다. 하지만 운을 무작위로 간주하면 실마리를 얻을 수 있다. 특히 관찰된 점수가 하나가 아니고 여럿이라면 그 점수의 분포가 힌트다.

일부 독자의 '어렵다!'는 불평을 각오한 채 좀 더 구체적으로 이야기해 보자. 운이 무작위한 경우, 네트워크 효과를 무시한다면 관찰된 점수의 분산은 스킬 점수의 분산과 운 점수 분산의 합과 같다. 분산이란 여러 값의 분포가 있을 때 그 분포가 얼마나 흩어져 있는가를 나타내는 지표다. 앞의 문장은 위 식 양변에 분산을 적용한 결과다. 결국 스킬 점수의 분산은 관찰된 점수의 분산에서 운 점수의 분산을 뺀 값이다. 관찰된 점수의 분산은 언제나 계산 가능하며 무작위한 운 점수의 분산도 이론상 계산할 수 있다. 혹시 이 문단이 전혀 이해되지 않는다면 그냥 무시하시라. 대세를 따라가는 데 큰 지장은 없다.

극단적인 가상의 상황을 통해 위 내용이 의미하는 바를 음미해 보자. 쏘기만 하면 무조건 과녁의 한 가운데만 맞추는 궁사가 있다고 하자. 이 궁사의 스킬은 완벽하다. 양궁으로 치면 무조건 골드 10점만 맞춘다. 즉, 신의 경지에 도달한 경우 스킬 점수의 분산은 0이다.

실제로는 위 궁사조차도 늘 10점만 쏘지는 않는다. 바람이 불면 화살은 속절없이 과녁 한가운데로부터 멀어진다. 현실에서 관찰된 위 궁사의 점수는 들쭉날쭉하다. 즉, 스킬 자체로 운의 개입을 차단할 재간은 없다. 그러나 무작위한 운의 효과는 계산 가능하다. 스킬이 뛰어날수록 관찰된 점수의 분산은 운 점수의 분산에 가까워진다. 역으로 계산된 스킬 점수의 분산이 크다면 그만큼 스킬이 없다는 이야기다.

스킬이 중요한 일은 무엇인가?

스포츠를 예로 들어 좀 더 설명해 보자. 헤지펀드 블루마운틴캐피털 _Bluemountain Capital_의 마이클 모부신Michael Maouboussin은 여러 스포츠를 대상으로 관찰된 점수와 운 점수의 분산을 계산했다. 그가 검토한 종목은 야구, 농구, 미식축구, 아이스하키, 축구 다섯 가지였다.

위 계산은 각각 미국 메이저리그MLB, 미국프로농구NBA, 미국프로미식축구NFL, 미국프로하키NHL, 영국 프리미어리그를 바탕으로 했다. 즉, 최상의 스킬을 가진 선수들의 데이터였다. 상식적으로 보면 최고 수준의 프로 경기가 아마추어 경기보다 스킬의 영향이 클 듯싶다. 이 중 가장 스킬의 영향이 큰 종목은 무엇일까? 반대로 운이 더 지배적인 종목은 어느 것일까?

모부신에 의하면 위 다섯 가지 중 가장 스킬이 중요한 종목은 바로 농구다. 경기 결과에 스킬이 관여하는 비율이 88퍼센트나 되기 때문이다. 반면 운의 기여 비율은 12퍼센트에 지나지 않는다. 즉, 스킬의 영향은 운의 7배 이상이다.

미국프로농구의 전설적인 센터 월트 체임벌린은 1962년 3월 2일 뉴욕 닉스를 상대로 한 경기 100점을 기록했다. 소속팀 필라델피아 워리어스가 기록한 169점의 60퍼센트가량을 홀로 넣은 셈이었다. 이날 닉스는 주전 센터 필 조던이 결장한 탓에 후보인 대럴 임호프가 선발로 나섰다. 20분 만에 임호프는 6반칙 퇴장을 당했고 최후로 투입된 신인 센터 클리블랜드 버크너는 남은 경기 내내 만신창이가 되었다. 기량 차가 큰 두 선수의 일대일 대결로 경기가 흘러가면 이런 결과가 나올 수도 있는 스포츠가 바로 농구다.

아이스하키는 위 다섯 종목 중 가장 스킬의 역할이 작은 스포츠다. 아이스하키의 스킬 기여율은 47퍼센트로 농구의 반 정도다. 이는 곧 운이 스킬보다 더 중요한 요소임을 가리킨다. 나머지 세 종목 축구, 야구, 미식축구의 스킬 기여율은 각각 69퍼센트, 66퍼센트, 62퍼센트로 대동소이하다. 운의 역할이 1이라면 스킬의 역할은 대략 2라고 할 수 있다.

그렇다면 스포츠에서 스킬이 중요한 상황은 언제일까? 먼저 개인 종목과 단체 종목 중 어느 쪽에서 스킬이 더 중요할지를 따져 보자. 조금만 생각해 보면 개인 종목임을 쉽게 깨달을 수 있다. 개인 종목의 결과는 일차적으로 선수의 기량에 달려 있다. 그에 비해 팀 스포츠의 결과는 상대적으로 예측 불허다. 여러 선수가 동시에 뛰는 만큼 경기의 복합성이 커지기 때문이다.

개인 종목도 종목 나름이다. 기록경기는 거의 순수하게 스킬에 의해 결정된다. 예를 들어, 단거리 달리기의 우사인 볼트는 2008년 베이징 올림픽부터 2016년 리우데자네이루 올림픽까지 출전한 거의 모든 대회에서 금메달을 목에 걸었다. 이러한 결과를 두고 "운이 좋아서"라고 할 사람은 아무도 없다.

그에 비해 심판이 점수를 매기는 개인 종목은 운이 개입할 여지가 크다. 아무리 공정하려 해도 사람의 채점은 완벽히 객관적일 수 없기 때문이다. 부정한 네트워크가 끼어들 가능성도 커진다. 2014년 소치 동계 올림픽 여자 피겨 스케이팅에서 주최국 러시아의 아델리아 소트니코바가 김연아를 제치고 우승을 차지한 것이 한 예다.

팀 간 시합을 벌이는 종목에서는 팀당 선수 수가 적을수록 스킬이 중요해진다. 즉, 한 팀에 한 명인 탁구 단식이 한 팀에 두 명인 탁구 복식보다 스킬이 중요하고, 또 탁구 복식은 한 팀에 여섯 명인 배구보다 스킬의 기여가 크다. 위에서 농구의 스킬 기여율이 다른 종목보다 큰 이유를 이것으로 설명할 수 있다. 농구의 5명에 비해 축구와 미식축구는 11명, 야구는 9명으로 두 배 가까이 팀당 선수가 많다.

경기 규칙도 스킬과 운의 상대적 중요성에 영향을 미친다. 가령, 점수가 많이 나는 경기일수록 스킬이 중요하다. 농구는 이런 면으로도 축구나 야구보다 스킬에 의해 지배된다.

스킬이 중요할수록 우승자의 승률이 올라간다. 역으로 우승팀의 승률이 높을수록 스킬이 중요한 종목임을 짐작할 수 있다. 가령, 지난 5년간 미국프로농구 정규 시즌 우승팀의 승률 평균은 81.5퍼센트였다. 같은 기간 프리미어리그의 72.6퍼센트와 메이저리그의 63.4퍼센트를 크게 앞선다.

개인 종목인 테니스와 스킬이 거의 전부일 듯한 두뇌 스포츠 바둑과 비교해도 미국프로농구 우승팀의 평균 승률은 인상적으로 높다. 예를 들어, 남자 테니스의 황제 로저 페더러의 통산 승률은 81.9퍼센트고, 수를 세는 능력이 신과 같다 하여 신산神算이란 별명을 갖고 있는 바둑기사 이창호의 통산 승률은 73.7퍼센트다.

축구나 야구에서 스킬이 중요하지 않다는 말은 결코 아니다. 앞에서도 운 1에 대해 스킬은 2 정도라고 언급하지 않았던가. 특히 일대일로 승부하는 투수와 타자의 대결은 경기 전체보다 좀 더 스킬에 의해 결정된다. 다만 팀 경기인지라 경기의 최종 승부는 운도 고려하지 않을 수 없다는 의미다.

예를 하나 들자. 1990년 7월 1일 뉴욕 양키스의 투수 앤디 호킨스는 눈부신 피칭을 펼쳤다. 시카고 화이트삭스를 상대로 완투하면서

안타를 하나도 맞지 않았고 자책점도 0이었다. 그런데도 호킨스는 이 날 패선 두수가 됐다. 동료들이 4안타에 그치며 한 점도 내지 못한데다가 양키스의 3루수, 좌익수, 우익수가 몰아서 3개의 실책을 범한 탓이었다. 이처럼 아무리 잘 던져도 동료가 뻘짓을 하면 투수로서는 방법이 없다. 이는 투수 입장에서 스킬이 아닌 운의 영역이다.

경기를 치르는 방식도 스킬의 기여도에 영향을 준다. 상대팀과 돌아가면서 경기를 치르는 리그 쪽이 한 번 지면 탈락해 버리는 토너먼트보다 스킬이 발휘되기 쉽다. 바꾸어 이야기하면 토너먼트는 운이 활개 치는 현장이다. 풀 리그로 치르는 정규 시즌에서 우승하고도 토너먼트로 치르는 포스트 시즌에서 고배를 마시는 사례는 차고도 넘친다. 이런 면으로는 메이저리그의 오클랜드 어슬레틱스가 특히 유명하다. 어슬레틱스 단장 빌리 빈을 소재로 마이클 루이스가 쓴 책 《머니볼》은 나중에 브래드 피트 주연으로 영화화까지 됐다.

지금까지 스포츠를 검토한 이유는 다른 데 있지 않다. 전반적인 통찰을 얻기 위해서다. 직업으로 좋을 스포츠 종목을 선별하기 위해서가 아니다. 이 책을 읽는 독자 모두가 프로 운동선수가 될 리는 없다. 물론 여건이 된다면 아이스하키보다는 테니스를 직업으로 택하라고 이야기해 주고는 싶다.

스킬이 중요한 일을 연마해야 하는 이유

한 가지 사실은 분명하다. 운이 중요한 상황에서 스킬은 향상될 수 없다. 스킬이 늘려면 적시에 제대로 된 피드백을 받아야 한다. 이렇게 하면 결과가 좋았고 저렇게 하니 결과가 나쁘더라고 깨달을 수 있어야 한다. 그런데 운의 영향이 커지면 그런 피드백을 얻을 수 없다. 그런데도 세상이 자신의 통제 아래에 있다고 믿고 싶은 인간의 뇌는 아무렇게나 이유를 만들어 낸다. 미신이 등장하는 순간이다.

일부 사람들은 경험과 전문성을 같은 것처럼 취급한다. 둘은 꽤 다르다. 전문성은 오직 의도적 연습을 통해서만 얻을 수 있다. 의도적 연습에는 많은 시간이 필요하다. 말콤 글래드웰Malcolm Gladwell의《아웃라이어Outliers》가 대중화시킨 이른바 '1만 시간의 법칙'은 이를 상징한다. 반면 운을 무시할 수 없는 분야라면 아무리 1만 시간을 '경험'해도 제자리걸음이다. "저는 동전 던지기를 1만 시간 동안 연습했어요. 그러니 최고의 전문가지요"라는 말이 어설프게 들리는 이유다.

그렇기에 성공을 위한 이 책의 두 번째 규칙이 나온다. 바로 "스킬이 중요한 일을 연마하라"다. 달리 말하면 운이 중요한 일에서 실력 키운답시고 헛수고하지 말라는 이야기다. 총체적인 시간과 에너지 낭비다. 그런 일로 허송하기에 인생은 생각보다 짧다.

어떤 분야가 스킬 단련이 가능한 분야인지를 판단하는 또 다른 방법은 평균 회귀 속도의 평가다. 이를 사용하려면 우선 평균 회귀가 무엇인지 알아야 한다.《생각에 관한 생각Thinking, Fast and Slow》을 쓴 대니얼 카너먼_Daniel Kahneman_이 겪은 일로 평균 회귀를 설명해 보자.

이스라엘군 최초의 심리 장교였던 카너먼이 이스라엘 공군사관학교에 배치됐을 때의 일이다. 한 비행 교관이 카너먼에게 자신의 비법을 뽐냈다. 생도들에게 잘 대해줘 봐야 아무 소용없고 그저 호된 얼차려만이 약이라고 했다. 왜 그러냐는 카너먼의 질문에 교관은 답했다.

"비행 좀 잘했다고 칭찬해 주면 교만해져서 다음번 비행은 어김없이 망쳐요. 반대로 실수한 녀석에게 욕을 실컷 퍼부으면 곧바로 나아지거든요."

위와 같은 이야기가 낯설지 않게 들릴 것이다. 하지만 카너먼은 교관의 말에 근본적인 문제가 있음을 깨달았다. 과연 교관은 무엇을 간과했을까?

그것은 바로 생도들의 훈련 비행이 대체로 운에 의해 좌우된다는 사실이었다. 다시 말해 스킬이 아직 부족하다 보니 비행이 들쑥날쑥했다. 잘해도 우연이요, 못해도 우연이었다. 즉, 잘한 생도를 혼내고 못한 생도를 격려해도 대략 같은 결과가 나왔을 터였다. 운이 좌우하는 상황에서는 "꾸중이 퇴보를 낳고 칭찬이 진보를 불러온다"는 말도 성립하기 어려운 이유다.

이처럼 평균 회귀란 평균에서 벗어난 일이 도로 평균으로 수렴하는 경향을 가리킨다. 평균적인 비행 실력이 10이라고 할 때 어쩌다 운 좋게 12의 비행 실력을 보일 때가 있다. 하지만 이는 운의 결과이므로 이내 10에 가까운 비행 실력을 보인다는 것이 바로 평균 회귀다. 반대의 경우도 물론 성립한다. 운이 나빠 8의 성적을 보여도 곧 다시 10의

세 가지 열쇠

성적으로 되돌아가는 경우도 평균 회귀다.

운의 영향이 존재하는 한 평균 회귀는 반드시 나타나기 마련이다. 일명 '스포츠 일러스트레이티드 징크스Sports Illustrated cover jinx'는 평균 회귀의 생생한 증거다. 스포츠 분야의 유명 잡지인《스포츠 일러스트레이티드Sports Illustrated》의 표지를 장식한 선수나 팀의 성적은 대개 그 뒤로 하락한다. 표지 모델로 뽑힐 정도의 호성적은 스킬에 더해 운이 많이 도와준 결과이기 때문이다.

운이 존재하더라도 스킬의 영향이 상대적으로 더 크다면 평균 회귀는 천천히 나타난다. 다시 말해, 스킬이 지배하는 분야의 평균 회귀 속도는 느리다. 스포츠 종목 중에서는 테니스가 대표격이다. 한번 세계 1위 자리에 올라가면 대개 5년 이상 그 자리를 유지한다. 비에른 보리는 1976년부터, 로저 페더러는 2003년부터 5년 연속으로 윔블던 우승을 차지했다. 심지어 최근 회춘한 페더러는 2017년에도 윔블던 우승컵을 들어 올렸다.

평균 회귀 속도를 위축 지수shrinking factor로 이해할 수도 있다. 위축 지수는 현재의 결과가 평균으로 되돌아가지 않고 버티는 정도를 나타낸다. 극단적으로 스킬만 존재하고 운은 존재하지 않을 경우의 위축 지수는 1이다. 이 경우 다음번 결과에 대한 최선의 추정치는 바로 직전의 결과다. 즉, 페더러가 작년에 세계 1위였다면 금년에도 세계 1위를 할 가능성이 크다.

반대로 스킬은 없고 운만 존재하는 경우의 위축 지수는 0이다. 다시 말해 직전에 뭐가 나왔든 간에 다음번 결과에 대한 최선의 추정치는 그냥 평균이다. 바로 전에 주사위 눈이 1이 나왔다고 해서 이번에 1이 나올 가능성이 커지거나 삭아지지는 않는다. 실제 경우의 위축 지수는 1과 0 사이의 어딘가에 위치한다. 스킬이 강한 일일수록 1에, 운이 강한 일일수록 0에 가깝다.

평균 회귀는 사람들에게 그렇게 낯선 개념이 아니다. "오르는 것은 떨어지기 마련이고, 바닥을 친 것은 오르기 마련"이라는 격언을 누구나 한번쯤은 들어 봤을 것이다. 어떤 권세도 십 년을 넘기지 못하고 새빨간 꽃도 십일이면 시들어 버린다. 특히 금융 시장은 평균 회귀의 개념을 금과옥조처럼 여긴다. 이를 기본 원리로 삼는 투기 세력도 있다.

친숙함과는 별개로 막상 사람들의 평균 회귀에 대한 이해는 결함투성이다. 그중 이른바 '인과 관계의 환상'이 가장 흔하다. 평균 회귀가 나타나는 대상에게는 아무런 인과 관계가 존재하지 않는다. 그저운에 의해 왔다 갔다 할 따름이다. 그런데도 억지로 원인을 찾으려 든다. 평균 회귀는 발생한 현상을 설명하는 수단이 될지언정 현상의 원인은 아니다.

이쯤에서 스킬이 중요한 분야의 특징과 운이 중요한 분야의 특징을 정리해 보자.

스킬이 중요한 분야는 1) 결과의 변동 폭이 작고, 2) 평균 회귀의 속도가 느리며, 3) 위축 지수가 1에 가깝고, 4) 행동과 결과 사이에 인과 관계가 있다. 이러한 특성을 가진 분야라면 그 스킬을 평가하는 데 많은 표본이 필요하지 않다. 소수의 표본이면 충분하다. 가령, 20세기를 평정한 바이올리니스트 야샤 하이페츠의 바이올린 스킬을 듣고 알아

채는 데 걸리는 시간은 순간에 가깝다.

그에 반해 운이 중요한 분야는 1) 결과의 변동 폭이 크고, 2) 평균 회귀의 속도가 빠르며, 3) 위축 지수가 0에 가깝고, 4) 행동과 결과 사이에 인과 관계가 없다. 이러한 특성을 보이는 분야에서 소수의 표본은 있으나 마나다. 많은 수의 표본이 필요하다. 이러한 영역에서 스킬은 존재하지 않거나 혹은 연마가 불가능하다. 사실 둘은 같은 이야기다.

운이 지배적인 분야에서 과거에 벌어진 일은 그다지 중요하지 않다. 다시 말해 역사는 그렇게 좋은 선생이 아니다. 역사를 '이런 일도 일어날 수 있구나' 하는 참고 사항으로 받아들이는 일은 사실 바람직하다. 문제는 그걸 법칙화해 예측하는 경우다. 정치, 사회, 경제 분야 권위자들의 예측은 잘 맞지 않는 것으로 악명 높다. 운의 존재를 인정하지 않기 때문이다.

운과 스킬을 분별하는 또 하나의 방법

사실 스킬과 운을 분별하는 방법이 한 가지 더 있다. 바로 의도적으로 계속해서 틀릴 수 있는가다. 그것이 가능하다면 운이 아닌 스킬이 중요한 분야다. 운이 중요한 분야라면 아무리 원해도 계속 틀릴 수 없다.

한현경의 공부 스킬이 0이라고 가정하자. 이 경우 보기 넷 중 하나를 고르는 320문제라면 평균적으로 80문제를 맞춘다. 이런 일이 벌어지기는 결코 어렵지 않다. 그러나 모든 문제를 다 틀리기는 정말로 어렵다. 스킬이 0인 경우 모든 문제를 다 틀릴 확률은 10의 40제곱 분의 1이다. 초등학교 1학년 학생이 아무렇게 찍어도 운 때문에 몇십 문세는 맞는다.

즉, 최악의 결과는 역으로 스킬의 존재를 증명하는 증거가 될 수 있다. 요즘 미국프로농구에서는 이른바 '탱킹tanking'이 심심치 않게 벌어진다. 탱킹은 의도적으로 계속 져서 시즌 순위를 최하위로 낮추는 행위다.

프로 스포츠에서 순위의 하락은 자살 행위에 가깝다. 코치는 해고되고 선수는 트레이드되거나 연봉이 깎인다. 하지만 미친 짓처럼 보이는 탱킹을 하는 이유가 따로 있다. 바로 시즌 최종 순위가 바닥에 가까울수록 다음 해 신인 추첨에서 대어를 낚을 가능성이 높아져서다.

1980년대 후반 찰스 바클리의 원맨팀으로 유명했던 필라델피아 세븐티식서스는 이런 측면에서 이정표를 세웠다. 2012-13시즌에 승률 42퍼센트로 전체 30팀 중 20위였던 세븐티식서스는 그 다음 시즌에 23퍼센트의 승률로 29위를 기록하며 탱킹에 나섰다. 다음 해 승률을 22퍼센트로 더 떨어트렸지만 간발의 차로 미네소타 팀버울브스와 뉴욕 닉스에게 밀렸다. 마침내 그다음 시즌인 2015-16시즌에 전대미문의 10승 72패, 승률 12퍼센트로 꼴찌를 거머쥐고 2016-17시즌에도 27위를 차지해 4년간 유망주를 끌어모았다. 일부러 질 스킬이 없었다면 불가능했을 일이다.

운과 스킬로 분석한 금융, 비즈니스, 정치의 특징

지금까지 얻은 통찰을 가지고 다른 분야를 검토해 보자. 첫 번째로 검토할 대상은 바로 도박과 게임이다. 도박과 게임은 스포츠와 여러모로 닮았다. 첫째로 명확한 규칙이 있다. 둘째로 승패가 분명하다. 셋째로 반복해서 할 수 있다. 마지막 넷째로 다양한 스킬-운 스펙트럼을 갖는다. 인기가 많다는 점도 물론 빼놓을 수 없다.

　도박과 게임의 스킬-운 스펙트럼을 좀 더 자세히 살펴보자. 먼저, 정답이 존재하는 게임은 전적으로 스킬에 의해 지배된다. 예를 들자면 오셀로, 장기, 체스, 그리고 알파고 이후의 바둑 등이다. 아무렇게나 말을 놓는 초등학생이 게임 스킬을 가진 사람을 이길 수는 없다. 위 게임들의 정반대 쪽에 룰렛과 슬롯머신이 있다. 돌아가는 원반에 구슬을 던지는 룰렛과 레버를 당기면 무작위한 숫자가 나오는 슬롯머신은 거의 운에 달린 도박이다.

　위 이야기를 게임은 스킬이, 도박은 운이 결정한다고 받아들여서는 곤란하다. 사실 도박은 돈 내기가 추가된 게임이다. 즉, 둘의 근본은 다르지 않다. 도박에는 스킬의 기여가 상당한 종목이 적지 않다. 가령, 카지노에서 돈을 잃을 가능성이 가장 작은 블랙잭과 여러 변종이 있는 포커는 사람 간 스킬의 차가 확연하다. 반대로 주사위를 던지는 게임은 아무래도 운의 영향력이 크다. 모노폴리나 인생 게임 같은 보드게임과 윷놀이가 대표적 예다.

　도박과 게임이 흥미로운 분야기는 해도 대다수 진지한 독자의 관심사는 아닐 듯싶다. 군이 스포츠 다음에 이 두 분야를 검토한 이유는 이어 나올 다음 분야의 비교하기 위해서다. 바로 금융과 투기다.

투기는 가격의 급격한 변동으로부터 돈을 벌려는 행위다. 투기의 본질은 내기나 도박과 전혀 다르지 않다. 금융은 투기에다가 빚을 더한 분야다. 역사적으로도 금융 이전에 내기와 도박이 먼저 존재했다. 이는 동서양을 가리지 않는다. 가령, 중국에서는 기원전 1세기에 투견 도박장이 성행했다. 근대 금융 시스템이 시작된 네덜란드나 영국의 주식 거래소는 내기의 대상을 주사위나 카드에서 회사로 슬쩍 바꾼 것에 지나지 않는다. 중앙은행을 정점으로 한 상업 은행 체제는 이자 받고 돈을 빌려주던 카지노의 또 다른 모습이다.

금융은 크게 보면 스킬보다는 운의 비중이 큰 분야다. 물론 모든 결과가 다 운의 작용은 아니다. 소수기는 하지만 20세기 전반기의 벤저민 그레이엄Benjamin Graham의 방법을 추종하는 무리에게는 스킬이라 할 만한 것이 있기는 하다. 핵심은 그 스킬을 왜소하게 만드는 운의 막대한 영향력이다.

말년의 그레이엄은 주식 시장을 17세기 청교도 목사 존 번연John Bunyan이 단죄한 '허영의 장터Vanity Fair'에 비유했다. 더불어 자신이 원조인 주식 분석을 소용없는 짓으로 치부했다. 주식 시장에서 벤치마크 지수보다 수익률이 낮은 포트폴리오를 인위적으로 구성하는 일이 얼마나 어려운지 안 해본 사람은 모른다. 끔찍하게 어렵다. 개그맨 김수용이 2014년에 한 다음의 말은 금융에서 운의 크기를 상징적으로 요약한다.

"6개월 안에 1억 원을 만드는 주식 투자 비법이 궁금하세요? 2억 원을 투자하세요."

비즈니스는 어떨까? 대체로 금융보다는 스킬의 역할이 더 크다. 기본적으로 가져야 할 몇 가지 스킬이 없다면 비즈니스는 금세 망한다. 그렇다고 해서 모든 성공한 비즈니스를 스킬 때문이라고 착각하면 안 된다. 종종 운은 얼치기를 최고의 자리에 올려놓는다. 그러고는 곧 내팽개친다.

비즈니스의 스킬에 대한 두 가지 오해가 있다. 첫 번째 오해를 가장 극적으로 범하는 사람은 경영 컨설턴트 짐 콜린스Jim Collins다. 스탠퍼드대학과 컨설팅 회사 맥킨지를 거친 콜린스는《위대한 기업의 선택》《좋은 기업을 넘어 위대한 기업으로》《성공하는 기업들의 8가지 습관》등을 썼다.

콜린스가 쓰는 방법은 이런 식이다. 잘 나가는 회사 혹은 경영자 몇을 고른다. 그러고는 열심히 공통점을 찾는다. 그들 사이에 공통적으로 존재하는 특징이 바로 성공의 이유라고 콜린스는 설명한다. 이 바닥에는 콜린스의 방법을 뒤따르는 수많은 따라쟁이들이 있다.

일견 타당해 보이는 위 방법에는 근본적인 한계가 있다. 내 책《신금융선언》의 16장에 나오는 문제다. 가장 성공한 창업자 열 명을 골랐다고 하자. 그중 여덟 명한테 A라는 특징이 발견되었다고 하자. 콜린스는 이로부터 A가 성공을 가져온다고 주장한다. 그런데 콜린스가 관심을 가지지 않은 다음과 같은 데이터가 있다고 해 보자.

	A가 있다	A가 없다	합계
성공한 창업자	8	2	10
실패한 창업자	892	98	990
합계	900	100	1000

표가 나타내듯 무시한 990명의 실패한 창업자한테도 A가 다수 발견된다면? 이제 A는 성공의 보증 수표가 될 수 없다. A는 그저 창업자의 일반적인 성향일 뿐이다. 옥스퍼드대학에서 전략을 가르친 저커 덴렐Jerker Denrel이 '실패의 과소 추출'이라고 명명한 문제다.

게다가 A가 없는 편의 성공 확률이 더 높다. A가 없는 경우의 성공 확률은 100분의 2로 2퍼센트인 반면, A가 있는 경우는 0.9퍼센트에 미달한다. 다시 말해 스티브 잡스나 제프 베조스의 편집증을 따라 한다고 해서 성공이 저절로 따라오지는 않는다. 그저 성격이상자가 될 뿐이다. 마이클 레이너Michael Raynor는 《위대한 전략의 함정The Strategy Paradox》에서 이를 '전략의 역설'이라 불렀다. 기업이 크게 성공할 확률을 높이는 행위는 동시에 실패의 확률도 높인다.

정치는 어떨까? 이에 관해선 오스트레일리아국립대학의 앤드루 리Andrew Lee가 수행한 작업이 흥미롭다. 리는 1978년부터 1999년까지 전 세계 268개의 선거를 살펴보고 정치인의 재선 확률과 경제 성장률과의 관계를 분석했다.

자국의 경제 성장률이 전 세계 평균보다 1퍼센트포인트 이상 높은 경우 재선 확률이 4퍼센트 높았다. 물론 경제 성장률의 상대적 우위가 전부 정치인의 스킬에서 비롯될 리는 없다. 그래도 일부 영향을 인정해 줄 여지는 있다.

진짜 재미있는 부분은 따로 있다. 리는 전 세계 경제 성장률이 이전 선거 때보다 1퍼센트포인트 이상 높아진 경우의 재선 확률도 계산했다. 결과는 9퍼센트 상승이었다. 전 세계 경제 성장률은 한 나라의 정치인이 어떻게 할 수 있는 변수가 아니다. 즉, 거의 운이다. 다시 말해 선거에서 운의 영향은 스킬을 두 배 이상 압도한다.

스킬이 중요한 분야는 분명히 있다. 앞에서 설명한 스포츠나 게임 외에도 의료, 엔지니어링, 프로그래밍, 악기, 공예, 디자인, 무용 등이예다. 스킬의 연마에는 시간과 노력이 든다. 그래서 아무나 쉽게 따라잡을 수 없다. 무자격 돌팔이가 전문의 과정을 마치고 개업한 치과의사를 1년 만에 능가할 가능성은 희박하다. 스킬을 연마할 수 있는 분야가 직업으로 좋은 이유기도 하다.

스킬이 성공을 보장하지는 않는다

그래서 스킬만 연마하면 성공은 무조건 따라오는 걸까? 그러면 얼마나 좋으랴. 그렇지 않다는 것이 골칫거리다. 스킬에 관련된 세 가지 문제를 지금부터 이야기해 보자.

첫 번째 문제는 시간이다. 스킬을 습득하고 연마하는 데 걸리는 시간은 사람마다 천차만별이다. 일례로 체스 마스터가 되기 위해 연습한 평균적 시간은 6700시간으로 1만 시간보다 조금 작다. 주당 5일, 하루에 8시간씩 연습하면 3년 조금 넘는다. 이를 두고 대학 다니듯 체스 연습하면 체스 마스터가 된다고 생각하는 사람도 있을 듯하다. 실제로는 개인별 편차가 적지 않다. 제게 걸린 사람은 3000시간 만에 마스터가 되었다. 이를테면 재능이 뛰어난 경우다. 오래 걸리면 2만 4000시간 걸리기도 한다. 위처럼 할 경우 꼬박 12년이다. 재능에 대해서는 뒤의 8장에서 다시 살펴보자.

사실 스킬 연마에 소요되는 시간의 개인별 편차는 미시적 문제다. 그보다 더 심각한 거시적 문제가 있다. 바로 스킬의 퇴화다. 연마된 스킬은 어느 시점을 넘어서면 줄어들기 시작한다. 개인도 그렇고 조직도 그렇다. 신이 아닌 다음에야 이를 피해갈 수 없다.

근육을 쓰는 운동선수의 경력은 대개 20대, 늦어도 30대에 정점을 찍는다. 40대 이후에 이전과 같은 수준의 기록을 내는 선수는 극히 드물다. 전설적인 골프 선수 아놀드 파머는 60살에도 언더파를 기록하며 우승했다. 파머가 참가한 대회가 미국시니어프로골프대회였기 때문이다. 시니어 대회가 아닌 정규 투어였다면 불가능했을 일이다.

두뇌를 쓰는 스킬, 즉 지능도 일정 시점이 지나면 퇴보한다. 지능은 크게 두 범주로 나뉜다. 하나는 본 적 없는 문제를 푸는 스킬인 유동성 지능fluid intelligence이고, 다른 하나는 축적된 지식을 활용하는 스킬인 결정성 지능crystallized intelligence이다. 전자는 선형적으로 시종일관 줄어들며 후자는 로그 함수로 성장한다. 후자의 증가가 전자의 감소에 못 미치는 시점이 오기 마련인데, 그때부터 두 지능의 총합은 하락을 면치 못한다.

두 번째 문제는 스킬이 좋아질수록 오히려 운의 중요성이 커진다는 사실이다. 터무니없는 소리처럼 들리겠지만 사실이다.

스킬은 기본적으로 물리계에 속한다. 즉, 자연에 의해 주어진 한계가 있다. 아무리 연습을 많이 해도 사람이 100미터를 5초 이내에 뛸리는 없다. 10만 시간을 연마해도 억 자릿수의 곱셈은 암산으로 불가능하다. 그렇게 스킬이 상한에 가까워지면 성과의 구별이 어려워진다. 그럴수록 운의 영향이 커진다. 이름하여 '스킬의 역설'이다. 실제로 대부분의 스포츠에서 운의 기여도는 지속적으로 커져 왔다. 선수들의 스킬이 좋아진 탓이다.

스킬의 역설은 스포츠 외의 분야에서도 나타난다. 금융 컨설팅 회사 그리니치 어소시에이즈Greenwich Associates를 설립한 찰스 엘리스Charles Ellis는 금융투자업을 '패자의 게임Loser's Game'이라고 칭했다. 과거에 비해 투기 스킬이 보편화되면서 결과적으로 남을 앞서는 일이 운의 소관이 되었다는 이유였다.

사람들은 보통 스킬의 역설에 혐오감을 내비친다. 뭔가 배신당했다는 느낌이 들기 때문이다. 이러한 혐오감은 스킬 연마에 들인 시간에 대체로 비례한다. 즉, 스킬 수준이 높을수록 운의 존재에 분노한다. 아놀드 파머 못지않은 골프 선수 게리 플레이어는 해설자가 자신의 홀인원을 운 덕분으로 돌리자 발끈했다. "연습을 많이 한 덕분입니다"가 화난 플레이어의 대답이었다.

스킬과 관련한 세 번째 문제는 일화로 대신하자. 얼마 전까지 살던 아파트 단지 옆에는 상가 건물이 하나 있다. 최근 재건축을 마친 아파트 단지와는 대조적으로 상가 건물은 구식 그대로다. 그렇다고 건물이 지저분하다거나 관리되지 않았다는 뜻은 아니다. 슈퍼와 반찬 가게, 음식섬, 학원 등 필요한 가게들로 기득 치 있고 상인들은 수십 년째 여기서 장사해 온 자부심이 크다. 1층에 있는 커피점은 큰돈을 벌어 다른 곳에 건물을 샀다는 소문도 자자하다.

얼마 전 그 상가 입구에서 아들을 기다리는데 한 남자가 접근해 왔다. 50대 초반에 평범한 인상이었다. 원래 낯선 사람이 가까이 다가오면 두렵기 마련이다. 그러나 이 남자의 접근이 위협으로 느껴지지는 않았다. 나를 빤히 쳐다보던 그는 드디어 말을 걸었다.

"신문 하나 보세요."

순간 그의 인생이 내 머릿속에 파노라마처럼 펼쳐졌다. 아마 평생 신문과 관계된 일을 해왔을 테다. 중고등학생 때는 등록금 마련한다고 새벽마다 신문을 돌렸을 수도 있다. 성실한 태도가 지국장의 눈에 띄어 정직원으로 특채되었을지도 모른다. 사람들이 신문을 아예 보지 않을 순 없다고 생각했을 듯싶다. 그는 그렇게 한평생 신문 배달을 연마했다. 그의 생각은 틀리지 않았다. 사람들은 지금도 신문을 본다. 다만 보는 방식이 달라졌을 뿐.

내가 연마한 스킬이 언젠가 아무도 찾지 않는 막다른 골목이 되면 어떡해야 하나? 혹은 스킬이 없는 일을 스킬이라 착각하지 않았다는 보장이 어디에 있나? 회사를 다니는 것이 스킬 연마가 맞나?

이것이 내 이야기가 아니라고 자신할 수 있나?

무조건 운을
피하지만은 말라

왼쪽과 오른쪽, 당신의 선택은?

1834년 미국 필라델피아에서 태어난 프랭크 스톡턴Frank Richard Stockton 은 처음부터 작가가 되고 싶었다. 하지만 감리교 목사인 아버지가 반대한 탓에 목공 기술자로 일하다가 아버지가 죽고 7년이 지난 1867년에야 글을 쓰기 시작했다. 그 후 스톡턴은 죽을 때까지 작가로 살았다.

스톡턴의 작품 중에《미녀일까 혹은 호랑이일까?》라는 제목의 동화가 있다. 그러나 동화라고 얕잡아 보면 큰코다친다. 나는 이 이야기를 읽을 때마다 전율을 느낀다. 전체를 옮기기에는 양이 너무 많으니 줄거리만 이야기하자.

옛날에 야만과 문명의 중간 어딘가에 놓인 왕국이 하나 있었다. 이 왕국의 왕은 불같은 성격에 무자비한 사람이었다. 한번 자신이 결정한 일은 그대로 실행되어야 했다. 어떠한 예외도 있을 수 없었다. 약간의 지체나 주저도 허용되지 않았다. 글자 그대로 그의 말은 곧 법이었다. 법 위반의 결과는 죽음이었다.

왕은 무엇보다도 원형 경기장을 사랑했다. 원형 경기장은 보통 검투사와 맹수가 서로 잔인하게 죽이려 드는 야만의 장소다. 그러나 왕에게는 정의를 실현하는 수단이었다. 모든 신민이 보는 앞에서 죄를 벌하고 덕은 보상하는 재판정이었다. 혹시라도 부패한 판사가 신성한 원형 경기장을 더럽혀서는 안 됐다. 옳고 그름을 판가름하기 위해 왕은 편파적일 수 없고 매수될 수도 없는 '우연'을 선택했다.

모든 신민이 원형 경기장을 채우면 왕은 신하에게 신호를 줬다. 그러면 용의자가 원형 경기장 한가운데로 끌려 나왔다. 결박이 풀린 용의자는 원형 경기장 한편에 나란히 놓인 두 개의 문 중 하나를 열어야 했다. 하나의 문 뒤에는 왕국에서 가장 사나운 호랑이가 있었다. 호랑이는 문이 열리자마자 뛰어나와 용의자를 갈가리 찢어 놓았다. 다른 문 뒤에는 왕이 고른 처녀가 서 있었다. 처녀가 서 있는 문을 열면 용의자는 그녀와 결혼식을 올린 후 함께 추방되었다.

왕에게는 애지중지하는 딸이 하나 있었다. 왕의 성격을 그대로 물려 받았을 뿐만 아니라 절세의 미모도 갖춘 공주였다. 보통의 동화가

　세 가지 열쇠

그렇듯이 공주는 신분이 맞지 않는 젊은 청년과 눈이 맞았다. 위험한 연애는 몇 달 못 가 왕에게 들켰다. 왕은 청년에게 원형 경기장 재판을 명했다. 왕에게 이보다 더 원형 경기장에 어울리는 사건은 없었다.

공주는 청년을 진심으로 사랑했다. 그러나 청년의 운명을 되돌릴 힘은 없었다. 공주는 누구보다도 왕의 성격을 잘 알았다. 자신이 아무리 애걸해도 왕이 결정을 번복할 리는 만무했다. 원래 두 개의 문 뒤에 무엇이 있는지는 아무도 알 수가 없었다. 공주는 죽음을 무릅쓰고 이를 알아냈다. 왕은 공개 재판에 공주도 배석하라고 명했다. 공주는 청년이 문을 선택하기 전에 자기에게 눈으로 물을 것을 알았다.

기본적으로 공주가 청년이 호랑이 밥이 되기를 바랄 리는 없었다. 그러나 잔인하게도 왕은 이번 재판을 위해 왕국 최고의 미녀를 택했다. 공주가 예전부터 질투하는 여성이었다. 청년이 그녀와 행복한 표정으로 결혼식을 올리는 상상만으로도 공주는 미칠 지경이었다. 연인이 다른 여자와 행복하게 사는 꼴을 보느니 차라리 죽게 할지도 몰랐다.

마침내 청년은 두 문 앞에서 서서 공주를 바라봤다. 공주는 아무도 눈치채지 못하게 오른쪽을 가리켰다. 오른쪽 문을 열라는 둘만의 신호였다. 청년은 깊게 심호흡을 했다.

자, 이런 상황에서 여러분이라면 어떻게 하겠는가? 공주가 가르쳐준 오른쪽 문 뒤에는 호랑이가 있을까, 아니면 미녀가 서 있을까? 공주는 연인이 살기를 바랄까 아니면 죽기를 바랄까? 공주의 선택을 혹은 공주의 바람을 여러분은 그대로 따를 것인가?

짓궂게도 동화는 여기서 끝난다. 많은 독자들이 결말을 궁금해 했지만 스톡턴은 죽을 때끼지 입도 벙긋하지 않았다.

세상에 운은 없다고 믿게 되는 이유

청년은 어떤 결정을 내려야 할까? 혹은 공주는 어떻게 해야 할까? 생각하면 할수록 머리가 아파진다. 어떤 결과가 나올지 운에 달린 이런 상황을 좋아하는 사람은 드물다. 적지 않은 사람들이 결정 못하겠다고 나자빠진다. 이번 장 끝에 어떻게 해야 하는지에 대한 설명이 나온다. 그러니 그전까지 마음속으로 당신의 결정을 정해 두고 나중에 비교해 보시길.

사실 운에 대한 사람들의 입장은 그다지 일관되지 못하다. 일단 기본적으로 운을 거북해한다. 말하자면 기피 대상이다. 여기에는 진화해부학에 기인하는 분명한 이유가 있다. 불확실한 상태를 꺼리는 인간의 파충류 뇌와 변연계의 소산이다.

동굴에 살던 원시인의 입장을 상상해 보자. 수풀에서 과일을 줍고 있는데 바스락 소리가 들렸다. 이럴 때 다음처럼 생각한다고 해 보자. '음, 저 소리는 호랑이가 나를 노리는 소리 같긴 한데, 그냥 바람 소리일 수도 있어. 아직 아무것도 확실하지 않아.'

정답이긴 하지만 이렇게 사고 하려면 힘이 든다. 이는 일명 '인간의 뇌'라고도 불리는 전두엽이 온전히 담당하는 일이다. 전두엽을 계속 사용하려면 엄청난 에너지가 소모된다. 비유하자면 5분이면 걸어갈 거리를 비행기를 타고 가는 일과 비슷하다. 결과적으로 이렇게 생각하는 원시인은 소수다. 그중 일부는 결국 호랑이 밥으로 생을 마감했을 것이다. 당연히 후손도 얼마 남기지 못했을 테다.

반대로 공포심에 휩싸여 일단 도망치고 보는 원시인을 생각해 보자. 호랑이일지 모른다는 불확실을 무조건 호랑이라는 확실로 바꾼 덕에 쉽게 호랑이 밥이 되지는 않는다. 설혹 그 확신이 틀렸을지라도 말이다. 즉, 현대인은 확실한 쪽을 갈망하는 원시인의 후손이기 쉽다.

문제는 위와 같은 확실 선호가 늘 최선은 아니라는 데 있다. 똑같은 성향이 전혀 반대의 결론을 내리게 만들기도 한다. 즉 '이 근처에서 호랑이가 나온 적은 없었잖아. 당연히 바람 소리일 거야' 하고 마음을 놓는다. 아니나 다를까, 대부분의 경우 아무 일도 벌어지지 않는다. 섣부른 확신은 점점 강화된다. 시기를 알 수는 없지만 이 원시인의 종착역이 호랑이 배 속임은 확실하다.

불확실을 거부하는 인간의 성향은 이내 통제의 환상으로 탈바꿈한다. 하려고만 하면 세상 모든 일을 자기 뜻대로 할 수 있다고 생각한다. "이 손 안에 있소이다"는 이들의 단골 대사다. 물론 세상은 그렇게 호락호락하지 않다. 그럴 땐 제일 만만한 대상부터 공략하기 마련이다. 그 대상은 바로 자기 자신이다.

1859년은 출판의 관점에서 경이로운 해였다. 찰스 다윈이 《종의 기원》을, 존 스튜어트 밀이 《자유론》을 출간했고, 명탐정 셜록 홈스의 작가 코난 도일이 태어났다. 앞의 세 명에 비할 정도는 아니지만 영국인 새뮤얼 스마일스*Samuel Smiles*도 같은 해에 책을 한 권 냈다. 책 이름은《자조론Self-help》이다. 이 책은 자기 계발서의 원조 중의 원조다.

스마일스를 읽거나《자조론》을 들어 봤다는 독자는 드문 듯하다. 그런 사람도 "하늘은 스스로 돕는 자를 돕는다"는 말은 예외 없이 들어 봤을 것이다. 바로《자조론》의 첫 번째 문장이다. 한국어로 번역된 요약본의 목차에는 "인생은 자신의 손에 달려 있다" "노력이 최고의 방법이다" "열정은 벽을 무너뜨린다" 등이 나온다. 식상한 자기 계발서의 전형적 레퍼토리다.

스마일스 주장의 핵심은 단순했다. 세상에 운은 없다는 것이었다. 요즘 유행하는 표현은 살짝 다르다. 운은 완전히 통제 가능한 대상이라는 식이다. 사실 둘은 전적으로 같은 이야기다. 통제될 수 있다면 그건 운이 아니다. 1장에 나왔던 운의 정의를 되새겨 보면 자명하다.

성공했다고 자부하는 사람들은 자기 계발서의 논리를 성경 구절처럼 외운다. 영국 수상을 지낸 마거릿 대처Margaret Thatcher는 어려서부터 자기 계발서를 하이틴 로맨스처럼 읽었다. 그녀는 운의 개념을 끔찍하게 싫어했다. 구전으로 전해지는 다음 일화는 대처의 성격을 잘 보여 준다. 11살 때 학교 경연 대회에서 대처가 상을 탔다. 교사는 행운이라며 덕담을 건넸는데, 대처는 눈을 똑바로 뜨고 쏘아붙였다.

"아니요, 행운이 아니었어요. 나는 받을 만했어요!"

운이 없는 삶은 잿빛이다

그렇다고 사람들이 운을 일방적으로 싫어하냐면 그렇지는 않다. 한 가지 예를 들자.

포뮬러원F1 그랑프리는 국제자동차연맹이 주관하는 자동차 경주 대회다. 지구상에서 가장 빠른 경주용 차를 모는 가장 운전 잘하는 드라이버 간의 대결이다. 현재 매년 팀당 2명씩 10개 팀, 즉 20명의 드라이버가 전 세계 21개 경주장을 돌며 겨룬다. 포뮬러원의 인기는 올림픽이나 월드컵에 못지않다.

포뮬러원을 스킬과 운의 조합으로 바라보면 어떨까? 포뮬러원은 기본적으로 스킬이 압도하는 분야다. 미하엘 슈마허가 1994년부터 2004년까지 11년의 기간 중 7년을 세계 챔피언으로 군림한 기록을 보면 짐작 가능하다. 특히 2000년부터는 5년 연속이었다. 2010년부터 2013년까지는 제바스티안 페텔, 2014년부터는 루이스 해밀턴이 세계챔피언 자리를 지키고 있다. 1980년대 중반부터 슈마허가 등장하기 전까지 포뮬러원을 양분한 라이벌, 알랭 프로스트와 아일튼 세나도 포뮬러원을 스킬이 지배한다는 증거다.

다른 의미에서도 포뮬러원은 스킬이 중요하다. 포뮬러원의 경주차는 현존하는 최고 수준의 자동차 테크놀로지 집약체다. 보통의 자동차 경지를 넘어섰다는 의미에서 머신이라고도 불린다. 내구성을 포기하고 초고성능만을 목표로 만들어진 엔진 가격은 대당 5억 원을 초과한다. 머신 제조사가 어디냐가 드라이버가 누구냐보다 더 중요한 경우가 많다.

일례로, 1980년생 젠슨 버튼Jenson Button의 경우를 보자. 2000년부터 포뮬러원에서 뛰기 시작한 버튼은 2008년까지 모두 153회의 레이스에 나서 단 한 번 우승한 그저 그런 드라이버였다. 그랬던 버튼이 2009년 처음 7회의 레이스에서 6번을 시상대 제일 높은 자리에 섰다. 소속 팀인 브론 GPBrawn GP가 규정상의 모호함을 악용해 버튼의 머신에 일명 '이중 디퓨저'를 장착한 덕분이었다. 다른 팀이 이중 디퓨저를 따라 하자 버튼은 그해 남은 10번의 레이스에서 한 번도 우승하지 못했다.

포뮬러원이 보다 보편적인 인기를 얻는 데에 가장 큰 걸림돌이 되는 것이 바로 이 부분이다. 드라이버든 제조사든 스킬의 과한 영향력이 재미없게 느껴지는 탓이다. 그나마 전자가 후자보다는 조금 낫다. 드라이버는 인터뷰라도 할 수 있지만 엔진은 인터뷰도 불가능하다. 결정적으로, 결과가 너무 뻔히 예측 가능하면 사람들은 지켜볼 맛이 안 난다. 이를테면, 1 더하기 1이 2임은 변할 수 없는 사실이다. 바로 그렇기 때문에 심심하고 지겹다.

한 가지 해결 방안은 바로 운의 영향력 증대다. 실제로 포뮬러원 그룹의 대표 버니 에클스턴Bernie Ecclestone은 서킷에 인공 비를 도입하자고 진지하게 주장했다. 인공 비가 무작위하게 내리면 경주에서 운의 요소는 틀림없이 증가한다. 다행인지 불행인지 알 수 없으나 에클스턴의 주장이 채택되지는 않았다.

어쩌면 사람들이 편안해하는 스킬과 운의 최적 비율이 있을지도 모르겠다. 2장에서 검토한 다섯 가지 프로 스포츠 중 일반적인 인기는 축구, 야구, 미식축구가 농구나 아이스하키보다 높다. 이 세 종목의 운 비중이 공통적으로 30퍼센트대라는 사실은 우연의 일치일까? 이에 비해 농구는 10퍼센트대, 아이스하키는 50퍼센트대다.

즉, 운은 예측하기는 어려우나 지켜보기는 즐겁다. 완전한 기계적 결정론은 지루하다. 완전한 무작위 또한 따분하다. 우리는 둘 사이의 적절한 타협을 추구하는 듯하다. 삶에서 운을 완전히 제거할 수 없는 하나의 이유다. 운이 제거된 인간은 기계 부속품과 다르지 않다.

삶에서 운을 완전히 피할 수 없음을 깨달은 사람 중에 나폴레옹 보나파르트_Napoléon Bonaparte_가 있다. 18세기 후반 프랑스의 전쟁 영웅으로 떠오른 후 황제가 되어 유럽 전체를 정복했던 인물이다.

군인으로서 나폴레옹은 전쟁사를 통틀어 몇 손가락 안에 꼽힌다. 카르타고의 한니발 이래 최초로 알프스를 넘은 일과 수적 열세를 딛고 강적 오스트리아군과 프로이센군을 괴멸시킨 일 등은 꽤나 유명하다. 알프스를 넘을 때 했다는 "내 사전에 불가능은 없다"는 초등 저학년 대상 위인전 제목으로 인기다. 나폴레옹이 실제로 한 말은 위와 다르고 그 말을 한 시기도 다르다. 그러나 "하면 된다!"류의 자기 계발서는 앞의 말을 반복하길 그치질 않는다.

상대적으로 덜 알려진 사실 한 가지를 이야기하자. 나폴레옹은 영국 해군에 입대하려고 지원한 적이 있었다. 사실 나폴레옹의 본명은 나폴레오네 디 부오나파르테_Napoleone di Buonaparte_다. 코르시카섬에서 태어난 나폴레오네는 원래 이탈리아 혈통이었다. 코르시카가 프랑스로부터 독립하려고 무장 투쟁을 벌이던 당시에 나폴레오네는 프랑스를 원수로 여겼다. 영국 해군이 나폴레오네의 입대 신청을 무시한 일은 영국에게는 틀림없는 불운이었다.

포병 장교로 훈련받은 나폴레옹은 이를테면 숫자에 능한 엘리트 군인이었다. 역학의 대가 피에르-시몬 라플라스Pierre-Simon Laplace가 군사학교 교수로서 나폴레옹을 가르쳤다. 그럼에도 나폴레옹의 전술은 체계적인 훈련과는 무관했다. 극단적으로 그는 실력 있는 장군보다 '운이 좋은 장군'을 부하로 삼겠다고 고집했다.

어쩌면 나폴레옹은 니콜로 마키아벨리의 《군주론》을 읽었을지도 모른다. 모국어가 이탈리아어였던 나폴레옹에게는 충분히 가능한 일이다. 《군주론》 25장의 제목은 "포르투나가 인간사에 미치는 영향, 그리고 그녀를 견디는 방법"이다. 좀 더 구체적으로 "운이 관여하지 않는 일은 반에 약간 모자란다"는 말이 나온다. 마키아벨리는 인간 세계에서 운의 영향이 절반보다 크다고 봤다.

운 없이는 혁신도 성공도 없다

지금까지는 수동적인 관점에서 운을 이야기했다. 요약하면 첫째, 삶에서 운은 불가피하다. 둘째, 운의 영향이 너무 작으면 삶을 무료하게 느낀다. 앞의 두 가지가 바꿀 수 없는 사실이라고 할 때 최선의 방안은 무엇일까? 어쩌면 가끔 내기나 작은 도박으로 삶의 흥미를 돋우는 것이 필수라고 생각할지도 모른다.

나는 그 정도에서 멈추고 싶지 않다. 운에는 삶의 재미를 위한 양념 이상의 역할이 있다. 없애고 싶지만 없앨 수 없는 귀찮은 파리 같은 존재가 아니라는 뜻이다. 운은 삶에 없어서는 안 될 존재다. 즉, 삶의 필수품이다.

왜 그럴까? 인간은 계속적으로 변화를 시도해 왔다. 원시 시대에는 수렵과 채집으로 먹고살았다. 그것으로 충분할 수도 있었지만 일부 사람들은 농경을 시도했다. 농경의 결과는 결코 확실하지 않았다. 농경에 스킬은 분명히 존재했지만 그게 전부는 아니었다. 기후와 병충해, 그리고 그 외 인간이 통제할 수 없는 요소가 늘 개입했다. 그런 운을 떠안은 모두가 성공하지는 않았다. 그러나 그들 중 일부가 농업혁명을 불러왔다.

산업혁명도 그렇다. 중세의 생산 방식은 영주와 농노로 구성된 사회를 너끈히 지탱했다. 기계와 자본, 그리고 노동력을 결합하는 새로운 방식이 성공한다는 보장은 아무 데도 없었다. 위와 같은 시도를 한 사람 중 적지 않은 수가 파산으로 몰락했다. 하지만 일부는 용케 대량 생산과 대량 소비를 가능케 하는 새로운 경제 체제를 만드는 데 성공했다. 그게 오늘날 우리가 살고 있는 자본주의 체제다.

요하네스 구텐베르크대학의 헬무트 쇠크*Helmut Schoeck*는 여기서 한 걸음 더 나간다. 운 개념이 결여된 사회는 성공에 대한 열망을 억누른다. 이는 고정된 위계와 계급을 현상 유지하려는 닫힌 사회다. 반대로 원대한 포부를 장려하는 사회는 운 개념을 수용한다. 이러한 열린 사회에서만 역동적인 기업이 생길 수 있다. 즉, 운이 바로 문명을 일으킨 원동력이다.

말하자면 운이 존재함으로써 혁신이 가능하다. 운이 존재하지 않는다면 혁신은 상상조차 할 수 없는 일이 된다. 운을 두려워하지 않는 이들이 결국 새로운 변화를 끌어낸다. 인류 진보의 역사가 존재한다면 이는 운을 받아들인 용감한 사람들 덕분이다.

특히 비즈니스 분야는 운을 껴안은 사람들로 가득 차 있다. 이는 결과를 확신할 수 없는 일을 시도했다는 차원만이 아니다. 성공한 모험 사업가의 적지 않은 수는 처음에 의도하지 않았던 분야에서 성공했다.

한 가지 사례를 들어 보자. 채드 헐리, 스티브 첸, 자웨드 카림은 결제 지급 회사 페이팔의 직원이었다. 페이팔은 좋은 회사였지만 이들은 자신의 운을 시험해 보고 싶었다. 세 사람은 의기투합해서 스타트업을 시작했다. 애초의 분야는 온라인 데이팅 서비스였다. 스타트업은 21개월 만에 약 1.8조 원에 구글에 인수되었다. 당시에는 다들 구글이 제정신이 아니라고 했다. 너무 큰 돈을 지불했다는 것이었다. 요즘이라면 제정신이 아니고서야 그런 말을 할 수 없다. 이 회사의 이름은 유튜브다.

위 사례는 결코 예외가 아니다. 한 대학 2학년생은 같은 학교 여학생의 사진으로 이상형 월드컵을 하는 웹 사이트를 만들었다. 웹 사이트는 대결 결과를 바탕으로 순위도 공표했다. 물론 여학생들에게 허락을 받은 적은 없었다. 학교는 보안 위반, 저작권 침해, 사생활 침해를 이유로 2학년생을 퇴학시키려다 경고에 그쳤다. 겨우 학교에 남은

2학년생은 다음 해 새로운 서비스를 시작했다. 그것이 오늘날의 페이스북이다.

창업자가 마주하는 운에 관한 사례가 하나 더 있다. 시애틀에서 태어난 한 남자는 어려서부터 컴퓨터에 큰 관심을 보였다. 반도체 스타트업 인텔이 마이크로프로세서를 내놓자 개인용 컴퓨터의 소프트웨어에 미래가 있음을 깨닫고 운영 체제를 개발했다. 1980년 IBM은 계약을 위해 그를 방문했고 다음 해 그가 만든 회사의 운영 체제는 개인용 컴퓨터와 함께 판매되기 시작했다. 이 이야기는 익숙하다 못해 따분하기까지 하다. 세계에서 돈 많은 걸로 1, 2위를 다투는 빌 게이츠의 이야기 같다. 그러나 다른 사람 이야기다. 디지털 리서치Digital Research라는 회사를 세운 개리 킬달Gary Arlen Kildall이 그 주인공이다.

IBM은 처음에 게이츠에게 접근했지만 게이츠는 초보적인 컴퓨터 언어의 하나인 베이직Basic을 컴퓨터가 이해할 수 있도록 번역해 주는 컴파일러만 겨우 만들 줄 알았다. 어쩔 수 없이 게이츠는 IBM에게 킬달을 소개해 주었다. 킬달의 디지털 리서치는 당시 최고 수준의 운영 체제를 이미 팔고 있었다. 그런데 어찌된 일인지 디지털 리서치는 계약에 열의가 없었다. 빈틈을 발견한 게이츠는 킬달의 운영 체제를 복사한 프로그램으로 IBM과 계약을 맺었다. 이후의 역사는 모두가 아는 대로다. 킬달은 이후 작은 도시인 몬테레이의 술집에서 주먹다짐 끝에 머리를 다쳐 죽었다.

피할 수 없다면 끌어안아라

성공을 위한 세 번째 규칙이 지금까지의 이야기로부터 나온다. 바로 "무조건 운을 피하지만은 말라"다. 스킬이 중요한 영역에서 스킬의 연마는 필요하다. 하지만 운에 맡기고 절벽에서 뛰어내리는 일도 필요하다. 스킬이 중요한 영역도 예외가 될 수 없다. 그것 없이는 근본적인 변화가 불가능하다.

창업은 어쩌면 가장 순수한 성격의 운 시험이다. 나는 스타트업 창업을 "절벽에서 떨어지면서 비행기를 조립해 날아오르는 일"로 비유하기를 즐긴다. 아무리 생각해 보아도 이보다 더 적확한 묘사는 없을 듯하다. 창업에 스킬이 없지는 않다. 그러나 스킬의 존재가 성공을 보장하지 않는다. 땅과 충돌할 가능성을 각오하고 시도하지 않는 한 날아오를 일도 없다.

그렇다면 이제 운을 대하는 올바른 방법에 대해 이야기해 보자. 이미 여러 차례 이야기기했듯이 운을 직접 바꿀 방법은 없다. 운은 우리통제 바깥에 있다. 그러나 운이 우리에게 미치는 영향은 어느 정도 통제가 가능하다. 예를 들어, 홍수가 나 집이 잠기는 일은 운 소관이다. 하지만 보험을 들어 놓으면 금전적 손실을 일부는 보상받을 수 있다. 이는 일종의 스킬로서 이름하여 '운에 대한 스킬'이라고 할 만하다.

여러 분야 중에서 이런 쪽으로 가장 고민을 많이 하는 분야는 어디일까? 바로 금융이다. 운이 금융 시장의 결과를 좌지우지함은 2장에서 이미 이야기한 바다. 시장의 변덕을 온몸으로 겪어 본 투기자들보다 이를 잘 아는 사람은 없다.

유럽의 워런 버핏이라 불리는 헝가리인 앙드레 코스톨라니_André Kostolany_는 《돈, 뜨겁게 사랑하고 차갑게 다루어라_Die Kunst über Geld nachzudenken_》를 비롯한 13권의 책을 썼다. 그의 책에는 운에 관한 언급이 지속적으로 나온다. 가령, 그는 자신의 주식 인생에서 내부 정보를 이용해 돈을 번 경우가 네 번밖에 없었다고 털어놓았다. 자신의 주식 스킬이 뛰어나다는 의미는 아니었다. 네 번 중 두 번은 입수한 정보대로 해서 돈을 벌었지만 나머지 두 번은 반대로 해서 돈을 벌었다고 했다. 내부 정보대로 했다가 잃은 경우는 너무 많아서 셀 수도 없다며 특유의 유머를 날렸다. 코스톨라니에게 증권 거래소는 "음악이 없는 몬테카를로_Monte Carlo_"였다. 몬테카를로는 카지노로 유명한 도시다.

운을 끌어안는 5가지 스킬

프린스턴대학을 졸업한 맥스 건서_Max Gunther_도 이런 쪽으로 유명한 작가다. 원제가 《취리히 공리_The Zürich Axioms_》인 책이 우리나라에서는 《스위스 은행가가 가르쳐 주는 돈의 원리》라는 이름으로 출간되었다. 스위스 은행에서 오래 일한 아버지에게 배운 지혜를 정리한 책이었다. 건서는 운에 대한 스킬을 '운 적응' 혹은 '운 포지셔닝'이라고 불렀다. 그가 제시한 모든 스킬이 다 가슴에 와 닿지는 않는다. 그중 내 마음에 드는 다섯 가지를 소개해 보도록 하자.

첫 번째 스킬은 '운의 존재 인정하기'다. 잘되면 제 탓, 안되면 운

탓을 하지 말라는 의미다. 잘 안됐을 때 탓하는 것에 어디 운만 있겠는가? 님도 있고, 조상도 있고, 세상도 있다. 그렇게 본인 보고 싶은 대로 원인과 결과를 짜 맞추면 진전이 있을 수 없다. 운에 의해 잘될 수도 있고 또 잘 안될 수도 있다. 그걸 있는 그대로 인정해야 한다는 뜻이다.

조심해야 할 대상 중에 '비극적 결함' 이론이 있다. 문학을 가르치는 사람들이 좋아하는 이론이다. 이들에 의하면 비극이 발생하는 이유는 주인공에게 결함이 있기 때문이다. 햄릿의 주변 사람이 모조리 죽은 것은 햄릿의 성격적 결함 탓이다. 용맹한 장군 오셀로가 충실한 아내 데스데모나를 의심 끝에 죽이는 일도 오셀로의 결함 때문이다.

이렇게 생각하기 시작하면 백약이 무효다. 나쁜 일이 벌어졌다고 해서 그것이 모두 내 탓은 아니다. 단지 운 때문에 그랬을 수도 있다. 최대한 객관적인 시각에서 무슨 일이 벌어졌는지 분석한 후 운이 주 원인이라면 툭툭 털어 내야 한다. 운의 좋은 점 중 하나는 운으로 인한 나쁜 일도 언젠가는 멈춘다는 사실이다. 운의 존재를 있는 그대로 인정하는 것이 운 포지셔닝의 출발점이다.

두 번째 스킬은 '리스크 조금 떼먹기'다. 이는 두 가지 행동 방침으로 구성된다. '리스크 금식의 중지'와 '리스크 과식의 중지'다. 쉽게 말해 운을 의무적으로 먹되, 너무 많이 먹거나 불량한 것을 먹지는 말라는 뜻이다. 반대로 이렇게 이야기할 수도 있다. 인생에서 실패하는 확실한 방법 두 가지가 있다. 하나는 바보 같은 리스크를 지는 경우고, 다른 하나는 아예 리스크를 지지 않는 경우다. 어느 쪽을 취해도 결과는 같다.

바보 같은 리스크에 대해 조금 더 설명하자. 핵심은 손실과 이득의 비율이다. 작은 이득을 위해 잠재적으로 큰 손실을 감수하는 일이 바로 바보 같은 리스크다. 불확실성의 현자 나심 탈레브*Nassim Taleb*의《행운에 속지 마라*Fooled by Randomness*》는 이른바 금융 전문가라는 사람들이 벌이는 바보 같은 리스크의 향연을 비꼬는 책이다.

금융이 아닌 영역에도 물론 바보 같은 리스크가 존재한다. 조지프 패트릭 케네디 2세*Joseph Patrick Kennedy Jr*를 예로 들자. 조지프의 외할아버지는 보스턴 시장이었고 아버지는 초대 미국 증권거래소위원장이었다. 9남매의 맏이였던 조지프는 어려서부터 '미래의 미국 대통령'이라는 소리를 듣고 살았다. 그는 자신이 그런 재목임을 강박적으로 증명하려 들었다. 결과는 무모한 묘기의 연속이었다.

가령, 조지프는 한겨울에 강에 뛰어들었다. 얼음과 급류가 거셌지만 아랑곳하지 않았다. 단지 "조지프가 수영으로 겨울 강을 정복했다!"는 소리를 들으려는 것이 이유의 전부였다. 아버지에게 받은 돈으로 거칠게 투기를 벌이다 모조리 잃기도 했다. 그것으로도 모자라 하버드 로스쿨 졸업을 1년 남긴 시점에 학교를 그만두고 해군 조종사로 자원했다. 그때는 아직 미국이 제2차 세계대전에 참전하기 전이었다.

폭격기 B-24 조종사로 유럽에서 25회의 임무를 무사히 마친 그에게는 본국으로 돌아갈 권리가 있었다. 세상이 자신을 슈퍼맨으로 우러르길 원했던 조지프는 참가하지 않아도 무방한 작전에 자원했다. 미군 작전 '아프로디테'는 일본군의 '가미카제'에 비견할 만했다. 폭탄을 가득 채운 폭격기를 무선 조종으로 목표물에 돌입시키는 것이 작전의 글자였다. 그중 시기 가살 폭격기를 일정 고두까지 이륙시키고 폭탄을 활성화한 후 낙하산으로 탈출하는 계획이었다. 조지프는 첫 번째 자살 폭격 비행에서 폭탄이 예정보다 일찍 터져서 전사했다.

아예 리스크를 지지 않으려는 경우에 대해서도 설명하자. 사실 적지 않은 사람이 이러한 성향을 가지고 있다. 게다가 인간은 질투의 화신이기도 하다. 그래서 성공한 모험가를 싫어한다. 모험가는 자신의 성향을 드러내 보아야 득 될 것이 없음을 일찌감치 깨닫는다. 가장 담대한 모험가와 가장 운 좋은 도박가조차 자신의 본질을 대중에게 숨기려 든다.

예를 들어 보자. 토머스 왓슨Thomas Watson은 대체로 루저에 가까웠다. 첫 번째 직업인 학교 교사는 단 하루 만에 때려치웠다. 그 후 상점의 경리, 풍금과 재봉틀 영업 사원을 전전했다. 그러다 대낮에 술을 너무 많이 마신 후에 재봉틀 샘플이 가득 담긴 마차를 통째로 잃어버려 해고됐다. 불미스럽게 해고됐다는 입소문으로 인해 1년 넘게 무직으로 지냈다. 막장으로 몰린 왓슨은 사기 대부업체를 거쳐 도살장을 차렸다가 곧 망했다. 그나마 금전 등록기 세일즈로 약간의 경력을 일궜다.

찰스 플린트Charles Flint는 조그만 사무기기 회사 네 곳을 인수해 컴퓨터 타블레이팅 리코딩 컴퍼니Computing-Tabulating-Recording Company(이하 CTR)라는 이름으로 합쳤다. CTR은 처음부터 돈을 잃었다. 두 명의 사장이 회사를 회복시키는 데 실패하고 차례로 해고됐다. 그사이 부채는 회사 자기 자본의 세 배 이상으로 불어났다. 아무도 전망 없는 부실기업의 사장으로 오려 하지 않았다. 합병 후 3년이 약간 안 된 시점에 플린트는 큰 기대 없이 한 사람을 사장으로 뽑았다. 그가 바로 왓슨이었다. CTR은 나중에 IBM으로 회사명을 바꿨다.

왓슨은 운에 힘입어 출세했지만 그것이 여기서의 핵심은 아니다. 핵심은 나중에 IBM의 회장이 되고 난 후 무슨 말을 했는가다. 그가 "생각하라Think"라는 말을 좋아했음은 잘 알려져 있다. IBM의 노트북 컴퓨터 브랜드 싱크패드Thinkpad가 여기서 나왔다. 생략되지 않은 원래 구호는 "생각하고, 일하고, 계획하라Think, Work, Plan"다. 사실 그가 진짜로 지겹도록 반복한 말은 "일을 계획하고, 계획대로 일하라Plan your work and work your plan"였다. 왓슨은 일과 계획이 성공에 이르는 길이라고 누누이 강조했다. 그의 말에 운이 들어설 자리는 전혀 없었다.

세 번째 운에 대한 스킬은 '연속되는 운 끊기'다. 그 운은 행운일 수도 혹은 불운이나 악운일 수도 있다. 어느 쪽이든 마찬가지다. 연속되는 운은 생각보다 빨리 끝난다. 행운이 끝까지 계속된다고 생각하면 안 된다.

카지노와 금융 시장은 언제나 엄청난 수익과 연속되는 승리를 홍보한다. 그들은 누군가의 투기 성공담을 좋아하다 못해 사랑한다. 왜냐하면 다음 두 가지 결과를 가져오기 때문이다. 첫째, 새로운 고객이 생긴다. 둘째, 고객들이 자신의 운을 너무 오래 시험한다. 몬테카를로 카지노의 룰렛에서는 28번 연속으로 빨강이 나온 적도 있다. 중요한 것은 그런 일이 내 게임에서 일어날 가능성이 매우 낮고 또 언제 일어날지 모른다는 점이다. 결국 돈은 카지노와 금융 회사가 번다.

만복뇌는 운을 끊지 못하면 실패한 투기에 매달리게 된다. 연속되는 운을 끊기 어려운 이유는 그렇게 하면 '내가 틀렸다'고 인정하는 셈이기 때문이다. 아마존의 제프 베조스는 자신이 틀렸음을 인정하는 능력을 임원의 가장 바람직한 자질로 여긴다. 최고 수준의 지성을 증명한다는 이유에서다. '아우덴테스 포르투나 주바트audentes fortuna juvat', 즉 행운의 여신은 과감한 사람을 돕는다.

네 번째 스킬은 '갈지자 행보하기'다. 이 스킬은 특히 인기가 없다. 이전까지 이야기한 세 개의 스킬에 모두 공감하는 사람도 갈지자 행보하기에는 갸우뚱하는 경우가 많다. 물론 일관된 목표 추구는 적정 수준 이내라면 유익하다. 이를테면, 바이올린을 잘 켜고 싶다면 1만 시간 정도 활을 그어야 한다. IBM의 왓슨은 늘 이야기했다. 삶의 목표를 따라 일직선으로 나아가고, 결코 오락가락하지 말고, 장애를 만나면 불도저처럼 밀어 버리라고. 여러분은 왓슨이 자기 이야기를 한 것이 아님을 이제 알고 있다.

갈지자 행보하기를 잘 구사한 사람의 예를 하나 보자. 헬레네 빈터Helene Winter는 1938년 오스트리아 린츠에서 태어났다. 그해 히틀러는 오스트리아를 합병했고 다음 해 제2차 세계대전이 시작됐다. 소련은 전쟁 말기에 빈터가 살던 동네를 점령했고 빈터는 12살 때 아버지를 잃었다. 탈출을 꿈꿔 온 빈터는 21살 때 미군 상병과 결혼해 미국으로 이주했다. 그녀의 미국 내 첫 직업은 타자수였다. 결혼 생활은 6년 만에 파경에 이르렀다.

시카고에서 비서로 일하던 빈터는 한 영화배우를 만났다. 그녀는 다음 해 그를 따라 무작정 캘리포니아로 거처를 옮겼다. 빈터는 영화배우의 개인 비서가 되었다. 영화배우는 정치권에 몸을 담더니 주지사를 거쳐 급기야 대통령으로 선출됐다. 그사이 빈터는 크리스티안 폰 담과의 길지 않은 재혼을 통해 헬렌 폰 담이라는 새로운 이름을 얻었다. 폰 담은 이제 미국 대통령 로널드 레이건의 개인 비서였다.

폰 담에게 늘 고마운 마음을 가졌던 레이건은 폰 담을 인사수석비서관으로 임명했다. 최근 도널드 트럼프의 백악관에서 존 디스테파노 John DeStefano가 맡던 바로 그 역할이었다. 그것으로도 감사의 마음을 충분히 표현 못 했던지 2년 후에는 폰 담을 오스트리아 주재 미국대사로 임명했다. 특별히 내세울 것이 없는 오스트리아 태생 이민자가 꿈꿀 수 있는 어쩌면 가장 영예로운 자리였다.

마지막 다섯 번째 스킬은 '최악 상황 예상하기'다. 얼핏 생각하면 운이 좋은 사람은 행복한 낙관주의자일 듯싶다. 사실은 그 정반대다. 이유는 이렇다. 낙관주의자는 최상을 꿈꾸지만 대개는 좌절하게 된다. 꿈꾸는 최상을 달성하려면 운이 반드시 따라줘야 하는데, 현실에서 그렇게 된다는 보장이 없기 때문이다. 그러한 기대는 보통 배신당한다. 행운은 최악을 어떻게 다룰지를 아는 일과 더 밀접하다. 즉, 운이 좋은 사람은 비관주의자에 가깝다. 좀 더 엄밀하게는 회의주의자나 현실주의자다.

낙관주의자보다 현실주의자가 되어야 하는 이유

찰떡궁합일 것 같은 운과 낙관적 생각이 별로 친하지 않다는 사실을 가리켜 '비관주의의 역설'이라고 부른다. 비관주의의 역설은 두 가지 법칙으로 이해하면 좋다. 사실 두 법칙은 서로 연결되어 있다.

첫 번째 법칙은 이른바 '머피의 법칙'이다. 쉬운 말로 설명하면 "잘못될 일은 반드시 잘못된다." 머피의 법칙에서 왜 머피라는 이름이 사용되었는지 아는 사람은 아무도 없다. 이름은 아무래도 좋다. 머피의 법칙을 의식하며 행동하는 사람은 그렇지 않은 사람보다 운이 좋기 마련이다. 심지어는 자신이 행운아라고 믿는 사람보다도 그렇다. 사실 운을 너무 신뢰하는 사람은 가장 운이 없는 사람이기 쉽다.

헬레나 루빈스타인Helena Rubinstein과 이사도라 덩컨Isadora Duncan은 각각 비관주의자와 낙관주의자를 대변한다. 무일푼의 폴란드 태생 루빈스타인은 허름한 미용 살롱에서 출발해 글로벌 화장품 회사를 일궜다. 자신의 성공을 운 덕분으로 돌리는 루빈스타인은 철저한 비관주의자였다. "어떤 화장품을 잘못 사용하는 방법이 존재한다면 반드시 누군가는 그 방법을 찾고 만다. 그리고 그 방법을 찾은 여자에게는 반드시 말 많은 친구가 한가득 있다"는 루빈스타인의 말은 감탄스럽다.

덩컨은 루빈스타인과 정반대 스타일이었다. 현대 무용의 어머니라 불리는 덩컨의 춤은 자유 그 자체였다. 자유로운 만큼 그녀의 삶은 혼란투성이였다. 덩컨은 혼외 자식만 세 명을 낳았다. 셋 다 엄마보다 먼저 죽었는데, 하나는 출생 직후에, 다른 둘은 자동차 사고로 세상을 떠났다. 미국 정부는 여권을 밥 먹듯 잃어버리는 덩컨을 의심했다. 덩컨의 금전적 수입은 적지 않았지만 늘 재정적 파산 상태를 면치 못했다. 대책 없는 낙관주의자 덩컨은 "삶은 사는 것이고, 걱정하는 것이 아니다!"라고 말했다.

루빈스타인과 덩컨은 런던에서 한 번 만났다. 다섯 살 위의 루빈스타인은 덩컨을 예술가로서 존경했다. 늘 치렁치렁한 스카프와 숄을 걸치고 있는 덩컨의 아우라는 같은 여자인 루빈스타인이 보기에도 매혹적이었다.

루빈스타인은 덩컨처럼 스카프를 해 보고 싶었지만 결국은 하지 않았다. 머피의 법칙의 사도로서 스카프가 "문 사이에 낀다든지" "디너 파티 때 수프에 빠진다든지" "선반 위의 깨지기 쉬운 조각품을 끌어내린다든지" 등이 걱정되어서였다. 덩컨은 51세 때 달리던 자동차 바퀴에 스카프가 끼는 바람에 죽었다.

두 번째 법칙은 '미첼의 법칙'이다. "당신의 주변은 당신 손 밖에 있다"로 요약할 수 있다. 즉, 당신 생각대로 당신 주변이 움직이지 않는다는 이야기다. 사실 마사 미첼Martha Mitchell은 일명 '마사 미첼 효과'로 더 유명하다. 이는 불가능하지는 않지만 드문 일을 주장하는 사람이 정신병자 취급되는 경우를 일컫는다. 확증도 반증도 어려운 이야기를 무조건 음모론이라고 깎아내리는 경우도 이에 해당된다.

모델이었던 마사 빌은 첫 남편과 이혼 직후 잘나가는 금융 변호사 존 미첼과 재혼했다. 존 미첼은 승승장구하여 미국 대통령 리처드 닉슨의 오른팔이자 법무 장관이 되었다. 이제 마사 미첼이 된 그녀는 미국 정가의 명성과 재복을 마음껏 누렸다.

그러다 워터게이트 스캔들Watergate Scandal이 터졌다. 닉슨은 존 미
첼을 희생양으로 삼으려 했다. 마사 미첼은 남편을 지키기 위해 "모든
배후는 닉슨"이라며 열심히 폭로했다. 언론은 그런 그녀를 알코올 중
독자 취급했다. 나중에 그녀의 고발이 모두 사실이었음이 밝혀졌지만
그 과정에서 그녀는 거의 모든 것을 잃었다. 마사 미첼은 다음과 같은
명언을 남겼다. "삶은 비누처럼 미끈거린다. 그것을 꼭 쥐고 있다고
생각한다면 당신은 틀렸다."

지금까지 이야기한 다섯 가지 운 스킬이 모두 필수는 아니다. 이를
전부 다 구사하는 사람은 흔치 않다. 하지만 많이 그리고 자주 구사할
수록 좋다. 왜냐하면 이는 연마가 가능한 스킬이기 때문이다. 다시 말
해, 운의 역할이 큰 분야에서 스킬이란 좋은 의사 결정 과정으로 귀결
된다. 앞에서 언급한 다섯 가지 운 스킬은 올바른 결정을 내리도록 돕
는 도구다.

위와 같은 운 스킬의 효과는 즉각적이지 않다. 개별적인 상황은
언제나 운의 소관이다. 차이를 느끼려면 시간이 필요하다. 스킬 연마
에 1만 시간이 필요하듯 운 스킬도 시간이 쌓여야 효과를 확인할 수
있다.

흔히 저지르기 쉬운 실수 하나가 있다. 운이 강한 영역에서 최적화
를 시도하는 경우다. 최적화란 효율이나 효과를 극대로 끌어올리려는
시도다. 스킬이 있는 곳에서는 최적화가 가능하다. 그러나 운이 강한
곳에서 최적화는 자살 행위다. 《상식의 배반Everything is obvious》을 쓴

덩컨 와츠Duncan Watts에 의하면 이런 경우 예측과 통제가 아닌 측정과 반응이 필요하다.

결정을 피할 수는 없다

운이 사람의 삶에 어떻게 얽히는지에 대한 이야기 하나로 이번 장을 마치도록 하자. 두 사람이 등장하는 바 편의상 첫 번째 사람을 레너드, 두 번째 사람을 아돌프라고 부르자.

레너드는 58세 때에 뉴욕의 5번가에서 교통사고를 당했다. 미국에서는 차가 오른쪽으로 다닌다는 것을 생각하지 못한 레너드의 부주의였다. 무직의 기능공 마리오 콘스타시노가 몰던 차는 시속 60킬로미터 가까운 속도로 레너드를 친 후 5미터가량 끌고 가다 내동댕이쳤다.

레너드는 전성기가 지난 정치인이었다. 그는 철새처럼 여러 정당을 오갔다. 당시 그의 정치적 입장은 '반민주적' '인종주의적' '시대착오적'으로 요약할 수 있었다. 많은 글과 책을 썼는데 그 이유가 사치스러운 생활을 감당하기 위해서였다. 군인으로서의 경력도 고르지 못했다. 그의 용기를 의심하는 사람은 없었지만, 그의 판단력을 의심하는 사람은 많았다. 레너드는 십여 년 전 겪은 처절한 패전의 총책임자였다.

병원에 실려 간 레너드는 다행히 죽지 않았다. 그는 사고가 전적으로 자기 잘못이라고 인정했다. 병상에서 그는 자신이 겪은 교통사고를 묘사하는 글을 썼다. 목적은 돈이었다. 지금 한국 돈으로 2000만 원 정도를 원고료로 받았다. 죽어도 이상하지 않을 교통사고에서 살아났을 뿐 아니라 그것으로 돈까지 번 레너드는 확실히 운이 좋은 사람이었다.

운은 전쟁 때도 여러 번 레너드를 살렸다. 한번은 그가 탄 기차가 적군에 의해 공격받았다. 레너드는 응전하면서 기관차를 다시 출발시키려 했다. 기관차가 꿈쩍도 하지 않자 차고 있던 권총까지 벗어 놓고 낑낑댔다. 바로 그때 적군 소총병이 18미터 거리에서 나타났다. 권총을 몸에 지니고 있었다면 아마도 항복하지 않고 저항하려다 사살되었을 터였다.

그것이 끝이 아니었다. 포로로 붙잡힌 레너드는 수용소 담장을 넘어 도망쳤다. 안전한 지역까지는 거리가 약 400킬로미터였다. 그는 도박을 하기로 결심했다. 적 지역 한가운데서 아무 집이나 하나 골라 대문을 두들겼다. 숨겨 달라고 설득하거나 돈으로 매수해 보려는 무모한 계획이었다. 그가 고른 집은 우연히도 동포가 사는 집이었다.

레너드가 뉴욕에서 교통사고를 당하기 약 4개월 전 레너드와 국적이 같은 18세의 존 스콧-엘리스는 독일 뮌헨으로 놀러 갔다. 스콧-엘리스의 빨간 피아트는 우회전을 하다 한 사람을 치었다. 상황은 레너드의 사고와 흡사했다. 보행자는 달리는 차를 의식하지 않은 채로 차도로 뛰어들었다. 그 보행자가 바로 아돌프였다.

차에 받힌 아돌프는 무릎을 꿇었지만 잠시 후 일어섰다. 큰 부상은 아닌 듯했다. 스콧-엘리스는 괜찮다고 말하는 아돌프의 말을 듣고 이

내 차를 몰고 떠났다. 혹시라도 뮌헨의 경찰이 사고 장면을 봤을까 걱정했지만 아무도 그를 쫓아오지는 않았다. 실제로 아돌프는 거의 다치지 않았다.

레너드와 아돌프는 같은 해 교통사고를 당했지만 둘 다 살아남았다. '둘 중 하나가 그때 사고로 죽었다면 그 후에 무슨 일이 벌어졌을까'하는 생각은 나만의 지나친 상상일까? 레너드는 윈스턴 레너드 스펜서-처칠, 아돌프는 아돌프 히틀러였다. 바로 제2차 세계대전 당시 각각 영국과 독일을 이끌며 대결한 두 정치인이다. 교통사고가 난 해는 1931년이었다.

아 참, 청년과 공주 이야기를 하기로 약속했었다. 오른쪽을 택하기로 결심한 여러분을 축하한다. 틀린 결정은 아니었다. 왼쪽을 택한 여러분도 실망할 필요는 없다. 여러분의 결정도 충분히 옳다. 어느 쪽 문이 미녀인지는 나도 모른다. 여러분 중에 결정할 수 없다거나 혹은 아직도 고민 중이라는 사람도 있었을 테다. 그것이 최악의 결정이다. 제때 문 열지 않고 뭉개면 호위병의 칼이 날아든다는 이야기를 내가 안 했던가? 운을 마주했을 때 결정이 어려우면 동전이라도 던지라. 그러면 50퍼센트의 살 확률이라도 기대할 수 있다.

행동하고 시도하는 자체가 운을 택하는 길이다.

네트워크에 의존하는 성공을 이해하라

아인슈타인은 어떻게 세계적으로 유명해졌을까?

알베르트 아인슈타인Albert Einstein은 1921년 4월 2일 뉴욕에 입항했다. 독일에서 태어난 그는 유럽의 다른 나라는 가 봤어도 미국은 그때가 처음이었다. 그날 뉴욕항에는 2만 명의 전례 없는 인파가 몰려들었다.

1879년에 태어난 아인슈타인은 별로 눈에 띄지 않는 청소년기를 보냈다. 전기 엔지니어였던 아버지의 사업은 1893년 이래로 줄곧 하향 곡선을 그렸다. 17세 때는 스위스 취리히 연방공과대학ETH 입학 시험에 떨어졌다. 스위스에서 고등학교를 1년 더 다닌 후에야 겨우 합격했다. 1900년 평범한 성적으로 취리히 연방공과대학을 졸업한 이후, 대학에 남고 싶었지만 받아 주는 학교가 없었다. 결국 2년을 허송한 끝에 대학 동기 아버지의 소개로 스위스 특허청에 들어갔다.

물리학자들은 1905년을 '기적의 해'라고 부른다. 특허 심사관 아인슈타인이 네 편의 획기적인 논문을 발표한 해라서다. 평생 동안 하나 쓰기도 어려운 논문을 〈월간 윤종신〉처럼 연달아 썼다. 광전 효과, 브라운 운동, 특수 상대성, 그리고 질량-에너지 등가가 각각의 주제였다. 1908년 베른대학은 아인슈타인을 강사로 뽑았다.

한국인의 상식으로 미국과 유럽은 하나처럼 느껴진다. 실상은 전혀 다르다. 유럽은 미국을 근본 없는 졸부 취급한다. 미국은 유럽을 퇴락한 구세계로 간주한다. 이는 지금이나 아인슈타인이 살던 100년 전이나 마찬가지다.

아인슈타인은 독일권 물리학계의 스타로 떠올랐지만 세계의 우상은 결코 아니었다. 특히 미국은 아인슈타인의 존재에 냉담했다. 당시 독일은 제1차 세계대전을 일으킨 주범이자 패전국이었다. 전쟁 초기에 참전을 꺼리던 미국은 1917년 이른바 '치머만 전보Zimmermann Telegram' 사건이 알려지자 격분하여 1차 세계대전에 뛰어들었다. 독일 외무 장관 아르투르 치머만이 멕시코에게 미국 영토를 양분하자고 비밀리에 제안한 사건이었다. 미국인들은 독일인 전반에 대해 경멸과 혐오를 품고 있었다.

미국 언론이 아인슈타인을 처음 다룬 때는 1919년이었다. 영국인 아서 에딩턴Arthur Eddington 덕분이었다. 에딩턴은 아인슈타인의 이론에 관심을 가진 몇 안 되는 영어권 사람이었다. 그는 개기일식을 관측한 후 빛이 식진하지 않는다는 결과를 영국 왕립학회에서 발표했다. 영국 신문《더타임스》는 1면 머리기사로 "상대성이 증명되고 뉴턴 역학이 무너졌다!"며 야단법석을 떨었다.

미국 신문《뉴욕타임스》는《더타임스》와는 사뭇 톤이 달랐다.《뉴욕타임스》사설은 이론의 가능성은 인정하면서도 의구심과 적대감을 내비쳤다. 상대성을 이해할 수 있는 사람이 전 세계에 기껏해야 12명일 것이라는 아인슈타인의 말은 불난 집에 부채질을 하는 꼴이었다. 편집 주간은 "선택된 극소수만이 지구와 우주를 이해할 수 있다는 주장은 우리 미국의 독립 선언을 격노하게 만든다"며 진심으로 화를 냈다. 아인슈타인은 재수 없고 잘난 척하는 유럽의 전형적인 엘리트주의자로 비춰졌다.

실제로 미국 언론은 곧 상대성과 아인슈타인에 대한 관심을 잃었다. 그래도 노벨상 수상자인데 그럴 리가 없다고 생각할 독자가 있을 것 같다. 아인슈타인이 상을 받은 때는 뉴욕 방문 후 1년여가 지난 1922년이었다. 혹시 자료를 찾아보고는 '1921년 수상자라는데, 무슨 소리야?'하고 생각할지도 모르겠다. 정확히 설명하면 1921년에는 수상자가 없었고, 1922년에 2년 치를 한꺼번에 줬다. 즉, 공식적으로 1921년 수상자인 것은 맞지만 그가 수상자로 결정되고 받은 해는 1922년 말이었다.

사실 아인슈타인이 노벨상을 1921년 뉴욕 방문 전에 받았더라도 상황은 크게 다르지 않았을 것이다. 말하자면 노벨상은 인파를 끌어

모으는 데 그렇게 중요한 요소가 아니었다.

　이는 간단하게 증명할 수 있다. 주변 지인들에게 테오도어 헨슈 *Theodor Hänsch*가 누군지 아느냐고 물어보자. 장담하건대 안다고 답하는 사람이 100명 중 1명이 채 안 될 테다. 독일에서 태어난 헨슈는 '광주파수 빗 기술'로 2005년에 노벨 물리상을 받았다. 즉, 노벨상만으로는 결코 진정한 유명 인사가 될 수 없다. 안다손 치더라도 항구로 마중 나가는 일은 또 다른 문제다.

　정리하자면, 뉴욕에 첫발을 디딘 1921년 4월 2일까지 아인슈타인은 다른 과학자들과 특별히 다를 것이 없었다. 다음 날인 4월 3일, 미국의 양대 신문 《뉴욕타임스》와 《워싱턴포스트》가 그를 1면으로 대서특필하기 전까지는 말이다. 갑자기 하루 사이에 무슨 일이 벌어진 걸까? 뉴욕항에 나타난 2만 명의 미국인은 모두 물리학자였을까? 왜 2만 명이나 되는 사람이 재수 없는 독일인을 환영하기 위해 나타난 걸까?

네트워크의 힘은 복합성에서 나온다

이번 장에서는 네트워크를 다룬다. 환원론적 관점에서 네트워크는 단순하다. 망을 구성하는 요소는 딱 두 가지, 점과 선이다. 네트워크 이론에는 점을 노드로, 점과 점을 연결하는 선을 끈, 모서리, 연결선 등으로 부른다. 기본적으로 네트워크는 수학의 그래프 이론을 통해 시각화와 분석이 가능하다.

방금 나온 어려운 말들에 겁을 집어먹지는 말자. 물리학자들처럼 네트워크에 대한 수학적 분석으로 책을 도배할 생각은 추호도 없다. 그런 내용은 시중에 나와 있는 여러 개론서로 충분하다. 이 책에는 적분 기호는 고사하고 평범한 곱셈식 하나 나오지 않는다.

요소가 단순하다고 해서 결과도 단순하리라는 속단은 금물이다. 그런 속단은 환원론의 태생적 한계다. 점과 선이 만나 생성되는 결과는 천변만화千變萬化다. 네트워크의 무궁무진한 양상은 개별 요소의 단순함을 넘어선다. 바로 복합성이 나타나는 무대다. 다르게 말하면 총합은 부분의 합보다 크다.

사실 여러분의 관심사는 통상적인 네트워크 이론과 거리가 있다. 이를테면 네트워크 전체가 작은 세상 네트워크인지 혹은 무無척도 네트워크인지, 그 강건성이 어떤지는 물리학자가 아니라면 신경 쓸 일이 아니다. 그보다는 내 네트워크가 삶의 성공에 얼마나 기여하는가가 더 중요하다. 이는 나를 도와주고 또 내가 영향력을 행사할 수 있는 사람이 얼마나 많은가로 요약 가능하다.

나를 중심으로 연결된 네트워크는 크게 두 가지로 나눌 수 있다. 하나는 내가 요청하면 직접 나를 도울 수 있는 '일차적 그룹'이다. 가족과 친척은 물론이고, 친구, 선후배, 동료 등이 여기에 속한다. 다른 하나는 내 영향력이 여러 경로를 통해 전파될 수 있는 모든 사람을 포괄하는 '이차적 그룹'이다. 연예인, 운동선수, 정치인, 소셜 미디어의 인플루언서 등 유명 인사들의 이차적 그룹은 거대하다. 당연히 어느 한 사람의 이차적 그룹은 그 사람의 일차적 그룹을 포함한다.

일차적 그룹의 힘은 대략 연결 중심도_degree centrality_와 같다. 연결 중심도는 네트워크의 특정 노드에 직접 연결된 다른 노드의 수로 정의된다. 즉, 내가 직접 이야기할 수 있는 사람의 수다.

그에 비해 이차적 그룹의 힘은 근접 중심도_closeness centrality_로 대략적으로 측정한다. 특정 노드의 근접 중심도는 네트워크에 존재하는 나머지 노드의 수를 각각의 노드에 도달하기 위한 거리의 합으로 나눈 값이다. 즉, 내가 거의 모든 사람과 직접 연결돼 있는 마당발이면서 내 일차적 그룹에 속하는 사람들도 광범위한 인맥을 가질수록 근접 중심도는 이론상 최대치인 1에 가까워진다.

물론 위와 같은 정량적 지표에는 한계가 있다. 무엇보다 질적인 차이를 구별하지 못한다. 가령, A와 B 두 사람의 연결 중심도가 200명으로 같아도 두 네트워크의 힘이 꼭 같지 않을 수 있다. 빌 게이츠가 A의 그룹에는 있고 B의 그룹에는 없는 경우를 상상해 보면 무슨 말인지 이해가 될 것이다.

무조건 인맥을 늘리려고 하지 마라

1장에서 언급했듯이 사람들은 대체로 네트워크를 인맥 확장의 문제로 인식한다. 방대한 인맥을 성공의 전제 조건으로 간주하기 때문이다. 특히 소셜 미디어를 통해 친구를 늘리고 '좋아요'를 누르는 일에 많은 힘을 쏟는다. 그 과정이 강박적인 경우도 있다. 수를 늘리기 위해 아무나 친구 신청을 하는 경우다. 이들에게 팔로워 수는 곧 자신의 위세다.

그러나 무조건 수를 늘리려는 전략은 생각보다 효과적이지 않다. 이는 성공에 이르는 길과 무관하다.

옥스퍼드대학의 로빈 던바Robin Dunbar는 사람의 연결 중심도에 대한 흥미로운 이론을 제시했다. 이름하여 '던바의 수Dunbar Number'다. 이에 의하면 한 사람이 유지할 수 있는 정상적인 일차적 그룹의 평균적 크기는 148명이다. 던바는 영장류 38속의 뇌 크기와 각 속의 평균적 그룹 크기 간의 정비례 관계를 가정한 후 위 숫자를 구했다. 그는 약 150명을 가리켜 "술집에서 우연히 만나 합류해도 전혀 어색하지 않을 타인의 수"라고 설명했다.

150이라는 숫자에는 여러 실제적 의미가 있다. 가령, 경험에 의하면 원시 부족끼리 싸울 때 가장 효과적으로 전투를 치를 수 있는 크기가 바로 150명이다. 부대가 한 몸처럼 싸우려면 부대원 간의 소통이 원활하고 관계가 긴밀해야 한다. 육군의 중대 규모가 대략 150명에 맞춰진 이유기도 하다.

그러니까 일차적 그룹은 아무리 키워도 150명 이상이면 더 이상 큰 도움이 안 된다. 즉, 수백 명의 친구가 있어도 모두와 친밀한 관계를 맺을 수는 없다. 어차피 150명이 한계라면 그 150명에 집중하는 편이 낫다.

혹시 온라인상에서는 다른 원리가 통용되지 않을까? 가상의 온라인 공간에는 물리적 제약이 거의 존재하지 않는다. 현대 기술은 수천 명, 아니 수만 명과의 동시 연결도 가능하게 한다. 실제로 소셜 미디어상의 친구 숫자가 던바의 수보다 많은 사람은 부지기수다.

현재까지의 결론은 온라인이라고 해서 별로 다르지 않다는 쪽이다. 온라인 친구가 수천 명이든 혹은 수백 명이든 일 년에 한 번 이상 연락하는 사람의 수는 대략 비슷하다. 즉 소통 수단의 문제가 아니라 인간의 뇌가 처리할 수 있는 용량의 문제라는 이야기다.

유럽의 링크드인Linkedin이라 불리는 싱XING의 경험은 던바의 수에 대한 또 다른 증거다. 독일 알렌대학의 리카르도 뵈트너Ricardo Boettner는 싱 회원을 대상으로 일자리 제안을 받을 확률을 구했다. 뵈트너에 의하면 싱에서 연결 중심도가 커질수록, 즉 연결된 사람이 많을수록 일자리 제안을 받을 확률이 커졌다. 여기까지는 상식에 부합한다. 그러다 157명에서 정점을 찍고는 그보다 많아지면 오히려 확률이 줄었다. 즉, 던바의 수를 상회하는 무리한 인맥 확장은 득이 되기보다는 오히려 독이 되었다.

그러면 150명의 일차적 그룹은 내부적으로 완전히 동질할까? 조금만 생각해 보면 그럴 리가 없음을 깨달을 수 있다. 친밀도에 따른 계층이 존재한다. 던바에 의하면 가장 가까운 사이의 5명과 전체 가능한 시간의 40퍼센트를 쓴다. 그다음 10명과는 20퍼센트를 쓴다. 다시 말해 전체 150명의 10분의 1에 불과한 15명과 전체 시간의 60퍼센트를 보낸다. 이를 5명, 15명, 50명, 그리고 150명의 4단계로 구분하기도 한다.

위 통찰을 잘못 받아들였던 패스Path라는 회사 이야기를 하자. 2010년 미국 샌프란시스코에서 창업한 패스는 스마트폰을 통해 사진을 올리고 메시지를 주고받는 서비스를 제공했다. 2014년까지 누적으로 약 700억 원을 투자받았고 1000여 인 이상 내겠다는 구글의 인수 제의도 있었다. 클라이너퍼킨스나 인덱스벤처스, 그레이록파트너스와 같은 실리콘 밸리 유수의 벤처캐피털 회사가 패스에 투자했다. 패스의 투자자 중에는 여배우 데미 무어, 밀란 쿠니스와 차례로 결혼한 애쉬튼 커쳐도 있었다.

패스는 회원 한 사람이 연결할 수 있는 다른 회원 수를 50명으로 제한했다. 가까운 순으로 51번째를 넘어가면 아무리 던바의 수 이내라고 하더라도 친밀도가 떨어진다는 이유였다. 좀 더 사적인 관계에 집중하는 쪽이 효과적이라고 본 것이었다. 패스는 2015년 카카오에 인수됐다.

연결 가능한 회원 수를 50명으로 제한한다는 패스의 전략은 그다지 효과적이지 않았다. 패스는 2016년 연결 가능한 회원 수를 150명으로 변경했다. 최소한 던바의 수까지는 늘려야 한다는 뒤늦은 자각이었다. 그럼에도 실적이 나아지지 않자 나중에는 아예 무제한으로 바꿨다. 그러다 2017년 서비스 종료를 선언하고는 2018년 아예 사라졌다.

물론 던바의 수가 절대적인 것은 아니다. 개인차가 있을 수 있다. 그렇더라도 자릿수가 하나 더 큰 1000명이 가능할 것 같지는 않다. 던바의 원래 논문에서도 95퍼센트의 신뢰 구간은 100명에서 230명 사이다.

성공은 유명세에 가장 가깝다

무조건 일차적 그룹을 늘리는 일이 별로 소용이 없다면 도대체 네트워크는 성공에 어떻게 기여하는 걸까? 이를 이해하기 위하여 지금껏 당연시하던 성공의 개념을 원점에서 재검토해 보자.

사실 원칙적으로 성공의 기준은 각자에게 있다. 남들이 보기에 별 볼 일 없어도 스스로 성공했다고 여기면 그 삶은 성공한 삶이다. 나는 이러한 생각을 전폭적으로 지지한다. 다만 여기서 멈추면 더 이상 논의 거리가 없다. 그러니 조금 기준을 낮춰 이야기하도록 하자.

보통의 경우 사람들은 많은 돈, 명예, 학식, 지위 등을 성공의 동의어로 여긴다. 반드시는 아니지만 이 변수들은 대개 같이 다닌다. 그러나 이들도 성공의 절대적인 기준이 되기에는 모자람이 있다. 왜 그런지 가장 보편적으로 선호하는 돈을 예로 살펴보자.

각각 500억 원의 돈을 가진 세 사람이 있다고 하자. 500억 원은 평생 돈 걱정 없이 살 수 있는 큰돈이다. 그렇지만 이것만으로 사람들이 성공했다고 말하지는 않는다. 첫 번째 사람은 1000억 원을 상속받아 반을 까먹었다. 두 번째 사람은 로또에 당첨돼 500억 원이 생겼다. 세 번째 사람은 자신이 창업해 키운 회사를 500억 원에 팔았다. 세 번째 사람이 성공했음은 자타가 인정하나 첫 번째와 두 번째 사람을 두고 성공했다고 말하는 사람은 거의 없다.

위에서 빠트린 변수가 하나 있다. 바로 인기 혹은 유명세다. 얼마나 많은 사람이 알고 있는가를 나타내는 변수다.

인기는 사람들이 이야기하는 성공과 가장 흡사하다. 돈이 아무리 많아도 사람들이 누군지 모르면 성공했다는 말은 듣지 못한다. 명동의 사채업자가 대표적인 예다. 반대로 돈이 별로 없어도 모든 사람이 알아보면 성공한 사람이다. 죽을 때까지 개인 재산이 거의 없었던 알바니아 태생의 가톨릭 수녀 아녜즈 보야지우Anjeze Bojaxhiu가 한 예다. 보야지우는 훗날 마더 테레사로 알려졌다.

성공이 무엇인지를 음미하게 해 주는 사례가 하나 있다. 제2차 세계대전 때 독일군의 최고 카드는 바로 전차 부대였다. 프랑스와 아프리카, 소련에 이르기까지 모든 전장에서 독일 전차 사단은 연합군을 압도했다. 독일이 동부 전선에서 수세에 몰리기 시작한 1943년의 쿠르스크 전투에서조차도 독일군 전차 한 대의 전투력은 소련군 전차 아홉 대와 비슷했다.

그러한 만큼 독일군에는 유명한 전차 에이스가 여럿 있었다. 에이스는 전투에서 일정 수 이상의 적기를 파괴한 사람을 뜻한다. 전투기 조종사의 경우 통상적으로 다섯 대 이상을 격추해야 에이스로 인정한다. 전차의 경우는 특별한 기준은 없다.

독일군 전차 에이스 중 가장 유명한 두 사람을 꼽자면 아마도 오토 카리우스Otto Carius와 미하엘 비트만Michael Wittmann일 테다. 1922년생인 카리우스는 체코 전차 38(t)의 탄약수를 거쳐 국방군 전차장이 되었고, 총 150대의 적 전차를 격파했다. 심지어 소련군 공격기 IL-2 한 기도 격추했다. 특히 1944년 7월 22일 리투아니아 말리나파에서 동료 전차 한 대와 함께 소련군 전차 17대를 20분 만에 파괴하며 전설이 되었다. 운이 좋은 편이었던 카리우스는 제2차 세계대전 종전까지 살아남아 미군에게 항복했고, 천수를 누린 후 2015년에 사망했다.

비트만은 어쩌면 카리우스보다 더 유명한 전차 에이스다. 1914년생인 비트만은 독일 무장 친위대 소속으로 동부와 서부 전선에서 다양한 전투를 치렀으며, 총 138대의 적 전차를 격파한 기록을 갖고 있다. 특히 1944년 6월 13일 프랑스 빌레르-보카쥐에서 영국군 7기갑사단 선봉대를 상대로 단기로 뛰어들어 15분 만에 10대의 전차를 비롯하여 2문의 대전차포와 13대의 장갑차를 파괴하고 무사히 탈출하는 전공을 세웠다. 비트만은 1944년 8월 캐나다 4기갑사단과의 전투 중 탑승한 전차가 폭발하면서 전사했다.

흥미로운 사실은 카리우스나 비트만이 가장 많은 격파 대수를 기록한 사람이 아니라는 점이다. 그들보다 더 많은 전차를 파괴한 사람이 있었다. 독일 국방군 소속이었던 1921년생 쿠르트 크니슈펠Kurt Knispel이 그 주인공이다. 크니슈펠은 12전차사단과 503중전차대대를 거치면서 총 168대의 전차를 격파했다. 그는 종전 직전인 1945년 4월 28일 체코슬로바키아 보지츠에서 전사했다.

카리우스나 비트만이 크니슈펠보다 더 뛰어났다고 이야기할 수 있을까? 정확한 사실은 물론 알기 어렵다. 2장에서 이야기했듯이 개별 사건은 스킬과 운의 영향을 같이 받는다. 그러나 한두 번의 전투가 아닌 몇 년에 걸쳐 목숨 걸고 얻은 기록은 스킬의 결과에 가깝다. 크니슈펠의 격파 대수가 가장 많다는 사실로부터 크니슈펠의 스킬이 객관적으로 가장 뛰어났다는 결론을 내리는 일은 결코 무리가 아니다.

그렇다면 왜 1위의 기록을 가진 크니슈펠은 거의 무명인 데 반해 2위와 4위의 기록을 가진 기리오스의 비트만은 유명할까? 여기서 성공에 이르기 위한 이 책의 네 번째 규칙이 나온다. 바로 "네트워크에 의존하는 성공을 이해하라"다. 자기 만족적인 성공을 논외로 한다면, 일반적인 성공을 구성하는 가장 중요한 요소가 바로 네트워크에 의한 유명세다.

나의 성공은 남에게 달려 있다

인간 사회는 성공을 노력과 재능의 함수로 정의하기를 즐긴다. 세 가지 열쇠 중 스킬이 노력과 재능에 의해 영향받는다. 하지만 앞선 사례를 보건대 스킬만으로 성공을 설명할 수 없다. 그렇다고 크니슈펠이 무명인 이유를 운으로 설명하기에도 무언가 미진하다. 바로 그 뭔가 빠진 듯한 부분이 바로 네트워크의 결과다. 네트워크가 개입하지 않는 한 아무리 뛰어난 스킬도 최고의 성공으로 이어지지는 않는다.

말하자면 성공은 본질적으로 집단적 현상이다. 내가 뭘 했는지가 그렇게 중요하지 않다. 그보다는 다른 사람들이 내가 한 일을 어떻게 바라보는가가 더 중요하다. 즉, 나의 성공은 내가 아니라 남에게 달렸다. 나와 가까운 일차적 그룹이 아니라 누가 누군지 알 수조차 없는 막연한 이차적 그룹이 내 궁극의 성공을 결정짓는다.

위 원리를 깨닫게 해 주는 사례 한 가지를 들자. 로자 파크스Rosa Parks는 아프리카계 미국인의 권리를 찾는 시민운동을 촉발한 사람으로 알려져 있다. 1862년의 노예 해방 선언과 1870년의 흑인 참정권 부여에도 불구하고 미국 남부에서는 흑인과 백인을 분리하는 정책이 여전했다. 가령, 버스나 식당에 인종별 전용 좌석이 있어 다른 인종의 착석은 허용되지 않았다.

1913년에 태어난 파크스는 1955년 12월 앨라배마 몽고메리의 버스에서 흑인 좌석에 앉아 있었다. 백인 좌석이 다 차고도 앉지 못한 백인 승객이 있자 백인 운전사는 흑인들에게 자리를 비우라고 명령했다. 세 명은 굴복했지만 파크스는 거부했다. 현장에서 경찰에 체포된 파크스는 이후 이른바 '몽고메리 버스 보이콧Montgomery Bus Boycott'의 상징으로 자리매김했다.

아이러니한 일은 버스에서 보이콧을 한 최초의 사람이 파크스가 아니라는 점이다. 약 9개월 전인 1955년 3월 당시 17세인 클로데트 콜빈Claudette Colvin이 같은 죄목으로 체포됐다. 지역도 똑같은 앨라배마 몽고메리였다. 콜빈 사건은 1956년 12월 미국 대법원까지 올라가 몽고메리의 분리 정책 무효를 최종적으로 확정하는 판결을 끌어냈다. 즉 콜빈의 저항이 파크스보다 먼저였다. 그러나 콜빈을 아는 사람은 아무도 없다. 먼저였던 콜빈을 무명으로, 나중이었던 파크스를 유명 인사로 만든 것이 바로 네트워크다. 사건이 발생하기 이전부터 지역 사회에서 폭넓게 활동했던 파크스의 구속은 많은 사람들의 관심을 끌어냈다.

RULE 4. 네트워크에 의존하는 성공을 이해하라

네트워크를 측정하는 3가지 방법

그러한 네트워크를 측정하고 비교하는 일이 가능할까? 쉽지 않은 일이다. 한 가지 우회로는 네트워크 자체 대신 네트워크의 결과물인 유명세를 측정하는 것이다.

유명세를 측정하는 방법에는 여러 가지가 있다. 한 가지는 그 사람에 대한 웹 페이지 수를 비교하는 것이다. 한때 이 방법은 선거 결과를 정확히 예측한다고 알려졌다. 하지만 완벽한 방법은 아니다. 맞을 때도 있지만 틀릴 때도 많다. 선거 결과와 무관하게 그 자체의 한계도 있다. 가령, 이 방법에 의하면 도널드 트럼프가 예수 그리스도보다 더 성공한 사람이다.

또 다른 방법은 검색 횟수의 비교다. 이도 완벽하지는 않다. 2008년부터 2013년까지 6년간 위키피디아 페이지를 검색한 횟수를 비교했을 때 가장 유명한 사람 1, 2위는 각각 마이클 잭슨과 아돌프 히틀러였다. 이 방법에 의하면 레이디 가가는 마이클 조던, 찰스 다윈, 알렉산더 대왕보다 두 배 더 성공했다.

《정보의 진화Why Information Grows》를 쓴 세자르 히달고César Hidalgo는 유명세를 비교하는 일명 '프로젝트 판테온Project Pantheon'을 수행했다. 그가 제안한 방법은 한 개인의 위키피디아 페이지가 몇 개 언어로 제공되는가다. 히달고에 의하면 진정한 명성은 특정 국가나 지역에만 편중되지 않고 전 지구적이어야 한다. 25개 언어 이상을 기준으로 했을 때 총 1만1337명이 전 지구적 유명 인사의 전당에 올랐다.

히달고의 기준으로 가장 성공한 사람은 누굴까? 총 214개 언어의 위키피디아 페이지가 있는 예수 그리스도다. '그래, 이거야!'하고 생각하기 쉽지만 다음 순서를 보면 생각이 달라진다. 2등은 200개인 버락 오바마, 3등은 193개인 코빈 블루다. 1989년생인 블루는 미국 배우다. 아마도 위 이야기의 교훈은 어느 한 가지 방법에만 의존할 수는 없다는 점일 테다. 어쨌거나 미하엘 비트만은 31개 언어로 번역돼 138번째로 유명한 군인으로 뽑혔다. 크니슈펠은 순위 밖이다.

왜 네트워크가 성공을 좌우하는가?

네트워크의 미묘한 성격 한 가지를 지적하자. 네트워크는 성공의 원인이면서 동시에 성공의 결과일 수 있다. 성공했기 때문에 네트워크가 커졌다는 이야기다. 물론 네트워크가 컸기 때문에 성공했다는 설명도 가능하다. 마치 뱀이 자신의 꼬리를 물려고 뱅뱅 도는 꼴이다. 네트워크와 성공이 서로 선순환을 일으킬 때 최고의 성공이 나온다. 다만 그때의 네트워크가 일반적인 의미의 인맥 늘리기와 거의 무관하다는 사실을 명심해야 한다.

이제 네트워크가 성공을 판가름하는 결정적 원인을 이야기하자. 바로 스킬의 객관적 측정이 쉽지 않아서다. 무슨 뜻인지 감을 잡기 위해 반대의 상황을 다시 상기하자. 2장에서 이야기했듯이 테니스의 승패는 주로 스킬의 결과다. 연속으로 승리할 수 있으면 우승컵이 따라온다. 즉, 선수의 승률은 테니스 스킬을 종합적으로 평가하는 좋은 지표다.

반면 성공은 다른 방식으로 정의될 수 있다. 즉 유명세나 수입 등을 성공의 대용물로 삼는 경우다. 실제로 최고 수준의 스포츠 선수에게 상금이나 연봉은 주 수입원이 아니다. 가령, 2018년 1년간 90억 원을 상금으로 번 로저 페더러Roger Federer의 통산 상금 수입은 2018년 말까지 1300억 원이 넘는다. 2018년 한 해 동안의 광고 수입만 670억 원이다. 즉 진짜로 성공한 선수는 광고 스폰서 계약을 통해 대부분의 돈을 번다. 바꿔 이야기하면 광고 수입이 상금의 몇 배가 되지 않는 한 아직 성공한 것이 아니다.

노스이스턴대학의 부르쿠 유세소이Burcu Yucesoy는 테니스 선수의 성적과 위키피디아 방문 수를 비교했다. 전자는 스킬을, 후자는 네트워크에 의한 성공을 나타낸다. 유세소이는 둘 사이에 아주 강한 일대일 관계가 존재한다는 사실을 발견했다. 즉, 테니스에서 성공은 스킬한 가지로 설명이 가능하다. 부단한 연습을 통해 스킬을 연마함으로써 성공한다는 어쩌면 뻔한 이야기다. 이는 스킬이 중요한 분야 모두에서 마찬가지다. 중뇌개tectum와 중뇌피개tegmentum가 헷갈리는 뇌신경외과 의사가 성공할 가능성이 별로 없는 것과 같다.

모든 분야가 테니스나 뇌신경외과와 같지는 않다. 적지 않은 분야에서 스킬의 객관적 측정은 불가능에 가깝다. 당장 팀 스포츠인 축구만해도 복잡하다. 운의 영향이 적지 않은 데다가 득점 수도 적어 선수 개개인에 대한 객관적인 평가가 힘들다. 기껏해야 경기 후 평점이 전부인데, 앞에서도 이야기했지만 사람이 주관적으로 매기는 점수는 신뢰하기 어렵다.

바로 위와 같은 상황에서 네트워크가 무대의 중심에 선다. 스킬이 존재하기 어려운 분야가 여기에 속함은 당연하다. 문제는 스킬은 분명히 있지만 어느 선을 넘으면 객관적으로 측정하기가 모호한 경우다. 대표적인 경우가 바로 예술 분야다.

많은 미술사가와 미술 이론가들은 마르셀 뒤샹Marcel Duchamp의 1917년 작품 〈샘〉을 20세기의 가장 중요한 미술품으로 꼽는다. 원본은 유실됐지만 1950년대와 60년대에 걸쳐 뒤샹의 승인하에 16개의 복제품이 만들어졌다. 그중 하나가 1999년 약 20억 원의 가격에 팔렸다. 사실 〈샘〉은 그냥 화장실 변기였다. 원가는 고작 몇천 원에 지나지 않는다. 가게에서 팔던 변기도 미술계가 예술 작품이라고 인정하면 작품이 된다는 이야기다. 이는 전형적인 네트워크의 작용이다.

다른 예를 보자. 〈살바토르 문디Salvator Mundi〉는 레오나르도 다 빈치의 작품 중 하나다. '세계의 구세주'를 뜻하는 이 작품에는 예수 그리스도의 얼굴이 그려져 있다. 2017년 11월 살바토르 문디는 뉴욕 크리스티 경매에서 약 5000억 원에 팔렸다. 다 빈치의 작품이니 저 정도의 가격이라도 당연하게 느껴진다.

실상은 그보다 복잡하다. 2005년의 거래 가격은 단돈 1100만 원이었다. 그때까지는 다 빈치의 제자가 만든 작품으로 간주됐다. 그러다 2008년 일군의 전문가가 모여 제자가 아니라 다 빈치 본인 작품이라는 '해석'을 했다. 모두가 그 해석에 동의하지는 않는다. 가령, 옥스퍼드대학의 매슈 란드러스는 다 빈치의 삼류 모방자인 베르나르디노 루이니의 그림이라고 확신한다.

〈살바토르 문디〉의 가격이 5만 배 뛰는 동안 그림은 달라진 것이 없다. 그저 미술계의 일부가 누가 그렸는지에 대해 이전과 다른 생각을 가졌다는 것이 유일한 차이점이다. 결국 이른바 예술성은 가격과 별 상관이 없다. 다시 말해 예술 작품 자체를 보고 그에 상응하는 가치를 매길 사람은 아무도 없다. 예술 작품의 가격은 전적으로 네트워크의 결과다.

다 빈치의 진품도 네트워크의 변덕에 의해 출렁거릴 수 있다. 가장 대표적인 예가 〈모나리자〉다. 아마도 〈모나리자〉는 세상에서 가장 유명한 미술 작품일 테다. 루브르 미술관이 팔 생각이 없으니 정확한 가격을 알 방법은 없지만, 경매 전문가들은 1조7000억 원 정도로 추산하고 있다. 그 추산 가격 또한 세계 최고다. 〈모나리자〉는 어떤 기준으로도 가장 성공한 그림이다. 실제로 팔린 그림 중에 제일 비싼 그림은 앞에서 소개한 〈살바토르 문디〉다.

〈모나리자〉가 다 빈치의 작품임에는 틀림이 없다. 하지만 원래 이런 정도로 유명하지는 않았다. 약 100년 전만 해도 그냥 루브르에 걸려 있는 여러 다 빈치 그림 중 하나였다. 모나리자의 유명세는 다음에 이야기하는 한 사건 때문에 시작되었다.

1911년 8월 21일, 백주 대낮에 루브르에서 〈모나리자〉가 사라졌다. 마치 모리스 르블랑의 추리 소설 주인공인 아르센 뤼팽이 현실에 나타나 저지른 듯한 사건이었다. 언론은 〈모나리자〉의 증발을 연일 특종으로 다뤘다. 언론의 지나친 관심 탓인지 프랑스 경찰은 무리한 수사를 연발했다. 처음에는 〈미라보 다리〉를 쓴 시인 기욤 아폴리네르를 용의자로 체포했다. 이어 아폴리네르와 여러 가지로 연루됐던 파블로 피카소를 공범으로 잡아들였다.

소설보다 더 소설 같았던 이 현실의 사건은 약 2년 후 진범이었던 빈첸초 페루자가 잡히면서 끝났다. 루브르의 액자 수리공이었던 페루자는 일종의 이탈리아 애국자였다. 이탈리아인인 다 빈치의 작품은 마땅히 이탈리아의 미술관에 전시되어야 한다는 신념하에 〈모나리자〉를 훔쳤다. 피렌체의 우피치 미술관은 〈모나리자〉를 2주간 전시한 후 1914년 1월 루브르에 돌려줬다. 페루자는 6개월간 감옥 생활후 이탈리아에서 죽을 때까지 영웅 대접을 받으며 살았다. 이런 일이 없었다면 지금의 〈모나리자〉는 없었다. 물론 이 경우도 앞과 마찬가지로 그림은 변한 것이 없다.

네트워크의 평가는 객관적이지 않다

어느 선을 넘으면 스킬의 객관적 측정이 어렵기는 다른 예술 분야도 마찬가지다. 음악에 대한 다음 사례를 살펴보자.

콩쿠르는 신인 연주자들의 실력을 겨루는 경연 대회다. 그중 퀸 엘리자베스 콩쿠르는 피아노에서 가장 권위 있는 대회 중 하나다. 많은 사람들의 상식과 달리 여기서의 퀸 엘리자베스는 영국 여왕이 아니고 벨기에 왕비다. 음악 애호가였던 엘리자베스의 뜻에 따라 시작된 콩쿠르는 피아노의 경우 매 4년마다 열린다. 그간의 우승자에는 에밀

길레스나 블라디미르 아쉬케나지 같은 대가가 포함되어 있다.

퀸 엘리사베스 콩쿠르의 주최 측은 공정한 심사를 위해 온 힘을 쏟는다. 300명에 가까운 DVD 예선 참가자를 3차에 걸쳐 골라 12명의 결선 진출자를 뽑는다. 결선 진출자는 추첨을 통해 하루에 두 명씩 연주하여 결선을 마치는 데 총 6일이 걸린다. 주최 측이 사심을 갖고 순서를 정할 가능성은 0에 가깝다. 즉, 연주 날짜는 무작위로 정해진다. 그렇다면 12명 중 우승자가 연주한 날짜는 균일한 분포를 가져야 마땅하다. 다시 말해 어느 날 연주하든 우승 확률은 같아야 한다.

실제로는 어떨까? 1952년부터 2016년까지 총 18번의 대회를 분석한 결과는 자못 흥미롭다. 일단 첫날 연주자 중에 우승한 사람은 지금까지 아무도 없다. 둘째 날도 두 명에 그쳤다. 반면 마지막 날 연주자 중에는 우승자가 다섯 번 나왔다. 5일째는 네 번이었다. 즉, 처음 이틀간 연주하면 우승 가능성이 10퍼센트 겨우 넘는다. 마지막 이틀간 연주했을 때는 50퍼센트다. 연주 순서가 뒤일수록 대체로 우승 가능성이 커졌다.

왜 이런 일이 벌어질까? 심사자들이 아무리 공정하려 해도 자신도 모르게 채점을 편향되게 하기 때문이다. 퀸 엘리자베스 콩쿠르는 공정성을 위해 기존 곡이 아닌 새로운 곡으로 경연을 한다. 심사자는 처음에는 곡이 낯설어 연주를 잘했는지 확신하기 어렵다. 또 공정성을 위해 연주 직후에 제출한 채점 결과를 고치는 일은 허용되지 않는다. 그렇기에 첫날 연주자가 아무리 잘해도 다른 연주자와 비교하기 전이기 때문에 최고점을 주기가 쉽지 않다.

2003년 대회 때 5일째 첫 번째로 연주한 임동혁은 3등으로 결정되었다. 역대 한국인 성적 중 최고였다. 그러나 우승은 마지막 날 첫 번째로 연주한 제베린 폰 에카르트슈타인이, 준우승은 마지막 날 두 번째로 연주한 쉔 웬유가 차지했다. 임동혁은 채점의 부당함을 주장하며 3등 수상을 거부했다. 임동혁보다 먼저 연주한 결선 진출자들도 물론 자신의 성적에 불만을 가졌을 테다. 돈이 오가지 않더라도 콩쿠르 성적과 실력이 비례한다고 믿을 수 없다는 뜻이다. 그럼에도 불구하고 이에 따라 서열이 생긴다. 그 서열은 곧 유명세로 환전된다.

　　뒤로 갈수록 좋은 점수를 받는 경향은 예술이 아닌 경우에도 빈번히 나타난다. 스페인의 판사 선발 시험은 무작위로 날짜가 결정된다. 월요일의 합격률은 50퍼센트, 금요일은 75퍼센트다. 회사 지원도 마찬가지다. 먼저 지원한 대로 뽑는 방식이 아니고 정해진 기간 동안 지원자를 받는 방식이라면 나중에 인터뷰할수록 유리하다. 인터뷰도 뒤로 갈수록 경험이 쌓이면서 더 좋은 질문을 던진다. 그만큼 좋은 점수를 주기 쉽다.

　　한 가지 분야를 더 언급하자. 바로 와인 평가다. 와인 애호가들은 로버트 파커 2세나 마이클 브로드벤트 등이 매긴 점수에 큰 의미를 부여한다. 훔볼트주립대학의 로버트 호지슨Robert Hodgson은 와인 대회 심사자의 채점이 전혀 일관되지 않음을 발견했다. 똑같은 와인을 두고 80점과 96점이라는 전혀 상반된 점수를 매긴 심사자도 있었다. 물론 일관된 경우가 하나 있다. 맛이 없는 혹은 싫어하는 와인을 골라내는 경우다. 음악의 문외한도 바이엘을 갓 시작한 피아노 연주자는 쉽게 골라낼 수 있다.

그에 반해 높은 점수를 주는 일은 무리 위에 가깝다. 좋은 와인끼리는 서로 거의 구별이 되지 않아서다. 미묘한 특성의 차이는 우열이 아니라 기호의 문제다. 즉 와인 평론가는 상대적인 기호를 절대적인 점수로 바꾼다. 이는 과학이 아닌 권력의 과정이다.

그럼에도 와인 점수가 올라갈수록 가격은 지수적으로 증가한다. 일반인의 혀로는 어느 선을 넘어가면 사실 큰 차이가 없다. 사실 무언가의 지수적 증가는 네트워크의 존재를 증거한다. 그리고 네트워크의 평가는 그렇게 객관적이지 않다.

네트워크의 변덕스러움을 보여 주는 사례 한 가지를 이야기하자. 바로 영어 단어 서렌디피티serendipity에 대한 이야기다. 18세기 영국 정치인 호러스 월폴Horace Walpole은 "바보 같은 동화"를 하나 읽었다. 그가 읽은 책은 1557년 미켈레 트라메치노가 펴낸《세렌딥의 세 왕자 The Three Princes of Serendip》였다. 월폴은 동화의 이야기에 빗대어 서렌디피티라는 말을 만들었다. 뜻은 "전혀 찾을 생각이 없던 기회에 무언가를 찾는 일"이다.

사실 트라메치노와 월폴 둘 다 실수를 저질렀다. 좀 더 정확한 제목은《사렌딥의 세 왕자》여야 했다. 사렌딥Serendip은 스리랑카의 옛 이름이다. 실수에 의해 생겨난 서렌디피티는 사실상 사장된 단어였다. 1960년대를 통틀어 신문과 잡지에서 이 단어가 사용된 횟수는 단 2회였다.

반면 1990년대에는 1만3226번 사용되었다. 심지어 21세기 초에 개최된 런던문예축제London Literature Festival에서는 가장 선호하는 단어로 뽑혔다. 공동 10위에 랭크된 예수 그리스도와 돈을 너끈히 물리친 결과였다. 왜 서렌디피티의 인기가 올라갔는지 이유를 아는 사람은 없다. 그저 네트워크의 작용을 추측할 따름이다.

착각이 만들어 낸 아인슈타인의 유명세

이제 아인슈타인의 비밀을 밝혀 보자. 1921년 4월 2일 뉴욕항에 모인 2만 명의 군중은 물론 물리학자가 아니었다. 물리학 교수가 동원한 물리학과 학부생과 대학원생도 아니었다. 군중의 거의 대부분은 아인슈타인의 이름조차 들어본 적 없었다. 한마디로 그들은 아인슈타인과 무관하게 모인 사람들이었다.

그들이 모인 이유는 다른 데 있었다. 바로 하임 바이츠만Chaim Weizmann의 환영이 목적이었다. '그게 누구냐?'고 생각할 독자들이 많을 듯하다. 1874년 러시아에서 태어난 바이츠만은 1899년 독일의 프라이부르크대학에서 유기 화학으로 박사 학위를 받았다. 이후 제네바대학과 맨체스터대학에서 가르쳤다. 아인슈타인보다 더 명성이 있는 화학자라서 모였을까? 그런 게 이유가 될 수 없음은 이미 앞에서 설명했다.

바이츠만은 당시 세계시온주의자기구의 의장이었다. 시온주의란 유태인들만 사는 나라를 세우자는 정치적 운동이었다. 시온주의자들은 처음에는 아르헨티나와 우간다를 유력한 후보지로 검토했다. 그러다 종교적 광신주의자의 목소리가 힘을 얻으면서 결국 팔레스타인을 빼앗자는 결정이 내려졌다. 바이츠만은 그러한 움직임의 주동자였다.

1920년에 새로 의장으로 선출된 바이츠만은 미국 나들이를 계획했다. 목표는 미국 내 시온주의의 확산과 세력 확대였다. 구체적인 실행 방안으로 팔레스타인에 유태인이 다닐 대학을 만들자는 계획이 세워졌다. 바이츠만은 당시 영국의 점령지였던 예루살렘에 헤브류예루살렘대학과 테크니온, 즉 이스라엘기술원을 지을 돈을 모으고자 했다.

1921년 4월의 미국행은 바로 그러한 목적을 위해서였다. 당시 미국시온주의자기구의 회원은 약 20만 명이었다. 세를 과시할 필요가 있었던 바이츠만은 미국 내 회원을 총동원했다. 그 결과가 뉴욕항에 나타난 2만 명이었다. 20년 넘게 세계시온주의자기구 의장으로 활동한 바이츠만은 1949년 마침내 이스라엘 초대 대통령이 되었다.

그럼 아인슈타인의 역할은 무엇이었을까? 그는 그냥 바이츠만이 데리고 온 여러 유럽 유태인 중 한 명에 불과했다. 여러 달이 걸리는 미국 여행을 따라갈 수 있는 사람은 많지 않았다. 기본적으로 돈이 많거나 한가하거나 혹은 휴가가 자유로운 사람만 가능했다. 교수였던 아인슈타인은 세 번째에 해당했다. 천진난만했던 아인슈타인은 즐거운 마음으로 바이츠만을 따라왔다.

위 이야기가 심한 과장 아니냐는 의문이 있을 듯싶다. 그렇지 않다는 증거가 있다. 당시 미국 내 유태인 신문은 바이츠만의 미국 방문을 1면 머리기사로 다뤘다. 가령, 시온주의 신문인《더포워드 The Forward》는 '뉴욕에 온 시온주의자 대표를 위한 위대한 행진'이라는 제목으로

감격을 표했다. 아인슈타인은 바이츠만과 같이 온 수행원 명단에 지나가듯 언급될 뿐이었다. 즉, 그날 뉴욕항에 모인 2만 명의 시온주의자들에게 아인슈타인은 거의 아무런 존재가 아니었다.

가장 흥미로운 부분은 여기다. 그날 뉴욕항에 취재 나왔던 《뉴욕타임스》와 《워싱턴포스트》의 기자들은 이를테면 과학 담당 기자였다. 그들은 상대성이라는 이색적인 이론을 내세우는 독일인 과학자를 취재하라는 지시를 받았다. 그날 만약 환영 인파가 없었다면 아인슈타인의 인터뷰는 뒤쪽 문화면 하단의 조그만 기사로 끝날 일이었다. 그런데 기자들은 2만 명의 북적이는 인파를 보고는 너무 놀랐다.

다시 말해 기자들은 군중이 아인슈타인을 환영하러 나왔다고 착각했다. 《뉴욕타임스》는 "수천 명의 사람이 상대성 이론의 영웅인 아인슈타인 교수와 '그의 일행'을 환영하기 위해 오늘 부두에 모였다"라는 제목으로 1면 머리기사를 썼다. 《워싱턴포스트》 1면 머리기사의 제목은 "아인슈타인 교수가 이곳에서 상대성을 설명하다"였다. 그날 이후 미국인들은 아인슈타인을 세계적인 영웅으로 간주하기 시작했다. 오해에서 비롯된 오보가 네트워크를 거치면서 유명 인사를 만든 셈이다. 이후의 일은 오늘날 여러분이 아는 바와 같다.

RULE 4. 네트워크에 의존하는 성공을 이해하라

복합적인 분야라면 다양성을 기르라

전설의 선수, 최악의 감독이 되다

1980년대는 '대결의 시대'였다. 국제 정치에서는 미국과 소련의 냉전이 격화되었다. 그런데 그에 못지않은 분야가 있었으니 바로 미국프로농구였다. 1980년대는 로스앤젤레스 레이커스와 보스턴 셀틱스의 대결이 치열한 시대였다.

레이커스와 셀틱스의 대결은 여러 차원에 걸쳐 있었다. 우선 미국 서부와 동부의 대결이었다. 서부의 대도시 로스앤젤레스와 동부의 대도시 보스턴은 지리적인 대척점에 위치했다. 또 할리우드와 베벌리

힐스로 대변되는 로스앤젤레스의 자유분방한 분위기와 보스턴 차 사건과 아일랜드 가톨릭 이민자로 상징되는 보스턴의 보수적 분위기는 물과 기름처럼 서로 이질적이었다.

두 팀의 대결은 또 각 팀을 이끄는 캡틴, 어윈 '매직' 존슨과 래리 버드 간의 대결이었다. 두 사람이 처음 대결한 경기는 1979년 전미대학농구 결승전이었다. 존슨이 이끄는 미시간주립대학 스파르탄스와 버드가 이끄는 인디애나주립대학 시카모어스의 대결은 경기 전부터 뜨거운 관심을 받았다. 6피트 9인치의 버드는 포워드로서 소속팀의 33승 무패라는 시즌 성적을 견인했다. 같은 키의 존슨은 역대 최장신의 포인트 가드로 보지 않고 주는 패스가 예술이었다. 게다가 존슨은 흑인, 버드는 백인이었다. 즉, 흑백 간의 대결이기도 했다.

결승전에서 스파르탄스는 시카모어스를 75 대 64로 꺾었고, 개인 성적에서도 존슨은 24점을 득점해 19점의 버드를 앞섰다. 이 경기는 아직까지도 다시 보고 싶은 전미대학농구 결승전 1위로 뽑힐 정도의 명승부였다. 두 사람은 다음 해 각각 레이커스와 셀틱스에 입단해 세기의 대결을 이어 갔다.

두 팀의 라이벌 관계는 단지 존슨과 버드 두 사람만의 대결은 아니었다. 레이커스에는 7피트 2인치의 센터 카림 압둘-자바가 여전한 위용을 과시하고 있었다. 전매특허인 '스카이 훅 슛'으로 유명한 압둘-자바는 통산 3만8387득점 1만7440리바운드를 기록한 전설이었다. 또 6피트 9인치의 키에 통산 경기당 평균 17.6점을 기록한 걸출한 포워드 제임스 워디도 올스타급이었다. 6피트 10인치의 포워드 케빈 맥

헤일과 7피트의 센터 로버트 패리시를 갖춘 셀틱스의 진용도 결코 빠시시 않았다. 두 팀은 1900년대의 우승을 각가 5회와 3회씩 나눠 가졌다.

전설적인 두 팀의 끝날 것 같지 않은 대결 사이에서 묘하게 머리를 내민 팀이 하나 있었다. 전체적으로 보면 부실한 모양새를 가진 팀이었다. 리더인 6피트 1인치의 포인트 가드는 나쁘진 않았지만 리그를 압도할 정도는 아니었다. 6피트 3인치의 슈팅 가드는 수비로 이름이 더 높았다. 새로 뽑은 6피트 11인치짜리 센터는 타팀 정상급 센터와 대결할 때마다 실력의 바닥을 드러냈다.

게다가 이 팀에는 괴상한 안면 보호대를 쓰고 나오는 6피트 10인치의 백인 센터, 일명 '암흑의 왕자'가 있었다. 그는 지저분한 반칙의 달인이자 잘 들어가지 않는 3점슛을 시도하는 걸로 유명했다. 또 할 줄 아는 거라고는 리바운드와 욕 밖에 없는 6피트 7인치의 문신쟁이도 있었다. 이 선수는 나중에 마돈나와 사귀고 김정은에게 '해피 버스데이' 노래를 불러 주게 된다. 이들을 한꺼번에 묶어 부르는 이름은 '배드 보이스Bad Boys', 즉 '나쁜 녀석들'이었다.

방식이 어쨌든 간에 배드 보이스는 1989년 레이커스를 4전 전승으로 물리치며 우승을 차지했고 그다음 해에도 우승했다. 레이커스와 셀틱스가 지배하던 1980년대를 끝내 버린 것이다.

이 팀의 가슴에는 다른 훈장도 달려 있다. 바로 1990년대를 지배한 농구의 황제 마이클 조던의 시카고 불스를 막아선 팀이라는 훈장이다. 1984년부터 불스에서 뛴 조던은 처음부터 폭발적인 화력을 선보였지만 결정적인 순간마다 배드 보이스에게 무릎을 꿇었다. 조던은 팀 동료 스카티 피펜과 호러스 그랜트가 만개한 후인 1991년이 돼서야 겨우 이 팀을 넘어설 수 있었다.

이 팀의 이름은 디트로이트 피스톤스Detroit Pistons다. 그리고 피스톤스의 6피트 1인치 캡틴은 바로 아이제이아 토머스Isiah Lord Thomas III다. 이 토머스를 2019년 현재 덴버 너기츠에서 뛰는 5피트 9인치 가드와 착각하기 쉽다. 너기츠 토머스의 아버지가 아들 이름을 피스톤스 토머스로부터 따왔다고 한다.

토머스는 통산 14시즌을 뛰면서 1만8822 득점 9061 어시스트를 기록했다. 12번 올스타로 뽑혔고 2번의 우승을 이끌었다. 피스톤스는 그의 등번호 11번을 영구결번했다. 토머스는 2000년 마침내 네이스미스 기념 농구 명예의 전당Naismith Memorial Basketball Hall of Fame에 이름을 올렸다. 이는 매직 존슨보다 2년이나 빨랐다. 선수로서 아마도 유일한 아쉬움은 1992년 첫 번째 드림팀 12명에 들지 못했다는 정도였을 것이다.

남부러울 게 없는 경력을 바탕으로 토머스는 2000년 인디애나 페이서스의 감독이 되었다. 이후 3년간 팀을 플레이오프에 진출시켰지만 모두 1회전에서 탈락했다. 2003년 말 토머스는 명문 구단 뉴욕 닉스의 단장이 되었고 곧 감독까지 겸임했다. 즉 그는 선수 선발에서 트레이드, 더 나아가 작전 지휘까지 닉스의 모든 것을 책임졌다. 닉스는 이후 4년간 최악의 시간을 보내야 했다. 토머스가 이끄는 닉스에 무슨 일이 벌어졌던 것일까?

RULE 5. 복합적인 분야라면 다양성을 기르라

성공이 승자 독식이 되는 이유

네트워크에 의한 성공의 본질은 극소수 승자의 독식이다. 여기에 평등과 같은 가치는 설 자리가 거의 없다. 네트워크를 지배하는 원리가 멱법칙이기 때문이다.

멱법칙의 성질에 대해 잠시 알아보자. 멱법칙이 성립하는 대상은 입력과 출력이 멱함수로 주어진다. 멱함수란 변수 X의 n제곱으로 표현되는 함수다. 즉, 입력값이 1에서 2로 두 배 커지면 출력이 1에서 2의 n제곱으로 커진다. n이 2라면 네 배가 되고, n이 10이라면 1024배가 된다. 약간의 증가가 폭발적 차이를 낳는다.

스킬에 의존하는 성공은 한계가 있다. 아무리 연습해도 투수가 시속 200킬로미터로 던질 가능성은 0에 가깝다. 반면 네트워크에 의한 성공은 한계가 없다. 시속 140킬로미터 초반대가 최고 구속이었던 강병규가 대표적인 예다. 1999년 두산 베어스의 투수로 13승 9패의 성적을 거둔 그는 2000년 SK 와이번스로 이적하면서 연봉 1억 원을 받았다. 연예인으로 변신한 후에는 회당 1000만 원 수준의 출연료를 벌었다. 공식 자료상으로도 2004년 2억3460만 원을 받아 KBS 프리랜서 진행자 중 2위를 기록했다.

네트워크는 피해갈 수 없다

지금까지의 이야기를 다음의 암묵적인 전제하에서 받아들인 사람이 많을 것 같다. 홀로 존재하는 개인에서 모든 것이 시작된다는 전제 말이다. 르네 데카르트René Descartes의 '코기토 에르고 숨cogito ergo sum', 즉 "나는 생각한다. 그러므로 존재한다"는 말은 이를 상징한다. 석가모니가 태어나자마자 했다는 말 "천상천하 유아독존"을 두고 '오직 나만 귀하다'고 해석해도 같은 결론이 나온다.

위와 같은 전제를 받아들이면 네트워크는 '내가 이용하는 도구'로 전락한다. 스킬은 '내가 소유한 것'이고 운은 '당장은 내 마음대로 안 되지만 언젠가는 굴복시켜야 할 적'이 된다. 이러한 관점에서 모든 것의 기준은 딱 한 가지다. 바로 나 자신이다.

이러한 일차원적 세계관은 여기서 그치지 않는다. 모든 것을 거래로 둔갑시키는 시장 지상주의, 돈은 무조건 많을수록 좋다는 금융 자본주의, 세상에는 돈으로 하지 못할 일이 없다는 경제 만능주의도 일차원적 세계관의 또 다른 모습이다.

《아직도 가야 할 길The Road Less Traveled》을 쓴 M. 스캇 펙Morgan Scott Peck에 의하면 궁극의 악은 바로 나만 존재한다는 믿음이다. 그러한 믿음은 곧 내가 원하고 나한테 이득인 한 너의 비참함은 아무래도 상관없다는 생각으로 이어진다. 모두가 이런 생각을 하면 세상은 지옥으로 바뀐다. 각자 자기의 이익만을 최대로 추구하면 알아서 세상이 천국이 된다는 경제학의 주장은 그래서 위험하다.

사실 사람은 세상과 단절된 원자적 개인으로 태어나지 않는다. 태어나는 순간부터 가족과 주변 사람의 도움 없이는 잠시도 생존하지 못한다. 다 큰 성인이 되어서도 마찬가지다. 무인도에 가서 혼자 산다고 생각해 보라. 굶어 죽을 사람이 적지 않을 테다. 경제학 교과서가 언급하기를 즐기는 로빈슨 크루소조차도 원주민인 프라이데이가 없었으면 외로움에 미쳐 버렸을 것이다.

진정한 원자적 개인이 가끔 있기는 있다. 소시오패스, 즉 반사회적 인격 장애자다. 이들을 만나면 금방 느낌이 온다. 자기중심적이고 다른 사람의 감정에 전혀 관심이 없기 때문이다. 미국 보건후생부의 통계에 의하면 소시오패스는 전체 인구의 약 4퍼센트다. 여러분 주변에서도 대략 40명 정도 모이면 한 명 정도는 끼어 있을 가능성이 충분히 있다.

사람은 태어나면서부터 네트워크의 일부다. 현실적으로 개인의 욕구는 중요하다. 그렇다고 무제한적인 방종이 허용되는 네트워크란 있을 수 없다. 있다면 그건 그저 사냥터에 불과하다. 내 자유와 남의 자유가 충돌할 때 그걸 어떻게 지혜롭게 해결해 나가는지가 문명의 핵심이다. 외줄타기 묘기와도 같은 그 과정은 그래서 다차원적이다. 소시오패스는 다차원인 세상을 자신의 기준 하나로 단순화하려 든다.

좋은 네트워크를 어떻게 만들 것인가

사람은 태생적으로 주어진 네트워크에만 만족하지 않고 자발적으로 네트워크를 형성해 가며 산다. 이유는 자명하다. 홀로는 할 수 없는 일을 여럿이 모이면 할 수 있기 때문이다. 백지장도 맞들면 낫다. 세 사람이 모이면 태산도 옮긴다.

어차피 피해갈 수 없다면 제대로 할 일이다. 태어날 때 주어지는 부모와 가족을 제외하면 누구와 관계를 형성할지를 정하는 것은 자기 자신이다. 누구를 뽑는 것이 최선인지는 회사 인사 담당자의 영원한 고민이자 숙제다. 나는 내 네트워크의 인사 담당자다.

인사 담당자의 숙제를 푸는 실마리는 어디에 있을까? 그 출발점은 바로 어떤 네트워크가 효과적인지에 대한 깨달음이다. 즉, 좋은 팀을 구성하는 원리를 파악할 필요가 있다.

팀 구성의 원리를 다루기에 앞서 개인적인 경험 하나를 이야기해 보자. 짐작했겠지만 나는 스포츠를 좋아한다. 그중 직접 뛰는 것을 즐기는 종목은 테니스와 농구다. 단식 테니스는 외로움의 극한을 맛보기에 좋다. 복식에서는 파트너십의 묘미를 느낄 수 있다. 농구는 스쿼드의 쫄깃쫄깃한 유대감이 최고다.

예전에 농구팀 하나에 소속된 적이 있었다. 대단한 팀은 아니고 그냥 고등학교-대학교 친구끼리 만든 팀이었다. 같은 고등학교를 졸업하고 같은 대학에 간 동기 약 20명 중 운동에 관심 있는 사람이 나까지 5명 밖에 없었다. 쉽게 말해 문턱이 아예 없는 팀이었다.

　　　　　　　　RULE 5. 복합적인 분야라면 다양성을 기르라

후보 한 명 없는 단출한 팀이지만 한 가지 특징이 있었다. 평균 신장이 놀랍게도 182센티미터에 달했다. 좀 더 구체적으로는 키가 각각 185, 184, 182, 181, 178센티미터였다. 팀의 주 득점원인 185센티미터의 법학과 친구는 야투와 리바운드 능력이 좋았다. 세 번째로 큰 나는 팀의 두 번째 득점원이었다. 동네 농구에서 이만하면 적어도 리바운드에서는 밀리지 않았다.

우리 팀의 문제는 공격이었다. 전원이 센터와 파워 포워드 성향이었다. 공격은 단조롭기 그지없었다. 볼 배급을 해 줄 가드가 없으니 무턱대고 야투를 던졌다. 공격 리바운드는 곧잘 따냈지만 다시 외곽에서 슛을 던질 뿐이었다. 이를테면 만화 슬램덩크의 주인공 강백호만 다섯 명 있는 기이한 팀이었다. 팀 성적은 당연히 신통치 않았다.

여기서 성공의 다섯 번째 규칙이 도출된다. 바로 "복합적인 분야라면 다양성을 기르라"다. 구성원이 여럿인 팀은 애초부터 복합적인 대상이다. 복합성은 네트워크 위에서 창발한다. 그렇기에 네트워크의 진정한 힘은 구성원의 다양성에 있다.

앞의 사례를 빗대어 설명하면 키라고 하는 한 가지 기준만으로는 좋은 농구 팀을 구성할 수 없다. 팀이 강해지려면 키 외에도 여러 스킬이 필요하다. 이를테면 어시스트, 드리블, 속공, 수비 등이다. 모두가 고만고만하기보다는 각 구성원이 특화된 기술을 가진 쪽이 낫다. 즉, 구성원이 비슷하지 않고 서로 다를수록 유리하다. 1980년대 후반의 배드 보이스가 바로 그랬다.

평균에 집착하지 마라

다양성을 기르라는 말이 직관적으로는 그럴듯해도 일반화하기에는 무리가 있다고 반론할 사람도 있을 듯하다. 실제로 이 문제를 명확하게 밝힌 이론이 있다. 다양성과 복합성을 오랫동안 연구한 미시간대학의 스콧 페이지Scott Page가 증명한 원리다.

구체적인 예로 설명해 보자. 알파, 브라보, 찰리, 델타, 에코, 폭스트롯 여섯 명이 있다고 하자. 당신의 임무는 이들 중 3명을 뽑아 팀을 구성하는 일이다. 3 대 3 길거리 농구에 출전할 선수를 뽑는 일일 수도 있고, 6명의 지원자 중 3명의 신입사원을 뽑는 경우일 수도 있다. 여러분에게 익숙한 상황을 상상하면 좋을 듯싶다.

팀에 속할 사람을 뽑는 일반적인 방법은 다음과 같다. 우선 각 개인의 능력을 평가할 항목을 정한다. 예를 들어 신입사원 선발의 경우, 영어를 얼마나 잘하는지, 대학 때 학점은 어땠는지, 성격은 원만한지, 이른바 '열정'이 얼마나 있는지 등이 평가 항목이다. 그다음 각 평가 항목별로 기준을 정한다. 토익이 900점대면 10점, 800점대는 9점 하는 식이다.

각 항목에 대한 평가가 이뤄지면 그다음은 점수를 합한다. 그렇게 더해진 총점은 한 개인의 능력을 깔끔하게 요약하는 지표로 간주된다. 마지막은 총점의 서열화다. 순위에 따라 위에서부터 합격자를 자른다. 물론 실제는 이보다 복잡할 수 있다. 가령 특정 항목 점수가 기준에 미달하면 아무리 순위가 높아도 떨어지는 과락 등이 예다. 그래도 근본은 같다. 각종 고시부터 대기업 공채, 그리고 대입 수능까지 모두 위와 같은 원리다.

위 방식에 따라 3명을 선발해 보자. 평가 항목에는 A부터 G까지 모두 7가지가 있다고 가정하자. 아래 표에 각 지원자의 평가 결과를 요약했다.

	A	B	C	D	E	F	G	총점
알파	○	○	○	×	○	×	×	4
브라보	○	○	○	×	×	×	×	3
찰리	×	○	○	×	○	×	×	3
델타	×	○	×	○	×	×	×	2
에코	×	×	○	×	×	×	○	2
폭스트롯	×	×	×	×	○	○	×	2

표를 보면 알 수 있듯이 해당 항목 평가를 통과하면 ○, 통과하지 못하면 ×다. 항목마다 통과한 경우 1점, 못한 경우 0점이다. 그렇게 항목별 점수를 합한 개인의 총점도 표 마지막 열에 썼다.

일반적인 기준대로 세 명을 뽑으면 누구를 뽑게 될까? 당연히 알파, 브라보, 찰리를 뽑는다. 왜냐하면 알파의 점수가 4점으로 제일 높고, 브라보와 찰리가 3점으로 그다음으로 높기 때문이다. 2점에 그친 델타, 에코, 폭스트롯은 불합격이다.

우리는 이를 두고 델타, 에코, 폭스트롯의 "능력이 부족해서"라고 즐겨 말한다. 그리고 능력이 좋은 순서로 뽑은 세 명, 즉 알파, 브라보, 찰리로 구성된 팀이 "최고의 팀"일 거라고 가정한다. 잠정적으로 알파, 브라보, 찰리로 구성된 팀을 '스타', 델타, 에코, 폭스트롯으로 구성된 팀을 '언더독'이라고 부르자. 투견에서 힘에 부쳐 아래 깔린 개를 뜻하는 언더독은 객관적 전력이 열세인 팀을 가리킨다.

다양성을 가진 네트워크가 강력한 이유

위는 팀 구성의 기준을 일차원적 기준인 개인별 점수로 설정한 경우다. 하지만 그것이 유일한 방법은 아니다. 얼마든지 다른 기준으로 팀을 구성할 수 있다. 즉, 팀에 속한 개인의 점수를 보는 것이 아니라 팀 전체의 스킬을 보는 방법이다. 팀 전체의 스킬은 팀 구성원이 보유한 스킬의 합집합이다. 팀 구성원 점수의 단순 합이 아니라는 의미다.

이 말이 어렵게 느껴진다면 분대 간 전투를 한다고 가정해 보자. 이러한 소규모 부대의 전투에서도 다양한 스킬이 요구된다. 예를 들면 돌격, 엄호 사격, 저격, 기관총 사격, 수류탄 투척, 유탄 발사 등이다. 만약 이런 다양한 스킬을 보유한 분대와 오직 소총 사격만 가능한 분대가 맞붙는다면 결과가 어떨까? 당연히 전자가 유리하다.

초기 스타트업 같은 전혀 다른 상황도 마찬가지다. 얼핏 생각해도 마케팅, 재무, 전략, 운영, 개발 등의 기능이 필요하다. 3명으로 구성된 2개의 창업팀을 가정하자. 첫 번째 팀은 마케팅 담당, 전략 담당, 개발 담당으로 구성되어 있다. 두 번째 팀은 마케팅 임원, 마케팅 박사, 마케팅 전문가로 구성되어 있다. 어느 팀이 더 강할까? 말할 필요도 없이 전자다. 두 번째 팀 멤버들이 각각 유명 컨설팅 회사에서 일했고,

RULE 5. 복합적인 분야라면 다양성을 기르라

명문 대학을 나왔으며, 유명 학회지에 논문을 게재했더라도 그렇다.

이러한 관점을 견지한 채로 앞의 표를 보면 한 가지 사실이 눈에 들어온다. 점수가 높은 세 사람으로 구성된 팀 스타의 스킬은 A, B, C, E의 4가지다. 반면, 점수가 낮은 세 사람으로 구성된 팀 언더독의 스킬은 B, C, D, E, F, G의 6가지다. 팀의 보유 스킬 관점으로 보면 언더독이 스타를 앞선다. 골리앗이 다윗에게 무릎 꿇는 일이 실제로 벌어지는 이유다. 운 때문이 아니라 구사할 수 있는 스킬의 차이 때문이다.

어떻게 이런 일이 가능할까? 이유는 간단하다. 사람을 점수로 환산하는 과정이 완전하지 않기 때문이다. 그 과정 자체가 이미 일차원적이다. 무인도에 가서 혼자 살 한 사람을 뽑는 일이라면 여전히 알파가 최선의 선택일 것이다.

하지만 팀이라면 이야기가 달라진다. 팀의 성과는 팀이 보유한 스킬이 몇 가지인가에 달려 있다. 네트워크인 팀의 본질은 복합성에 있고 그렇기에 다양성이 가장 중요하다. 네트워크의 힘은 다양성에서 유래한다. 지금부터는 다양성에 기인하는 혜택을 '다양성 보너스'라고 부르자.

빠르게 변하는 세상을 돌파하는 힘

다양성 보너스를 이해하는 또 다른 관점은 바로 진화론이다. 진화의 관점에서도 다양성은 중요하다. 왜냐하면 외부 환경의 변화는 무작위하기 때문이다. 다양성이 확보된 생물 종은 환경의 변화에 적응해 살아남을 수 있다. 그렇지 못한 종은 환경이 바뀌면 순식간에 멸종한다. 즉, 다양성은 일종의 보험 계약과도 같다.

종이 특정 환경에 최적화되면 당장은 우세한 듯 보일 수 있다. 가령, 공룡은 덥고 습한 중생대의 환경에 최적화된 동물이었다. 그러다 소행성 충돌 이후 화재 그을음 등으로 햇빛이 가려지자 지표면 온도가 급격히 하락했다. 동시에 광합성이 중단되면서 먹이 사슬이 붕괴했다. 이전까지 장점이었던 공룡의 비대한 몸은 곧 치명적 급소가 되었다.

다양성 보너스는 혁신의 관점으로도 이해 가능하다. 혁신은 사용이 가능한 기술을 조합하면서 생겨난다. 예를 들어 드론은 헬기 비행 역학, 자세 유지용 짐벌, 전기 모터 제어, 무선 통신 등을 조합한 결과다. 이 중 하나라도 없었다면 현재 수준의 드론은 나타날 수 없었다.

개별 기술이 다양할수록 조합되는 경우의 수는 폭발적으로 증가한다. 가령, 기술 2개가 있으면 새로운 기술 1개가 생긴다고 해 보자. 기존 기술의 수가 2배인 4면 새로 만들 수 있는 기술 수는 AB, AC, AD, BC, BD, CD로 6, 즉 6배로 증가한다. 기존 개수가 4배인 8이면 새로운 기술 수는 8개 중 2개를 조합하는 경우의 수인 28, 즉 28배다. 다양성이 혁신을 가져오고 그 혁신이 다양성을 더욱 키운다.

또 다양성은 이른바 '메디치 효과Medici Effect'를 낳는다. 메디치 효과의 대표적 예가 바로 르네상스다. 15세기에 피렌체를 지배했던 메디치 일가는 다양한 사람들을 피렌체로 불러 모아 일을 맡겼다. 지리적으로 인접한 환경에 제각기 다른 스킬을 가진 사람들이 모이자 르네상스라는 창의적 연쇄 반응이 생겨났다.

19세기의 디트로이트나 21세기의 실리콘 밸리도 메디치 효과의 한 예다. 이탈리아인들이 중국의 국수와 지중해의 올리브, 그리고 신대륙의 토마토를 합쳐 파스타를 만들었듯이, 19세기의 헨리 포드 Henry Ford는 고기 도축에 쓰이던 컨베이어 벨트와 총기 조립 공정을 결합해 자동차 조립 라인을 만들었다. 1 더하기 1이 2보다 커진 것이다.

불가능을 가능케 하는 다양성 보너스

다양성 보너스를 개념적으로 공식화하자면 다음과 같다.

네트워크의 스킬 = 구성원의 평균적 스킬 + 다양성 보너스

위의 공식에는 2가지 의미가 있다. 첫째, 네트워크의 구성원이 다양하면 추가적인 혜택이 있다. 반대로 이야기하면 구성원이 동질할수록 다양성 보너스는 작아진다. 구성원이 모두 똑같다면 네트워크 안에 아무리 많은 사람이 있어도 홀로 있는 것과 다르지 않다. 한 명이 깨지면 모두 다 깨진다. 이 경우의 다양성 보너스는 제로다.

둘째, 다양성의 정도가 클수록 혜택도 커진다. 앞에서 팀 스킬이 더 많은 언더독이 스타를 이기는 원리기도 하다. 또 우등생 3명을 모은 스타에서 아무나 한 명을 빼고 델타, 에코, 폭스트롯 중 한 명을 집어넣어도 기존의 스타보다 낫다. 개인의 점수는 낮지만 팀의 스킬 수는 늘어나기 때문이다. 다양한 사람을 모을수록 뭔가를 해볼 수 있는

여지가 더 커진다.

다양성을 통해 불가능해 보이는 임무가 완수된 사례 한 가지를 들자. 바로 넷플릭스 프라이즈Netflix Prize다.

2006년 10월 넷플릭스의 대표 리드 헤이스팅스Wilmot Reed Hastings는 알고리즘 대회를 연다고 공표했다. 대회의 목표는 영화의 평점을 보다 정확히 예측하는 일이었다. 사실 넷플릭스에는 자체로 개발한 '시네매치Cinematch'라는 알고리즘이 이미 있었다. 헤이스팅스는 시네매치보다 정확도가 10퍼센트 더 높은 팀에게 줄 상금으로 11억 원을 걸었다. 이어 약 50만 명의 소비자가 매긴 1억 개 가량의 평점 데이터를 공개했다. 이를 활용해 시네매치보다 나은 알고리즘을 찾아 달라는 주문이었다.

넷플릭스의 알고리즘 대회는 전통적인 방식과 달랐다. 전통적인 방식에서는 이른바 한 명의 천재를 찾는 일이 중요했다. 남다른 비법을 가진 사람을 찾아 고용하거나 혹은 비밀 프로젝트를 주는 식이었다. 이를테면 앞의 표에서 알파 한 명을 찾아서 그에게 의존하는 쪽이었다.

헤이스팅스는 천재 한 명보다는 다양한 사람이 모여 힘이 배가되는 방식이 더 낫다고 믿었다. 글자 그대로 다양한 스킬을 가진 수천 명이 대회에 참가했다. 가령, 미국 수학 학부생 팀, 오스트리아 프로그래머 팀, 영국 심리학자 부녀 팀, 캐나다 전기 엔지니어 팀, 미국 통신회사 AT&T의 데이터 과학자 팀 등이었다. 이들은 물론 자신만의 스킬을 가졌지만 결코 스타는 아니었다.

2007년 첫해의 선두는 AT&T 데이터 과학자 팀인 벨코어였다. 벨코어가 개발한 모델 중 최고는 시네매치를 6.58퍼센트 앞섰다. 이것이 벨코어가 가진 스킬의 전부는 아니었다. 벨코어는 이외에도 49개의 모델을 더 개발했다. 자신들이 개발한 50개 모델을 모두 조합한 벨코어의 총합 모델은 정확도를 8.43퍼센트까지 더 올렸다.

벨코어는 자신들이 선두임을 알았지만 자기들만으로는 10퍼센트를 넘기가 쉽지 않다고 봤다. 그들은 이미 가진 스킬을 모두 사용하고 있었다. 그래서 공개적으로 합병할 팀을 구했다. 2008년 벨코어는 오스트리아 프로그래머 팀 빅 카오스와 합쳤다. 빅 카오스는 여러 모델을 합친 총합 모델을 만드는 데 전문성이 있었다. 이는 다양성 보너스로 이어졌다. 정확도는 올라갔지만 아직 10퍼센트에는 미달했다.

2009년 벨코어와 빅 카오스의 연합은 추가적인 우군을 찾았다. 캐나다 전기 엔지니어 팀인 프래그매틱 시어리가 이들과 합쳤다. 프래그매틱 시어리는 벨코어나 빅 카오스에 비해 아마추어에 가까웠다. 대신 그들에게 없는 인간 행동에 대한 통찰을 갖고 있었다. 세 팀이 함께 개발한 최고의 단일 모델은 시네매치의 정확도를 8.4퍼센트 앞섰다. 빅 카오스의 방법으로 결합된 총합 모델은 드디어 10퍼센트를 넘어섰다.

정말로 흥미로운 일은 그다음에 벌어졌다. 넷플릭스는 대회 전부터 첫 번째 팀이 10퍼센트를 넘은 시점부터 30일 후의 결과를 갖고 최종 우승자를 가린다는 규칙을 공표했다. 그 30일의 기간 안에 더 나은 결과를 보이는 팀이 있을 수 있다는 염려 때문이었다. 벨코어 프래그매틱 카오스가 결승선을 통과했다는 소식이 알려지자 나머지 팀들도 합치기 시작했다. 그랜드 프라이즈, 오페라 솔루션스, 반들레이 인더스트리스, 다이노소어 플래닛 등 무려 30여 개 팀이 뭉친 팀 앙상블이 출현했다.

앙상블은 48개 모델을 조합한 총합 모델을 몇 주 만에 개발했다. 앙상블의 총합 모델은 벨코어 프래그매틱 카오스를 심지어 살짝 능가했다. 최종 평가는 넷플릭스가 공개하지 않았던 데이터를 대상으로 이뤄졌다. 최종 평가에서 벨코어 연합팀과 앙상블은 둘 다 10.06퍼센트의 정확도 증가를 기록했다. 결국 단 22분 먼저 결과를 제출했던 벨코어 프래그매틱 카오스가 우승팀으로 결정됐다.

넷플릭스 대회에서 다양성 보너스는 세 가지 층위로 나타났다. 우선은 벨코어 자체의 다양성 보너스였다. 벨코어의 3명은 제각각인 배경을 가졌다. 아프리카계 미국인 로버트 벨은 랜드에서 20년간 공공 정책을 연구한 통계 전문가였다. 뉴욕주 태생의 크리스 볼린스키는 사기 탐지를 전문으로 하는 데이터 전문가였다. 이스라엘인 예후다 코렌은 데이터 시각화에 일가견이 있었다.

그다음은 빅 카오스와 프래그매틱 시어리와의 다양성 보너스였다. 벨코어가 자신들의 분야에서 더 나은 사람을 찾았다면 실패했을 터였다. 왜냐하면 그들이 이미 최고였기 때문이었다. 벨코어는 현명하게도 자신들에게 없는 스킬을 가진 팀을 찾았다. 이를 통해 10퍼센트라는 벽을 넘었다.

마지막은 앙상블의 다양성 보너스였다. 앙상블이 조합한 48개 모델 각각은 벨코어 프래그매틱 카오스의 최고 모델에 못 미쳤다. 말하자면 이들의 개별적 스킬은 미약했다. 하지만 더 큰 다양성이 이들의 무기였다. 앙상블이 좀 더 일찍 결성되었다면 우승팀이 달라졌을 수 있었다.

재무 이론을 배운 사람 중 일부는 다양성 보너스를 포트폴리오 이론에 비유해 이해하려 든다. 하지만 이러한 비유는 적절하지 않다. 왜냐하면 포트폴리오 이론은 최선의 팀을 구성하는 방법에 아무런 도움을 주지 않기 때문이다. 또한 다양성의 기여에 대해서도 과소평가하게 만든다.

포트폴리오 이론은 서로 상관관계가 낮은 자산을 한 바구니에 담으면 수익률의 변동성을 줄일 수 있다는 이론이다. 이를테면, 주가가 떨어질 때 가격이 오르기 쉬운 금이나 미국 달러를 주식과 함께 한 바구니에 담으면 안정적인 수익률을 거둘 수 있다는 주장이다. 이렇게 포트폴리오는 구성원의 평균에 의해 규정된다. 변동성 보너스는 정반대다. 최고의 팀은 평균이 아니라 최선, 최다의 조합에 의해 작동한다. 변동성 보너스에서 다양성 혹은 변동성은 악이 아니라 선이다.

다양성 보너스의 3가지 조건

그렇다면 다양성 보너스는 언제나 존재하는 걸까? 그렇지는 않다. 아래 전제 조건이 충족되지 않으면 보너스는 나타나지 않는다.

첫 번째 조건은 임무의 성격이다. 다양성 보너스가 나타나기 좋은 임무는 실로 다양하다. 문제 해결, 창의적 일, 진실 판단 등이 대표적 예다. 문제 해결에서는 다양한 휴리스틱heuristics, 즉 경험에서 비롯되는 직관적 방침이 쌓여 보너스가 발생한다. 창의적 일에서는 서로 다른 생각이 가능성의 지평을 넓힌다. 진실 판단에서는 간과할 법한 사실을 놓치지 않게 해 준다.

두 번째 조건은 네트워크 내 교류를 원활하게 하는 문화다. 좀 더 구체적으로는 첫째, 팀의 구성원끼리 서로 잘 지내며 둘째, 구성원이 서로를 신뢰하고 셋째, 구성원이 공유하는 공동의 사명이 존재하며 넷째, 장기적인 헌신이 뒤따르는 경우다.

세 번째 조건은 민주적 원칙이다. 다양성 보너스는 본질적으로 아래의 목소리에 귀를 기울일 때 나타난다. 위에서 아래로 주어지는 경우 보너스는 억압되기 쉽다. 즉, 다양성 보너스는 탑다운보다는 바텀업에서 번성한다. 좀 더 구체적으로 다양성 보너스는 인지적이고 복합적인 임무에서 나타난다. 단순하고 반복적인 일에서는 보너스가 있다고 하더라도 크지 않다. 맥주 많이 마시기 대회에 참가한 팀을 생각해 보자. 아마도 최고의 맥주 마시기 팀은 맥주 마시기 개인 랭킹 1위부터 10위까지 모두 모은 팀일 테다. 맥주 마시기 팀의 성과는 각 개인이 마신 맥주 양의 단순 합이기 때문이다. 즉, 맥주 마시기 같은 일에서는 다양성 보너스를 기대하기가 어렵다.

다양성 보너스를 극대화하는 3가지 전략

다양성 보너스는 특히 집단의 지혜와 관련이 깊다. 다양성이 결여될 수록 집단의 지혜는 줄어든다. 극단적으로 집단의 광기는 다양성의 결여에 기인한다. "지식은 전체를 분해함으로써 발생하나, 지혜는 부분을 총합함으로써 얻는다"는 존 알렉산더 모리슨John Alexander Morrison 의 말은 집단의 지혜를 상징한다.

다양성에 의한 집단의 지혜를 가리켜 '집단 지능'이라 부르기도 한다. 집단 지능은 구성원 개인의 지능 수준을 넘어선다. 아마추어나 외부인으로 구성된 그룹이 전문가 개인보다 더 현명한 판단을 하는 경우가 드물지 않다. 전문가는 스스로 올가미를 씌우는 어찌 보면 불쌍한 존재다. 전문성을 얻기 위해 다른 것에 눈을 가린 탓에 글자는 읽지만 글을 이해하지 못할 가능성이 높기 때문이다.

집단 지능은 언제 잘 나타날까? 구성원의 개별적 지능이나 동기 혹은 팀에 대한 만족도는 팀의 집단 지능에 그다지 큰 영향이 없다. 가장 중요한 요소는 팀원 간의 활발한 의사소통이다. 좀 더 부연하면 세 가지가 필요하다. 첫째, 다른 사람의 감정 신호를 읽는 스킬이 최소 평균은 되어야 한다. 둘째, 소수가 팀 내 토론을 지배하지 말아야 한다. 셋째, 여자가 포함될수록 좋다.

집단 지능에 반대되는 상태가 집단 사고나 집단 편향성이다. 집단 사고란 구성원이 내부 갈등을 회피하려고 한쪽으로 쏠리는 상태를 가리킨다. 집단 편향성은 구성원이 토론 후 이전보다 더 극단적인 견해를 갖는 경향이다. 집단 사고와 집단 편향성은 구성원끼리 서로 비슷할수록 그리고 위계가 강할수록 잘 나타난다. 이들의 존재는 다양성 보너스의 큰 걸림돌이다. 단지 구성원의 숫자가 많다고 해서 저절로 다양성 보너스가 발생하지는 않는다.

유명세가 곧 성공은 아니다

아이러니한 점은 이러한 집단 사고나 집단 편향성이 그럴 가치가 없는 사람을 유명하게 만들기도 한다는 점이다. 4장에 나왔던 프로젝트 판테온에는 이른바 '유명 인사' 카테고리가 있다. 유명하긴 한데 왜 유명한지 설명하기는 어려운 사람들을 모아 놓은 카테고리다. 이들 20명은 성공과 유명세가 전적으로 동일하지 않음을 입증하는 존재다.

예를 몇 명 들어보자. 4위에 랭크된 킴 카다시안은 처음에는 패리스 힐튼의 친구로 언론의 관심을 약간 끌기 시작했다. 그러다 남자 친구였던 레이 제이와의 섹스 비디오가 2007년 유출되면서 전 세계적인 유명 인사가 되었다. 카다시안은 44개 언어의 위키 페이지를 갖고 있다. 8위인 리나 메디나는 1933년에 태어난 페루 여자다. 메디나는 만 5살 7개월 21일만에 출산을 한 세계 기록 보유자다. 메디나의 위키 페이지 수는 35개다.

이 카테고리의 1위는 물론 예상대로 64개 위키 페이지를 가진 패리스 힐튼이다. 전체 800위권인 힐튼은 고대 로마의 검투사 스파르타쿠스나 에펠탑을 만든 귀스타브 에펠, 그리고 작곡가 조르주 비제와 동급이다. 그렇다고 힐튼이 에펠이나 비제만큼 성공했다는 뜻은 아니다.

성공과 유명세가 전적으로 동일하지 않다면 우리는 무엇을 목표해야 할까? 혹은 진짜로 좋은 것과 인기가 있는 것 중 어느 쪽이 더 중요할까? 말할 필요도 없이 전자다. 전자는 스킬에 기반한다. 후자는 네트워크에만 의지한다.

비유하자면 이렇다. 나는 내가 감탄할 만한 음악을 듣고 싶지, 그저 많은 사람이 듣는 음악을 듣고 싶지 않다. 나는 깔끔하고 친절한 호텔에 묵고 싶지, 시장처럼 붐비는 호텔에 묵고 싶지 않다. 후자가 패리스 힐튼이라면 전자는 여러분의 피앙세다.

네트워크를 성공으로 연결하는 법

그렇다면 팀을 구성할 때 어떤 사람을 뽑아야 할까? 그 출발점은 팀의 기존 구성원이 어떤 사람인가다. 이미 알파가 팀에 있는데 스킬이 중첩되는 브라보나 찰리를 뽑는 일은 부질없다. 그보다는 점수는 낮을지언정 새로운 스킬을 팀에 더할 사람이 낫다. 핵심은 다양성이다.

다양한 스킬을 가진 사람을 채용하려고 애쓰는 두 곳을 예로 들자. 바로 투자은행과 전략 컨설팅 회사다. 요즘 월스트리트는 재무나 회계 혹은 법을 공부한 사람에 큰 관심이 없다. 이미 내부에 많이 있는데다가 그런 내용은 범용재에 가깝기 때문이다. 그보다는 물리학 박사, 컴퓨터 엔지니어, 심리 전문가 등을 다수 뽑는다. 전략 컨설팅 회사도 비슷하다. 예전에는 MBA만 뽑았다면 요즘은 온갖 분야의 박사를 더 선호한다.

사람을 채용할 때 점수 같은 이른바 객관적 기준의 강제가 얼마나 부적절한가를 보여 주는 사례를 하나 들자. 1943년에 태어난 빈트 서프Vint Cerf는 이른바 '인터넷의 아버지'다. 미국테크놀로지메달, 튜링상, 대통령자유메달, 마르코니상 등을 받았고 미국엔지니어링아카데미의 정회원이기도 하다. 한마디로 그는 전설적인 엔지니어였다. 그럼에도 2005년에 그런 서프를 부사장 겸 '치프 인터넷 전도사'로 뽑으려는 구글의 시도는 한없이 지연됐다. 이유는 서프가 학부 성적표를 제출하지 않아서였다.

최악의 감독이 남긴 교훈

이제 앞에 말했던 아이제이아 토머스의 이야기로 이 장을 마치자. 토머스는 남다른 지론의 소유자였다. 경기당 평균 득점이 높은 선수가 최고라고 믿었다. 이를 뒷받침하는 논리도 완벽했다. 농구는 더 많은 점수를 올리는 팀이 이기는 경기다. 팀의 점수는 경기에 출전하는 선수의 득점의 합과 같다. 따라서 평균 득점이 높은 선수를 모으면 경기를 이길 수밖에 없다는 논리였다.

2003-2004시즌에 39승 43패로 닉스는 정규 시즌을 마쳤다. 그 시즌은 동부 컨퍼런스 7위로 최소한 플레이오프에는 진출했다. 이때는 시즌 중간에 단장이 된 것이었기에 토머스의 본격적인 시작은 2004-

2005시즌부터였다. 토머스는 평균 16.4점을 기록하던 키스 반 혼을 이선 시즌 평균 17.7점을 기록한 자말 크로포드로 바꿨다. 또한 평균 5.6점을 기록하는 데 그친 7피트 2인치 센터 디켐비 무톰보를 내보내고 이전 세 시즌 평균 9.2점을 기록하던 6피트 7인치 포워드 말릭 로즈를 불러들였다. 닉스는 그 시즌에 33승 49패로 동부 컨퍼런스 12위에 그치며 플레이오프 진출에 실패했다.

다음 시즌에 토머스는 팀에서 이전 시즌 평균 득점 3, 4, 5위였던 팀 토머스, 알란 휴스턴, 커트 토머스를 모두 정리하고, 스티브 프랜시스, 재일런 로즈, 에디 커리를 불러들였다. 평균 득점 12점, 11.9점, 11.9점을 21.3점, 18.5점, 16.5점으로 바꾼 것이었다. 공교롭게도 세 선수의 평균 득점은 닉스에서 10.8점, 12.7점, 13.6점으로 눈에 띄게 하락했다. 닉스는 이 시즌을 23승 59패 동부 컨퍼런스 꼴찌라는 참담한 성적으로 끝냈다. 반면 닉스의 선수 연봉 총액은 리그 전체에서 제일 높았다.

2006-2007시즌은 단장이던 토머스가 감독까지 겸임하기 시작한 시즌이었다. 에디 커리가 커리어 하이를 기록하고 전년 시즌에 신인으로 뽑은 네이트 로빈슨, 데이비드 리 등이 분전한 덕분에 닉스의 성적은 33승 49패 동부 컨퍼런스 12위로 조금 나아졌지만 여전히 플레이오프와는 거리가 멀었다.

2007-2008시즌에 평균 득점에 집착하는 토머스의 병이 다시 도졌다. 그는 전년에 평균 23.6점을 기록한 파워 포워드 자크 랜돌프를 영입하면서 11.3점에 그쳤던 슈팅 가드 스티브 프랜시스와 9.5점의

후보 센터 채닝 프라이를 정리했다. 산술적 계산으로는 이득이었다. 그 시즌에 닉스에는 모두 6명의 선수가 평균 득점 10점 이상을 기록했고 자말 크로포드는 커리어 하이인 평균 20.6점을 올렸다. 그런데도 팀의 시즌 성적은 23승 59패, 뒤에서 두 번째로 도로 주저 앉았다. 시즌이 끝나자마자 닉스는 감독 겸 단장 토머스를 해고했다.

토머스가 끌어들인 평균 득점이 높은 선수들을 정리하는 일은 쉽지 않았다. 토머스를 해고하고 3년이 지난 2010-2011시즌이 되어서야 닉스는 겨우 플레이오프에 진출할 수 있었다.

숨지 말고
자신을 드러내라

이름을 남기지 못한 이들의 업적

북유럽의 가장 북쪽에 위치한 왕국 노르웨이는 오랜 시간 독립을 갈
망했다. 16세기 이래로는 덴마크-노르웨이의 일부였고 1814년부터
는 스웨덴-노르웨이의 일부였다. 노르웨이라는 이름이 국가명 뒤쪽
에 남아는 있었지만, 사람들은 덴마크나 스웨덴만을 떠올렸다. 그러
다가 1905년 러시아가 혁명과 러일전쟁 참패로 흔들거리던 바로 그
때 노르웨이 의회는 독립을 선언했다. 신생 독립국 노르웨이는 국민
의 자긍심을 높일 방법을 찾고 있었다.

세 가지 열쇠

노르웨이인에게 가장 익숙한 대상은 바로 추위와 극지방이었다. 20세기 초반 극지방은 모험가를 끌어들이는 자석과도 같았다. 노르웨이와 인접한 북극점은 1909년 미국인 로버트 피어리와 프레데릭 쿡이 각각 먼저 도달했다고 주장했다. 수십 년 후 피어리와 쿡 둘 모두 북극점에 도달하지 못했다는 증거가 제시됐으나 당시로서는 알 길이 없었다. 노르웨이의 국가적 관심은 이제 남극점으로 옮아갔다.

남극점은 북극점보다 더 어려운 상대였다. 무엇보다 한참 더 추웠다. 북극점이 여름에 평균 0도, 겨울에 평균 영하 40도라면 남극점은 여름에 영하 30도, 겨울에 영하 60도였다. 또 횡단해야 할 거리도 멀었다. 가령, 피어리 팀의 베이스캠프는 북위 83도에 위치한 캐나다 북단의 엘스미어섬에 있었다. 여기서 북극점까지는 편도 약 760킬로미터였다. 반면 대륙인 남극은 가장 근접한 기지가 남위 78도 정도였다. 즉 편도로 직선거리가 1300킬로미터가 넘었다.

1909년까지 남극점에 가장 근접한 나라는 영국이었다. 어니스트 섀클턴이 이끄는 팀은 1909년 1월 29일 남위 88.23도까지 진출했다. 156킬로미터만 더 가면 남극점이었지만 귀환할 때 식량이 모자란다고 판단한 섀클턴은 "죽은 사자보다 산 당나귀가 낫다"며 팀을 돌렸다. 덕분에 섀클턴의 영국 팀은 한 명도 잃지 않고 무사히 귀환했다.

뒤이어 영국은 아예 군인으로 팀을 짰다. 그중 한 명은 1901년부터 1904년 사이에 감행한 탐험에서 섀클턴과 함께 남위 82.17도에 도달한 적이 있었다. 1911년 11월 1일 영국 팀은 남극점을 목표로 남극 대륙의 베이스캠프를 출발했다.

노르웨이인들은 지고 싶지 않았다. 영국은 당시 전 세계에 식민지를 두고 있는 세계 최강국, 이름하여 '해가 지지 않는 나라'였다. 영국인은 강인하고 포기를 모르는 것으로도 유명했다. 노르웨이는 그러한 영국 팀보다 먼저 남극점에 도달함으로써 노르웨이인의 우수성을 세계에 알리고 싶었다.

남극 대륙을 종주하려면 두 가지가 특히 중요했다. 첫째는 식량이었다. 바다가 언 북극과는 달리 육지인 남극에서 종주 중간에 사냥으로 식량을 조달할 가능성은 없었다. 먹을거리가 될 수 있는 바다사자 등이 모두 바다에 사는 동물인 탓이었다. 즉, 남극점까지 왕복할 충분한 식량을 갖고 가야 했다. 그 무게는 사람이 직접 메고 갈 수 있는 수준을 넘었다. 둘째는 속도였다. 행진 속도가 빠르면 식량을 덜 가져갈 여지가 있었다. 또한 식량을 덜 가져갈수록 행진 속도도 빨라질 수 있었다.

노르웨이인들이 찾아낸 방법은 개 썰매와 스키의 조합이었다. 북극 지방에 사는 이누이트, 즉 에스키모의 이동 수단이 바로 개 썰매였다. 극지방에서 자란 허스키나 말라뮤트 같은 개는 추위에 강하고 힘도 셌다. 십수 마리의 개가 끄는 썰매는 300킬로그램 정도를 끌 수 있고 최대 시속 40킬로미터까지 속도가 났다. 또한 사람이 먹는 음식을 그대로 먹여도 됐고 사냥한 바다표범 등을 먹여도 무방했다. 따로 별도의 먹이를 준비할 필요가 없었다.

스키 또한 쓰임이 많았다. 여기서의 스키는 산을 활강해 내려오는 알파인 스키가 아닌 설원을 횡단할 때 쓰는 노르딕 스키였다. 사람이

스키를 타는 동안에는 개들이 덜 지쳤다. 높낮이가 있는 지역을 횡단할 때도 스키는 유용했다.

개 썰매가 유용한 또 하나의 이유는 바로 일종의 보험 역할을 했기 때문이다. 부상이나 병 등으로 적지 않은 개가 탐험 중에 죽었다. 죽은 개는 비상식량으로 비축할 수 있었다. 가지고 간 식량이 바닥나면 최후에는 개를 잡아서라도 연명할 여지가 있었다. 이러한 측면 때문에 영국인은 개 썰매를 혐오했다. 야만의 풍습이라는 것이었다. 노르웨이인은 그 생각에 동의하지 않았다.

노르웨이인들은 남극점 도달을 위해 드림 팀을 구성했다. 드림 팀에는 최상급의 개 썰매와 스키 스킬이 있었다. 그 외에 극지방 탐험에 유용한 스킬도 고루 갖췄다.

1876년생인 스베레 하셀은 원래 선원이었다. 오토 스베드르루프가 이끈 그린란드 일주 탐험에도 참가했던 하셀은 개 썰매 대회 우승자였다. 하셀은 한센과 함께 개 썰매를 모는 책임을 맡았다.

1873년에 태어난 올라프 비야알란드는 스키의 달인이었다. 노르웨이 스키 챔피언인 비야알란드는 1902년 홀멘콜렌 스키 페스티벌에서 금메달을 목에 걸었다. 1909년에는 최상위 스키 선수 여섯 명만 초대하는 프랑스 대회에 참가했다. 게다가 숙련된 목수기도 했던 비야알란드는 88킬로그램 무게의 썰매를 개조해 22킬로그램으로 줄였다. 줄인 만큼 식량을 더 싣거나 혹은 더 빨리 달릴 수 있었다.

1870년에 태어난 헬메르 한센은 원래 빙하 도선사였다. 도선사는 배의 항로를 안내하는 사람이다. 즉, 한센은 방위를 읽고 항로를 정하는 스킬을 가졌다. 그리고 1894년부터 4년 동안 북극해에서 고래와 바다표범을 사냥했다. 항법술과 사냥술은 둘 다 남극 대륙 종주에 긴요한 스킬이었다. 그뿐만 아니라 한센은 이누이트에게 개 썰매 모는 법을 수년 간 배웠다. 노르웨이 사람으로서 스키 스킬 역시 수준급이었다.

1871년에 출생한 오스카르 비스팅은 노르웨이 해군 포술 장교였다. 스키와 개 썰매 스킬은 보통이었지만 대신 사냥을 잘했다. 그는 바다표범 고기 비축에 크게 기여했다. 또 비스팅은 요리에 일가견이 있었다.

영국 팀의 선택은 달랐다. 그들은 개 썰매 대신 시베리아산 조랑말을, 스키 대신 설상차를 택했다. 조랑말이 개보다 더 무거운 짐을 끌수 있고 설상차가 스키보다 더 빠른 것은 사실이었다. 그러나 조랑말은 남극 대륙의 추위에 일찌감치 죽었고 설상차도 이내 망가졌다. 영국 팀은 대부분의 구간에서 사람이 직접 짐 썰매를 끌었다.

불굴의 군인 정신으로 무장한 영국 팀은 1912년 1월 17일 남극점에 도달했다. 하지만 행진 속도가 느렸던 탓에 식량이 바닥났다. 육군 대위 로렌스 오츠는 귀환길에 괴저와 동상으로 제대로 걸을 수 없게되었다. 오츠는 어느 날 밤 잠깐 바람을 쐬겠다며 텐트를 나가 돌아오지 않았다. 자신 때문에 행진 속도가 느려진 팀 동료 세 명을 살리기위한 고귀한 희생이었다. 그런데도 결국에는 셋 다 굶주림 속에서 얼어 죽었다.

노르웨이 드림 팀은 영국 팀보다 34일이 빠른 1911년 12월 14일에 남극점에 도달했다. 그리고 전원이 무사히 귀환했다. 원시적인 개 썰매와 스키는 현대적인 설상차를 압도했다. 출발 때 52마리였던 드림 팀의 개는 귀환 때 11마리로 줄었다. 죽은 개는 다른 개와 사람의 먹이로 쓰였다. 영국인들은 드림 팀의 개 썰매를 두고두고 비난했다. 누가 뭐라든 노르웨이인들은 드림 팀의 업적을 자랑스러워했다.

여러분 대부분이 짐작하듯이 위 이야기는 로알 아문센Roald Amundsen 과 로버트 스콧Robert Scott의 이야기다. 특히 아문센의 이름은 어릴 때 읽은 위인전 때문에 익숙할 것이다. 말할 필요도 없이 하셀, 비아알란 드, 한센, 비스팅은 드림 팀의 성공에 결정적인 역할을 했다. 그럼에도 우리는 오직 아문센의 이름만 기억한다. 물론 그것이 아문센만 중요 했다는 증거는 아니다. 누군가는 묻혀진 그들을 기억하기를 희망하면 서 이 책에 썼다.

살신성인한 오츠를 포함해 이름 없는 영국 팀원들에게도 경의를.

외향적인 사람이 더 성공한다?

사람의 성격과 성공의 관계는 단순하지 않다. 다양한 조합이 존재할 수 있다. 일례로, 외향적 성격과 내향적 성격을 비교해 보자. 상식적으 로는 외향적 성격이 성공과 가까운 듯하다. 자기 계발서들은 종류를 막론하고 성격을 외향적으로 바꾸라고 요구한다.

연구에 의하면 외향적 사람은 내향적 사람보다 평균적으로 더 많 은 돈을 번다. 지금까지 이야기해 왔듯이 돈은 성공을 측정하기에 불

RULE 6. 숨지 말고 자신을 드러내라

완전한 지표다. 그래도 우리 주변에서 승진을 비롯해 이른바 잘나가는 사람을 보면 대개 외향적이다 어쨌거나 통계적으로 외향적인 사람의 연봉이 그렇지 않은 사람보다 많다는 사실은 부인하기 어렵다.

외향적 성격이 더 성공하기 쉽다는 생각은 다음의 논리에 근거한다. 사람이 외향적일수록 네트워크가 크다. 아는 사람이 많은 만큼 끌어 줄 사람이 많고 '빽'도 셀 가능성이 크다. 즉, 네트워크의 힘 때문에 성공하기 쉽다는 설명이다.

외향성이 연봉에 미치는 영향을 엿볼 수 있는 흥미로운 변수 중에 술과 담배가 있다. 음주와 흡연 중 평균 연봉에 영향을 주는 행위가 있을까? 조사에 의하면 술을 마시는 사람은 마시지 않는 사람보다 평균 10퍼센트 연봉이 높다. 반면 담배를 피우는 사람의 연봉은 피지 않는 사람과 별로 차이가 없다. 술은 평균 연봉을 높이지만 담배는 아니다.

왜 그럴까? 주류 회사라면 술이 사람의 타고난 능력을 높인다고 이야기하고 싶겠지만 무리한 주장이다. 아마도 가장 그럴듯한 설명은 술과 담배가 소비되는 방식의 차이 때문이다. 혼자 잔을 홀짝이는 예외도 없지는 않으나 음주는 본질적으로 다른 사람들과 어울려 벌이는 행위다. 흡연은 그보다는 혼자 하는 행위에 가깝다.

얼마나 많은 사람들과 자주 어울리는가는 분명히 승진 등에 영향을 미친다. 노스캐롤라이나대학의 한 연구에 의하면 기업 매니저와 임원의 96퍼센트가 외향적 성격이다. 이들은 서로 누군지 알고 친하다. 이렇게 보면 무엇을 아는가보다 누구를 아는가가 더 성공에 중요한 요소처럼 보인다. 스킬보다는 네트워크라는 식이다.

외향적 성격 자체가 갖는 강점은 분명히 존재한다. 일반적으로 외향적인 사람은 내향적인 사람보다 더 행복하다. 이러한 차이는 외향적 성격의 소유자가 사람들과 어울릴 때만 나타나지 않는다. 혼자 있을 때도 더 그렇게 느낀다. 심지어 내향적인 사람이 억지로 외향적인 척할 때조차 그렇다. 외향적이 되라는 자기 계발서의 주문은 일리가 있다.

우수한 세일즈맨은 외향적이면서 내향적이다

그렇다면 내향성은 전반적으로 열등한 성격일까? 꼭 그렇다고 이야기할 수 없다는 것이 미묘한 점이다. 외향적인 성격이 문제가 되는 상황이 많기 때문이다. 또한 속담 중에 "조용한 쪽을 조심하라"는 말도 있다. 제대로 된 한 방은 조용한 쪽에서 터지기 십상이다.

먼저 외향적일수록 어떤 일에 숙달할 가능성은 낮아진다. 내향적 사람이라고 해서 외향적 사람보다 에너지가 부족하지는 않다. 겉으로 드러내지 않을 뿐이다. 광범위한 네트워크와 소통을 끊임없이 주고받는 데에는 적지 않은 에너지가 소모된다. 그만큼 무언가에 몰두할 에너지는 부족할 수밖에 없다. 외향적인 사람의 말은 내향적인 사람이 보기에 신호보다는 소음에 가깝다.

또 외향성은 여러 부정적인 측면과 상당한 상관관계를 보인다. 가령, 범죄, 불륜, 교통사고, 무모한 리스크 선호 등이 그 예다. 말하자면 외향적 성격의 적극성은 양날의 검과 같다. 잘 쓰면 약이지만 잘못 쓰면 독이다.

내향적 성격 자체가 갖는 강점도 있다. 최고 수준의 전문가는 대개 감정적으로 흔들리지 않는 내향적 성격의 소유자다. 여기에는 의외로 스포츠 선수도 포함된다. 세계 정상급 운동 선수의 90퍼센트가 스스로를 내향적이라고 분류한다는 조사 결과도 있다. 프로그래밍과 프로 테니스에서 대세를 거부하는 성격은 연봉과 서로 양의 상관관계를 보인다. 즉, 분야에서는 내향적 경향일수록 성공에 가까워진다.

팀을 이끄는 리더라면 외향적인 쪽이 더 나을 듯싶지만, 이마저도 꼭 그렇지는 않다. 팀의 구성원이 어떤 성향인가에 따라 다르다. 팀원이 수동적이라면 리더가 외향적인 쪽이 낫다. 반대로 팀원이 스스로의 동기 부여가 강한 쪽이라면 외향적인 리더는 팀원의 의욕을 오히려 꺾는다. 이럴 때는 내향적 리더가 더 어울린다. 즉, 팀원이 수동적인 아마추어면 외향적 리더가, 팀원이 능동적인 프로면 내향적 리더가 바람직하다.

그러면 왜 우리는 외향적인 성격이 좋다는 이야기만을 듣는 것일까? 이는 기본적으로 홍보의 문제다. 사람은 누구나 자기 자신을 합리화하려 든다.

한 가지 예를 들자. 1997년 미국의 《유에스 뉴스 앤드 월드 리포트 U.S. News & World Report》는 죽었을 때 천국에 갈 것 같은 사람을 조사했다. 당시 미국 대통령 빌 클린턴에 대해서는 52퍼센트의 응답자가 그럴 것 같다고 답했다. 클린턴보다 높은 퍼센트를 기록한 사람에는 마이클 조던과 테레사 수녀가 있었다. 이들은 각각 65퍼센트, 79퍼센트를 기록했다. 하지만 조던과 테레사 수녀보다도 높은 사람이 있었다. 바로 '나 자신'이다. 87퍼센트가 "예, 내가 천국 갈 것 같아요"라고 대답했다.

외향적인 사람들은 자신의 외향성을 장점으로 여긴다. 외향성을 문제로 여겼다면 성격을 바꿨을 테다. 그런 데다가 이들은 기본적으로 친구가 많고 많이 떠든다. 우리가 외향성의 장점에 대해 자주 듣게 되는 이유다. 그러나 외향성의 장점을 듣는 횟수의 많음은 전체 그림을 보여 주지 못한다.

사실 외향적인 사람과 내향적인 사람의 구분 자체가 작위적이다. 일방적으로 외향적인 사람도, 일방적으로 내향적인 사람도 드물다. 대부분의 사람은 역할과 상황에 따라 외향적이 되기도 또 내향적이 되기도 한다. 잘 믿기지 않겠지만 최고의 세일즈맨은 외향성과 내향성을 골고루 갖추고 있다. 사람들에게 접근할 때는 외향성이, 사람의 속마음을 알아챌 때는 내향성이 요긴하다.

성공이 학교 성적순이 아닌 이유

학교 성적과 성공과의 관계도 복합적이다. 일반적으로 우등생은 직업적으로 성공하기는 쉽다. 공부 잘하면 이른바 좋은 학교에 가고 좋은 직장에 들어갈 가능성이 크다. 그러나 그러한 경로는 최상의 성공과는 거리가 있다. 새로운 미래를 개척하는 일도 우등생의 영역은 아니다. 우등생은 대개 기존 시스템에 안주하는 경향이 있다.

우등생이 작게는 성공할지언정 크게 성공하지 못하는 이유는 크게 두 가지다. 하나는 학교 자체의 성격 때문이고, 다른 하나는 학교가 선호하는 학생의 유형 때문이다.

학교는 본질적으로 체계화된 시스템이다. 즉, 학교는 자체의 시스템을 학생들에게 강제한다. 모든 사람이 강제화된 시스템에 동일한 수준으로 순응하지는 않는다. 순응하지 않는 학생은 좋은 평가를 받기 어렵다. 학교 성적과 상관관계가 높은 성격은 성실성과 절제력 등이다. 결국 학교 성적은 지적 스킬의 측정이기보다는 시스템에 대한 순응 정도에 가깝다.

또한 학교는 제너럴리스트인 학생을 선호한다. 스페셜리스트는 아주 특별한 경우가 아니라면 선호하지 않는다. 한 가지를 특출나게 잘하는 쪽보다는 여러 가지를 적당히 잘하는 쪽이 우등생이다. 예를 들면, 공룡에 꽂혀 하루 종일 공룡만 파고 드는 학생은 성적이 좋을 수 없다. 그런 이들의 몰입과 경험은 거의 인정받지 못한다.

아이러니하게도 실제 세계는 학교와 정반대로 작동한다. 물론 여기서 '실제 세계'는 시장 차원의 이야기다. 시장에서 모든 것이 무난한 제품은 글자 그대로 평범한 제품이다. 그런 제품을 좋다고 사는 경우는 흔치 않다. 그보다는 뭔가 강렬한 특징이나 장점이 있는 쪽이 선택된다. 기업도 마찬가지다. 여러 분야를 골고루 시도하는 기업이 하나에만 집중하는 기업을 압도했다는 이야기를 들어본 적이 있는가? 아마 없을 것이다. 반대의 경우는 무궁무진하다.

실제 세계에서도 학교와 비슷하게 돌아가는 곳이 있기는 하다. 바로 회사, 혹은 수직적인 위계를 갖춘 모든 조직이다. 회사에서 인정받는 방법은 학교에서 우등생이 되는 방법과 본질적으로 다르지 않다. 체제에 순응하고 두루 무난한 쪽이 승진한다. 한 가지에 집중하느라 주변을 불편하게 만드는 이는 소리 소문 없이 배척한다.

그래서 우등생은 대기업이나 공무원 등을 목표로 한다. 그들에게 익숙한 환경이기 때문이다. 이들의 목표는 임원으로 퇴직하거나 혹은 1급으로 퇴직하는 것이다. 《부자 아빠 가난한 아빠》의 저자 로버트 기요사키Robert Kiyosaki는 이를 두고 《왜 A학생은 C학생 밑에서 일하게 되는가 그리고 왜 B학생은 공무원이 되는가Why 'A' Students Work for 'C' Students and Why 'B' Students Work for the Government》라는 책을 썼다. 미국의 백만장자 700명 이상을 대상으로 한 조사에 의하면 이들의 학부 학점 평균은 2.9다. 억만장자의 상당수는 아예 학교를 중간에 그만뒀다.

모난 돌이 돌 맞는다? 가만히 있으면 반은 간다?

이쯤에서 성공에 이르기 위한 여섯 번째 규칙을 이야기하자. 바로 "숨지 말고 자신을 드러내라"다. 그룹에 묻히지 말고 여러분의 존재를 세상에 각인시키라는 뜻이다. 다른 사람이 여러분의 진가를 저절로 알아봐 줄 거라고 착각하지 말고 "이게 나요!"하고 표현하란 의미다. 울지 않는 아기는 우유를 얻지 못한다.

이 여섯 번째 규칙에는 두 가지 반론이 있을 수 있다. 하나는 '튀는 놈은 돌 맞는다'는 반론이다. 다른 하나는 '입 다물고 있는 쪽이 유리하다'는 반론이다. 어느 쪽이든 결론은 하나다. 자신을 드러내지 말고 숨죽이고 있으라는 조언이다. 특히 한국에서는 이와 같은 조언이 상식에 가깝다.

이런 반론을 좀 더 자세히 살펴보자. 튀는 놈이 돌을 맞는 이유는 무엇일까? 바로 보스의 심기를 건드리기 때문이다. 조직 안에서 관리자나 보스가 제일 경계하는 존재가 바로 자신보다 뛰어난 부하다. 그런 부하가 자신의 상사 눈에 띄면 자신을 대치할지 모른다고 걱정한다.

스탠퍼드대학의 제프리 페퍼Jeffrey Pfeffer는 조직 내 사람 관계에 대한 전문가다. 페퍼에 의하면 세상은 결코 공평하지 않다. 보스를 거슬리지 않고 기분 좋게 만들어 주기만 하면 부하의 성과는 그다지 중요하지 않다. 반대로 보스를 화나게 하면 아무리 성과가 좋아도 소용이 없다. 보스를 가장 화나게 만드는 방법은 바로 보스를 능가하는 뛰어난 성과를 보이는 것이다.

스킬에 집중하는 사람은 그래서 실수를 범한다. 스킬에 의존해 뛰어난 성과를 보이면 자신의 보스가 기뻐할 것이라는 합리적 생각을 한다. 성과가 적당히 좋다면 괜찮을 수도 있다. 하지만 너무 좋으면 팽당한다. 보스는 사실 전혀 합리적이지 않다. 조직의 상층부로 올라갈수록 합리와 더욱 멀어진다. 보스가 원하는 일은 성과가 아니라 아부다. 조직에서 아부는 너무나 강력하고 중요하다.

인간의 본성이 무엇이냐는 질문은 대답하기 어렵다. 간접적인 해답을 얻을 수 있는 한 가지 방법은 바로 컴퓨터와 인간을 구별할 수 있는가다. 제2차 세계대전 때 독일군 암호를 푸는 데 기여한 앨런 튜링

Alan Turing은 이른바 튜링 테스트Turing Test를 제안했다. 튜링 테스트 참가자는 두 대의 모니터와 채팅을 수행한다. 하나는 진짜 사람이고 다른 하나는 인공 지능 컴퓨터다. 채팅을 나눈 일반인이 어느 쪽이 컴퓨터인지 구별할 수 없다면 인공 지능은 사람에 준한다.

뢰브너상Loebner Prize은 가장 인간에 근접한 대화를 나눈 인공 지능에게 주는 상이다. 달리 말하면 튜링 테스트를 통과한 컴퓨터를 찾는 대회다. 이 대회에는 비공식이지만 사람에게 주는 상도 있다. 채팅에 응한 인간 중 가장 인간 같은 느낌을 준 사람이 수상자로 선정된다. 1994년 대회의 수상자는 영국인 작가 찰스 플랫Charles Platt이었다. 그와 채팅을 나눈 일반인들은 "감정의 기복이 크고, 짜증을 잘 내며, 아주 불쾌한" 채팅 상대였다고 평가했다. 성격적 결함이 상대방을 가장 인간처럼 느끼게 한다는 불편한 증거다.

말을 아끼는 쪽이 낫다는 반론에도 일리는 있다. 지나치게 많은 말은 스스로를 옥죄는 결과를 가져온다. 기원전 1세기의 로마인 푸블릴리우스 시루스Publilius Syrus는 "나는 종종 내 연설을 후회하지만 내 침묵을 후회한 적은 없다"고 했다.

캘빈 쿨리지Calvin Coolidge는 말을 줄여서 성공한 대표적 예다. 변호사 시절 쿨리지는 과묵하기로 유명했다. 사람들은 남의 말을 듣기만 하고 침묵하는 쿨리지를 신뢰하면서도 동시에 두려워했다. 쿨리지에게는 점점 권력이 생겼다. 1921년 윌리엄 하딩의 러닝메이트로 미국 부통령이 된 쿨리지는 1923년 하딩이 급사하자 대통령이 되었다.

쿨리지의 전설적인 과묵함을 보여 주는 한 가지 사례가 있다. 워싱턴 사교계의 수다스러운 여자가 만찬에서 쿨리지 옆자리에 앉았다. 그녀는 "오, 당신과 오늘 많은 이야기를 나눴으면 좋겠어요. 글쎄, 내 친구와 내기를 했지 뭐예요. 내가 당신으로부터 두 단어보다 더 많이 들을 수는 없을 거라나요." 쿨리지는 쿨하게 대답했다. "당신이 졌소 You lose."

세상은 당신의 진가를 저절로 알아보지 않는다

위의 두 가지 설득력 있는 반론에도 불구하고 숨지 말고 자신을 드러내라는 이유는 무엇일까? 여기에도 역시 두 가지의 이유가 존재한다.

첫 번째 이유부터 이야기하자. 숨지 말고 자신을 드러내야 하는 이유는 그러는 만큼 여러분의 성공 가능성이 더 올라가기 때문이다. 달리 말해 아무리 뛰어난 스킬을 갖고 있어도 적절한 방식으로 드러내지 않으면 아무도 알아보지 못한다.

예를 하나 들어 보자. 1967년에 태어난 조슈아 벨Joshua Bell은 현재 활동 중인 바이올리니스트 중 세계 최정상급의 연주자다. 15세에 리카르도 무티가 지휘하는 필라델피아 오케스트라와 협연을 한 벨은 18세에 카네기 홀에 데뷔했다. 활발한 연주 활동과 음반 녹음으로 명성을 쌓은 그는 머리 페라이어, 요요 마, 사라 장 등이 수상한 에이브리 피셔상Avery Fisher Prize을 2007년에 받았다. 이 상을 수상했다. 벨은 2011년부터 명망 높은 체임버 오케스트라인 아카데미 오브 세인트 마틴 인 더 필즈의 음악 감독으로도 활동 중이다.

《워싱턴포스트》의 진 바인가르텐Gene Weingarten은 벨에게 이례적인 제안을 했다. 아침 출근 시간에 지하철역에서 바이올린을 연주해 달라는 요청이었던 바, 여기에는 한 가지 조건이 있었다. 연주회 때 입는 연미복 같은 눈에 띄는 복장을 하지 말고 그냥 평범한 옷을 입어 달라는 주문이었다. 즉, 별 볼 일 없는 거리의 악사처럼 입고 연주를 해 달라는 이야기였다. 과연 그랬을 때 마에스트로의 연주를 얼마나 많은 사람이 눈치채는지 알아보려는 실험이었다. 재미있는 실험이라 여긴 벨은 흔쾌히 제안을 받아들였다.

2007년 1월 12일 오전 8시, 야구 모자에 허름한 복장을 한 연주자가 워싱턴 DC 지하철 랑팡 플라자역에 나타났다. 얼굴을 마스크로 가리거나 하지는 않았다. 연주자는 바하 무반주 파르티타 등 난이도가 높지 않은 곡을 연주했다. 처음 3분간 63명은 쳐다도 보지 않고 지나쳤다. 64번째로 지나간 여자가 벨에게 다가왔지만 1달러를 바이올린 케이스에 던지고는 곧바로 떠났다. 그녀는 벨을 알아보지는 못했다.

이날 벨의 총수입은 32.17달러였다. 연주가 진행된 43분간 총 1,097명의 사람이 벨 옆을 지나갔다. 그중 3퍼센트에 못 미치는 27명이 돈을 줬지만 그들 모두가 연주를 들은 것도 아니었다. 잠깐이라도 멈춰 서서 연주를 들은 사람은 모두 일곱 명이었다. 벨을 제대로 알아본 사람은 딱 한 명이었다. 너무 놀란 그녀는 20달러 지폐를 미안해하며 케이스에 넣었다. 즉, 나머지 26명의 평균 기부액은 50센트가 채되지 않았다.

혹시라도 벨이 그냥 그런 연주자여서 그럴까 생각할지도 모르니 좀 더 부연 설명하도록 하자. 벨이 2004년 소니와 낸 음반 〈바이올린 로망스Romance Of The Violin〉는 빌보드 고전 음악 1위에 올랐고 장르를 망라한 빌보드 200에도 이름을 올렸다. 벨의 바이올린은 1713년에 제작된 스트라디바리우스다. 그가 사용하는 활도 18세기 후반의 프랑수아 투르트 작품이다. 지하철역에서 연주하기 3일 전 벨이 보스턴 심포니와 가진 협연은 100달러가 넘는 가격임에도 모두 매진되었다. 9일 협연에서도 12일 지하철역에서도 조슈아 벨은 스트라디바리우스로 연주를 했다.

위 이야기의 시사점은 무엇일까? 조슈아 벨이 수십억 원을 호가하는 스트라디바리우스를 가지고도 하지 못한 일을 할 수 있는 사람은 극히 드물다. 없다고 봐도 전혀 무리가 아니다. 즉, 제대로 된 방식으로 자신을 드러내지 않으면 벨조차도 그냥 묻히고 만다. 세상은 여러분의 진가를 절대로 저절로 알아차리지 못한다. 나 여기 있다고 여러분이 있는 힘껏 소리를 질러도 들을까 말까다. 바늘에 찔려 잠든 공주에게 왕자가 제 발로 나타나 키스할 가능성은 동화가 아니라면 제로다.

아직도 반신반의할 사람들을 위해 다른 사례 한 가지를 더 이야기하자. 4장에서 네트워크가 콩쿠르의 심사에 어떤 식으로 작용하는지를 살펴봤다. 그런데도 여전히 콩쿠르 참가자의 피아노 스킬이 성적을 좌우한다는 믿음이 있을 수 있다. 콩쿠르는 기본적으로 얼마나 훌륭한 연주를 하는가를 평가하는 대회다. 연주란 소리가 전부 다여야 할 듯싶다. 그렇기에 소리만 듣고 평가하든 혹은 영상과 소리를 동시에 보고 들으며 평가하든 결과는 같아야 마땅하다.

런던대학의 치아중 차이Chia-Jung Tsay는 바로 이 마땅함이 실제로 성립하는지를 조사했다. 차이는 이 주제에 대해 일반인보다 더 내밀한 내용을 연주자로서, 또 연구자로서 경험해 왔다. 그녀는 줄리어드 음악학교에서 피아노로 디플로마를, 존스홉킨스대학의 피바디 컨서바토리에서 피아노로 석사를 받았고, 카네기홀, 링컨센터, 케네디센터 등에서 연주회를 가졌다. 또 차이는 줄리어드와 피바디 사이에 하버드대학에서 심리학으로 학부를 마쳤고, 같은 대학에서 심리학과 음악 두 분야의 박사 학위를 각기 받았다.

차이의 연구에 의하면 세 명의 콩쿠르 참가자의 연주를 소리만 들려준 경우 사람들은 일반적으로 25퍼센트의 확률로 승자를 골라냈다. 이러한 확률은 무작위 선택보다도 낮은 결과였다. 반면 영상과 소리를 같이 접한 사람들의 확률은 적어도 무작위보다는 높았다. 이는 사람들이 콩쿠르 심사를 할 때 소리만 듣고 평가하지 않는다는 증거였다. 중국인 피아노 연주자 랑랑은 이런 쪽의 좋은 예다. 그의 인기는 소리보다는 과장된 몸짓에 기인하는 바가 크다.

사실 위 이야기는 완전히 새로운 이야기가 아니다. 우리는 이미 바디 랭귀지의 중요성을 익히 알고 있다. 우리를 설득하려는 사람에게 우리가 호감을 가질지는 세 가지 요소에 달렸다. 첫째는 말의 내용이요, 둘째는 말하는 목소리요, 셋째는 말하는 몸짓이다. 셋 중 무엇이 가장 중요할까?

캘리포니아대학 로스앤젤레스 캠퍼스(이하 UCLA)의 앨버트 머레이비언Albert Mehrabian에 의하면, 설득에 있어 내용은 고작 7퍼센트로 중요성이 가장 떨어진다. 목소리는 38퍼센트로 그다음이다. 가장 중요한 요소는 55퍼센트인 몸짓이다. 대화에서 청각보다 시각에 더 반응하는 비율이 약 1.5배 높음을 감안하면 시각 정보가 콩쿠르 결과에 어느 정도 영향을 준다는 사실은 이해할 만하다.

좀 더 충격적인 결과는 그다음에 이어진다. 차이는 아예 소리를 없애고 영상만 보여 주는 실험도 했다. 이를테면 소리 없이 랑랑의 연주 모습을 보여 주는 셈이었다. 이 경우 승자를 골라낼 확률은 50퍼센트로서 영상에 소리를 더한 경우보다 더 높았다. 이는 일반인이든 혹은 전문가든 차이가 나지 않는 일관된 결과였다. 즉, 콩쿠르의 성적 예측에 소리는 오히려 방해 요소였다. 다소 슬프지만 뭔가 튀는 행동을 해서라도 눈에 띌 필요가 있다는 뜻이다.

당신을 그림자에 들게 만들 동행을 얻지 마라

숨지 말고 자신을 드러내야 하는 두 번째 이유는 팀과 관련된 문제다. 5장에서 이야기했듯이 팀의 성공에는 다양한 구성원이 필수다. 하지만 막상 팀이 성공하고 나면 그 성공의 영광을 한 사람만 누린다. 이 장 서두에 나온 노르웨이 드림 팀의 아문센이 대표적인 예다. 네트워크가 누군가를 영웅으로 만드는 과정은 별로 공평하거나 합리적이지 않다. 그 과정에서 마땅히 기억되어야 할 적지 않은 사람들의 공이 잊혀지고 묻힌다.

그룹의 성공에 생각보다 스타의 기여는 크지 않다. 그것을 크다고 느끼는 것은 우리의 인지적 한계일 뿐이다. 게으른 인간의 뇌는 수많은 데이터를 한두 가지의 특징으로 단순화하길 좋아한다. 단지 기억하기 쉽기 때문이다.

오케스트라를 예로 들어 보자. 연주회를 들으러 갈 때 누가 지휘했는가를 따지는 경우가 있다. 물론 지휘자마다 스타일의 차이는 존재한다. 그 차이는 생각만큼 크지 않다. 그보다는 오케스트라의 구성원 한 명 한 명이 누구인가가 사실 더 중요하다.

거장 예프게니 므라빈스키나 마리스 얀손스가 지휘한다 하더라도 동네 오케스트라가 지휘자 없는 비엔나필하모닉보다 더 나은 소리를 낼 수는 없다. 지휘자의 영향이 없다는 이야기는 결코 아니다. 다만 지휘자도 전체의 일부라는 이야기다. 그런데도 우리는 지휘자만 기억한다. 오케스트라의 멤버가 누군지는 알지 못한다.

과학도 사정은 비슷하다. 과학 연구를 외로운 천재가 홀로 수행하는 작업이라고 생각하기 쉽다. 그런 낭만적 모습은 19세기까지는 사실이었다. 21세기인 지금은 전혀 사실이 아니다. 오늘날 연구의 모든 작업은 팀에 의해 이뤄진다. 그런데도 연구의 공적은 지도 교수나 혹은 유명 과학자가 거의 독점한다. 대학원생이나 상대적으로 덜 유명한 연구자의 이름은 대개 무시된다.

여러 명이 논문을 같이 썼을 때의 문제는 심각하다. 일례로, 대니얼 카너먼과 아모스 트버스키가 공저한 논문에서 둘 사이의 우열을 가리는 일은 터무니없다. 하지만 일반인은 제일 앞에 나오는 저자의 기여가 훨씬 크다고 간주한다. 이는 분야에 따라 완전히 틀린 이야기다. 가령, 물리 분야에서 저자의 순서는 성의 알파벳 순을 따르는 것이 관습이다. 또한 생문 분야에서 팀의 리더는 대개 맨 뒤에 위치한다.

연구자가 여자일 때 이 문제는 더욱 악화된다. 경제학 분야를 예로 들자. 일반적으로 단독 저자 논문을 한 편 쓰면 종신직 교수가 될 가능성이 8퍼센트 정도 올라간다. 이 확률은 성별에 따른 차이가 없다. 반면, 여자가 누군가와 공저를 하면 종신직 교수가 될 확률이 오히려 떨어진다. 남자는 단독 저자만큼은 아니지만 약간 확률을 높인다. 이를 합쳐 보면 통계적으로 여자 경제학 교수는 남자에 비해 종신 계약을 하지 못할 확률이 2배 높다.

위 결과는 아이러니하다. 5장 뒷부분에서 이야기했듯이 팀에 여자가 포함되면 집단 지능이 올라간다. 팀에 여자가 있을 때 성과가 좋아진다는 결과는 한둘이 아니다. 다시 말해 팀 성과는 좋아지지만 팀원인 여자는 그 성과를 누리기는커녕 오히려 뺏긴다.

팀의 성공에 대한 인정은 실제의 기여에 기반하지 않는다. 그보다는 네트워크의 인식에 달렸다. 누군가가 크레딧을 받는 일은 실제로 그가 무슨 일을 했는가와 별로 상관이 없다.

그러면 우리는 어떻게 해야 할까? 공을 고스란히 뺏길까 봐 팀 합류를 거부하기는 지나치다. 그렇다고 자신을 드러내려는 노력을 중지할 수는 없다. 유명인 밑에서 일하는 경우가 특히 까다롭다. 장점도 있지만 장기적으로는 발목을 잡을 가능성이 크다. 어느 시점에 홀로 서기를 감행하지 않으면 영원히 누군가의 보조 취급을 받기 십상이다. 1장에 나온 발타사르 그라시안은 "당신을 그림자에 들게 만들 동행을 결코 얻지 말라"고 썼다.

미국의 유일무이한 황제가 된 사나이

극적인 방식으로 자신을 드러낸 한 사람의 이야기로 이번 장을 마치자. 이 사람의 인생이 성공이라는 뜻은 아니다. 하지만 네트워크에 흔적을 남기는 데는 성공했다. 그 흔적이 의미가 있을지는 아래 이야기를 다 읽고 나서 판단해도 늦지 않다.

1818년 미국 샌프란시스코에서 태어난 그는 1849년 골드러시 때 한몫 잡았다. 그러다 1852년 대규모 투기에 실패하면서 전 재산을 날렸다. 투기를 무효화하려는 소송마저 실패로 돌아가면서 1858년 개인 파산을 신청했다. 그는 사실상 무일푼이 되었다. 이런 사연은 샌프란시스코에서 흔한 편이었다.

1859년 9월 17일, 그는 샌프란시스코의 여러 신문사에 편지를 보냈다. 자신이 "미국의 황제임을 선포"하는 내용이었다. 그는 당당하게 미국의 모든 의원이 다음 해 2월 1일까지 샌프란시스코로 와 자신의 명령을 받들고 관련된 헌법을 수정하라고 주문했다. 의원들이 꿈쩍도 하지 않자 미합중국 육군총장에게 의사당에 모인 모든 의원을 쫓아내라고 명령했다. 한마디로 미친 소리였다.

그런데 한 신문사가 그의 편지를 흥미거리 기사로 실었다. 일확천금을 좇아 전 세계에서 모여든 샌프란시스코 주민들은 이를 일종의 놀이로 여겼다. 얼마 후 그는 미국의 황제 옆에 '멕시코의 수호자'라는 호칭을 추가했다. 그는 낡은 미군 대령 복장으로 황제의 위엄을 드러내며 날마다 샌프란시스코 시내를 순시했다.

이런 식의 제정신이 아닌 사람이 그만 있지는 않았다. 프레더릭 쿰스라는 사람은 자신이 "부활한 조지 워싱턴"이라고 주장했다. 당시 샌프란시스코 언론은 쿰스를 미국 황제만큼의 비중으로 다뤘다. 쿰스 자신도 미국 황제를 자신의 라이벌로 여겼다.

과대망상증 환자의 해프닝으로 끝날 일이 예상 외의 길로 가게 된 계기는 그가 계속해서 내보낸 포고문이었다. 그는 10월 12일, 미국 의회 해산을 선포했다. "(의회의) 사기와 부패가 대중의 공정하고 적절한 의견 표현을 가로막고 있으며, …… 정당들과 정치적 분파들의 부당한 영향력 때문에 법의 공공연한 위반이 상시적으로 발생하고 있다"는 이유였다. 당시는 미국의 남부와 북부 간 갈등이 계속 첨예화하던 시기였다. 이후 종파 간 분쟁의 중지, 국제 연맹의 창설, 중국인 이민자 대상의 폭력 금지 등을 포고했다.

사람들은 점점 그를 존중하게 되었다. 1867년 한 사립 경찰이 그를 체포하자 온 시민이 들고일어났다. 당황한 샌프란시스코 경찰청장은 공식 사과문과 함께 그를 무죄 방면했다. 그는 우아하게도 자신을 체포한 경찰의 사면을 허여했다. 식당과 은행은 자발적으로 그에게 세금을 납부했다. 그는 끼니를 해결하는 데 필요한 이상의 세금을 받지 않았다.

1880년 1월 8일 저녁, 길거리에서 갑자기 쓰러진 그는 병원으로 이송 중 숨졌다. 다음 날 거의 모든 샌프란시스코 언론은 그의 부고를 실었다. 이틀 후의 장례식에 약 1만 명의 사람이 모여들었고, 장례 행렬의 길이는 5킬로미터에 달했다. "세상의 여느 황제와 달리 누구의 피도 흘리게 하지 않았고, 아무것도 훔치지 않았으며, 어떤 나라도 약탈하지 않은" 자칭 미국 황제는 그렇게 생을 마쳤다. 그리고 100년 넘게 지난 지금도 네트워크는 그의 이야기를 기억하고 있다.

미국 최초의 황제이자 최후의 황제의 본명은 조슈아 노턴Joshua Norton이었다.

RULE 6. 숨지 말고 자신을 드러내라

성공할 때까지
몰입해 버티라

어느 수학 덕후의 억울한 사연

어렸을 때부터 내가 좋아한 과목은 수학, 음악, 역사 세 가지였다. 다른 과목을 못하거나 싫어하지는 않았다. 한자를 싫어하기는 했다. 아무 이유 없이 외우는 것이 싫었다. 중학교 때 한문 선생님과는 뭔가 맞지 않았다. 이를테면 그녀는 숙제를 묶는 끈을 리본으로 묶었다고 반 전체가 보는 앞에서 심하게 혼을 냈다. 성의를 보이려던 내 순수한 시도는 무참히 짓밟히고 말았다.

얼차려와 몽둥이질이 난무하는 거친 남자 중학교에서 남녀 공학

고등학교로 진학하자 다른 세상이 펼쳐졌다. 원래 여고였던 곳이 내가 입학할 시점에 공학으로 바뀌었다. 선배가 모두 누나들이었다. 같은 교정에는 여중과 여상도 있었다. 약 5000명의 여학생이 생활하는 환경에 새로 남학생 540명이 던져진 셈이었다. 우리는 일종의 원숭이 취급을 받았다. 특히 여학생들은 남학생들의 군사 교육, 즉 교련 수업을 신기해했다.

다른 건 몰라도 수학만큼은 누구에게도 지고 싶지 않았다. 내가 얼마나 잘할 수 있는지 시험해 보고 싶은 마음도 있었다. 학교에는 일 년에 한 번 수학 경시대회가 있었다. 여기서 1등을 하면 서울시 대회에 학교 대표로 나갈 수 있었다. 나는 다른 학교 대표들과 한번 겨뤄 보고 싶었다.

학교의 정규 고사는 내팽개친 채 경시대회를 준비했다. 고1짜리가 아무도 시키지 않는 공부를 스스로 한 셈이었다. 당시에 나와 있던 모든 고1 수준 문제집을 사서 풀었다. 더 이상 뭘 공부해야 할지 모를 단계까지 갔다. 정규 수업을 빠질 수는 없었기에 학교는 경시대회를 오전 7시 반부터 한 시간 동안의 시험으로 치렀다.

드디어 시험 날이 닥쳤다. 여유 있게 오전 7시쯤 학교에 도착해 몸을 풀다가 기겁했다. 그날 오전에 학교의 공식적인 교련 사열이 예정되어 있었다. 인근 예비군 부대 지휘관이 직접 검열하는 행사였다. 반장이었던 나는 앞에서 사열을 지휘해야 했다. 그런데 교련복을 갖고 오지 않았다. 집까지는 편도로 20분 정도 걸렸다. 시험을 보러 들어가면 교련복을 갖고 올 방법이 없었다. 교련복을 갖고 오려면 시험을 포기해야 했다. 기가 막힌 상황이었다. 울음조차 나오지 않았다.

결국 시험을 포기했다. 교련 사열을 사복 입고 한다는 것은 있을 수 없는 일이었다. 교련복을 가지러 집으로 가면서 스스로를 다독인 말은 "2학년 때 다시 보면 돼"였다. 그렇게 교련복을 갖고 왔다. 그날 교련 사열은 알 수 없는 이유로 연기됐다.

2학년이 되었다. 이를 악물었다. 이번에는 고3 수준까지 모든 문제집을 섭렵했다. 그러고도 성에 안 차 헌책방을 돌아다니며 옛날 문제집까지 구해 풀었다. 집에서 버스로 30분 거리에 있는 재수생 단과반 학원 수업도 들었다. 별로 배우는 것도 없이 몸만 힘들어 중간에 그만뒀다. 지금 하라고 해도 그때보다 더 준비할 방법은 없었다. 비장한 각오로 시험에 임했다. 이번에는 교련 사열도 겹치지 않았다.

결과는 1등이었다. 정말 기쁘고 나 자신이 대견했다. 서울시 대회를 기다렸다. 어차피 더 공부할 내용은 없었다. 참가에 그칠지라도 충분했다.

기가 막힌 일이 벌어진 것은 그다음이었다. 학교는 내가 아닌 2등을 대회에 내보냈다. 나 대신 나간 여학생 동기는 빈손으로 돌아왔다. 나중에 학력고사에서 전국 여자 20등을 하고 서울대학 의대에 진학한 그 친구는 물론 공부를 잘했다. 하지만 수학만큼은 내가 더 나았다. 학교는 의견이 달랐다. 그렇게 결정할 것이라면 도대체 경시대회는 무슨 목적으로 치렀는지 묻고 싶었다. 어린 나이인지라 한번 따지지도 못했다.

그나마 다행이랄까, 정 떨어진 대상은 학교였지 수학은 아니었다.

수학을 좋아하는 성향이 어디 갈 리는 없었다. 대학에 가서도 또 대학원에서도 수학은 언제나 가장 좋아하는 과목이었다. 나중에 박사 과정 때 취미로 읽은 수학책 덕분에 투자은행에서 일하게 되었다. 그만하면 됐다 싶다. 요즘도 수학은 즐겨 읽는 책 주제 중 하나다.

올라가긴 어렵지만 내려오기는 쉽다

1장에서 운, 스킬, 네트워크의 세 가지 중 직접 가질 수 있는 유일한 열쇠는 스킬이라고 했다. 스킬은 재능 곱하기 훈련이다. 그런데 재능은 선천적이다. 재능은 태어나 보니 아빠가 김 씨인 일과 같다. 즉, 이는 다시 운의 소관이다.

물론 오랜 훈련을 통해 재능 자체가 발전하는 경우도 있다. 그 또한 오랜 훈련이 없었다면 불가능했을 일이다. 정확하게 말하면 스킬에서 개인이 어떻게 할 수 있는 부분은 훈련뿐이다. 훈련을 노력이라고 이해해도 좋다. 혹은 버티기라고 생각해도 된다. 뭐라고 부르든 본질은 같다.

훈련, 노력, 버티기는 두 가지 공통점을 갖는다. 하나는 괴로움을 감수하려는 의지다. 다른 하나는 생각이나 말에 그치지 않고 직접 몸을 고생시킨 시간이다. 둘 중 하나가 부족하면 소용이 없다. 이건 누가 시켜서 될 일이 아니다. 내가 원해서 해야 한다. 그리고 오래 해야 한다. 2장에 나온 1만 시간의 법칙이 시사하는 바는 분명하다. 1만 시간 정도 투여하기 전에 무언가에서 경지에 오를 일은 거의 없다는 뜻이다.

훈련을 택하는 일과 회피하는 일 사이의 관계는 선과 악의 관계를 닮았다. 선은 드물고 악은 범람한다. 아무것도 하지 않기는 쉽다. 지옥으로 내려가는 일도 쉽다. 뭔가를 하려는 것은 어렵다. 어려운 것을 참고 계속하려면 더욱 어렵다. 천국으로 가는 일 또한 어렵다. 타락이 승천보다 쉽다는 것은 누구라도 안다. 당연히 노력의 부재가 노력의 지속보다 쉽다.

악은 선보다 강한 듯하다. 악을 택하는 쪽이 쉬운 데다가 또 당장은 이익처럼 느껴진다. 선의 현현에는 시간이 걸린다. 그렇게 모두가 악을 택하면 어떻게 될까? 《12가지 인생의 법칙》을 쓴 조던 피터슨에 의하면 몰도바 같은 나라가 되어 버린다. 경상도보다 약간 넓은 면적을 가진 몰도바는 루마니아와 우크라이나 사이에 위치해 있다. 원래 루마니아의 일부였던 몰도바는 1940년 소련에 강제로 병합되었다가 소련 붕괴 후 독립했다.

몰도바에서는 모두가 자기 자신의 이익만을 추구한다. 그 결과 어느 누구도 믿을 수 없다. 일례로, 몰도바 사람들은 아무리 아파도 병원에 가기를 꺼린다. 병원비 때문이 아니다. 의사의 스킬을 믿을 수 없어서다. 독립 후 자본주의가 들어오면서 거의 모든 학생이 선생에게 뇌물을 주기 시작했다. 뇌물의 제공과 수취는 발각되지 않는 한 경제적으로 합리적인 행위다. 약 35세 이하인 의사의 면허는 뇌물의 결과일 가능성이 매우 컸다. 악한 행위는 전염성이 강하다. 누군가 시작하면 곧 전체에 퍼진다.

버티기에 반하는 3가지 원리

이번 장에서 하고 싶은 이야기가 통념적인 훈련과 노력이 아니다. 그런 이야기를 하는 책은 이미 너무나 많다. 오랜 훈련은 스킬 연마에 피할 수 없는 관문이다. 그보다는 버티기 쪽이 이번 장의 주제다. 노력과 버티기는 결이 꽤 다르다.

사실 버티기가 정답이 아니라고 주장하는 원리가 세상에는 몇 가지 있다. 각각 다른 이름으로 불리지만 근본은 하나다. 바로 경로 의존성 혹은 이력 현상hysteresis이다. 과거가 미래를 결정짓는다는 개념이다.

버티기가 쓸데없다는 것을 뒷받침하는 첫 번째 근거는 '마태 효과 Matthew Effect'다. 신약 성경의 마태오 복음서에 나오는 이야기에서 유래한 말이다. 마태오 복음서 25장 29절을 옮기면 다음과 같다.

"누구든지 가진 자는 더 받아 넉넉해지고, 가진 것이 없는 자는 가진 것마저 빼앗길 것이다."

예수의 본뜻을 차치하고 속세의 시각으로만 바라보면 위는 한마디로 '부익부 빈익빈'이다. 돈이 많으면 더 많아지고, 돈이 없으면 더 없어진다는 뜻이다. 개념을 좀 더 확장하면 '귀할수록 앞으로 더 귀해지고, 하찮을수록 앞으로 더 미천해진다'고 풀 수도 있다. 성공이 성공을 가져오고, 실패가 실패를 낳는다는 이야기다.

컬럼비아대학의 로버트 킹 머튼Robert King Merton은 비슷한 일을 해도 유명한 연구자가 덜 유명한 연구자보다 더 많은 인정을 받는 양상에 관심을 가졌다. 머튼은 이러한 양상을 정리하여 1968년 〈과학에서의 마태 효과The Matthew Effect in Science〉라는 논문을 《사이언스》에 게재했다. 이후 이는 사회 연구자들에게 인기 만점의 용어로 자리 잡았다. 실제로 마태 효과는 분야를 막론하고 발견되고 있다.

묘하게도 마태 효과라는 이름 자체가 두 가지 측면으로 마태 효과의 좋은 사례다. 위 경향에 마태오 복음서를 연결시킨 사람은 머튼이 아니라 머튼의 대학원생이자 부인인 해리엇 주커먼Harriet Zuckerman이었다. 머튼은 기회가 될 때마다 위 사실을 이야기했지만 여전히 마태 효과는 주커먼이 아닌 머튼의 업적으로 인식되고 있다. 머튼이 주커먼보다 더 유명하기 때문이다.

'부익부 빈익빈'의 우화는 루카 복음서에도 나온다. 가령, 루카 복음서 19장 26절은 "내가 너희에게 말한다. 누구든지 가진 자는 더 받고, 가진 것이 없는 자는 가진 것마저 빼앗길 것이다"다. 또 루카 복음서 8장 18절도 "…… 정녕 가진 자는 더 받고, 가진 것이 없는 자는 가진 줄로 여기는 것마저 빼앗길 것이다"라고 되어 있다. 그렇다면 '루카 효과'가 아닌 '마태 효과'가 된 이유는 무엇일까? 4복음서 중 마태오가 루카보다 먼저 나온다는 사실이 가장 그럴듯한 이유다. 순서는 마태 효과를 규정하는 한 가지 요소다.

버티기가 별로 도움이 못 된다는 주장의 두 번째 근거는 '선호적 애착preferential attachment'이다. 노트르담대학의 앨버트-라슬로 바라바시Albert-László Barabási와 레카 앨버트Réka Albert가 명명한 선호적 애착은 "웹 사이트의 매력도는 연결되어 있는 웹 사이트의 수에 비례하는 현상"과 대응된다. 선호적 애착이 나타나는 대상에서 부익부 빈익빈은 불가피하다.

2009년에 생긴 킥스타터Kickstarter는 미국의 대표적인 크라우드 펀딩 서비스다. 크라우드 펀딩은 아이디어를 미리 공개한 후 그중 대중의 금전적 후원이 충분한 상품만 제조하는 방식이다. 유트레히트대학의 아르노 반 드 리트Arnout van de Rijt는 선호적 애착이 킥스타터에서도 발생함을 확인했다. 리트에 의하면 초기에 후원자가 나타나지 않는 프로젝트의 68퍼센트가 실패한다. 반면, 무작위하게라도 최초 후원자가 나타나면 실패 확률은 26퍼센트로 급감하고, 무작위한 후원자 네 명이 생기면 실패 확률은 13퍼센트까지 줄어든다. 즉, 선호적 애착이 나타나는 세상은 불공평하다.

버티기에 반하는 세 번째 원리는 '자기실현적 예언self-fulfilling prophecy'이다. 잘한다고 칭찬하면 잘하게 되고, 못한다고 혼내면 더 못하게 되는 경우다. 자기실현적 예언이라는 용어 또한 위의 로버트 킹 머튼이 1948년에 만든 말이다.

한 가지 예를 들자. 라이브 오크 스쿨은 샌프란시스코의 다소 애매한 지역에 위치한 초등학교다. 이 학교에서는 학년 초에 모든 학생을 대상으로 '하버드 활용 습득 테스트'를 실시해 상위 20퍼센트의 학생을 선발했다. 이후 학년 말 학교 성적을 확인해 보니 선발된 상위 20퍼센트가 나머지 80퍼센트보다 더 좋은 성적을 보였다. 그뿐만 아니라 지능 지수IQ에서도 학기 초보다 차이가 더 커졌다. 하버드 활용 습득 테스트는 학생의 학습 능력을 예측하는 데 도움이 되는 시험으로 알려졌다.

한 가지 문제는 하버드 활용 습득 테스트가 가짜라는 점이었다. 그런 시험은 존재하지 않았다. 연구자들은 자기실현적 예언이 얼마나 강한지를 확인하기 위해 20퍼센트의 학생을 무작위로 선발했다. 학교 교사들은 그렇게 선발된 학생들이 공부에 소질이 있는 학생이라 가정하고는 그런 방식으로 학생들을 대했다. 놀랍게도 학생들은 교사들의 기대에 부응하고자 실제로 우수한 성적을 거뒀다.

마태 효과, 선호적 애착, 자기실현적 예언이 성립한다면 사실 아직 성공하지 못한 사람의 장래는 암울하다. 지금껏 별 볼 일 없었다면 앞으로도 계속 별 볼 일 없을 것이기 때문이다. 이는 아주 틀린 이야기는 아니다. 지식이 지식을 낳고, 스킬이 스킬을 낳고, 경험이 경험을 낳는다. 그런 것이 쌓여야 성공에 가까워진다.

위와 같은 상황은 전형적인 캐치-22Catch-22다. 예를 들어, 여러분이 벤처캐피털리스트가 되고 싶다고 해 보자. 벤처캐피털 회사는 보통 관련 경력 2년을 자격 요건으로 내건다. 따라서 이전 경력이 없으면 지원해도 뽑히지 않는다. 뽑히지 않으니 관련 경력 2년을 만들 방법도 없다. 그야말로 불가능의 다람쥐 쳇바퀴다.

그런데도 버텨야 하는 이유

여기서 성공을 위한 이 책의 일곱 번째 규칙을 이야기하도록 하자. 바로 "성공할 때까지 몰입해 버티라"다. 이른바 '노오력'을 통해 스킬을 더 키우라는 의미는 아니다. 스킬은 이미 1만 시간의 훈련을 통해 키울 만큼 키웠음을 전제한다. 스킬이 충분해도 성공은 여전히 먼 산처럼 느껴질 수 있다. 그럴 때 몰입해서 버티라는 의미다. 언제까지 버텨야 하냐면 성공할 때까지다. 성공이 여러분을 찾아올 때까지 버텨야 한다는 뜻이다.

'당신이 뭔데 위와 같은 무책임한 이야기를 하냐?'고 생각할 듯싶다. 조금 전까지 버티기에 반하는 온갖 이야기를 쏟아냈다. 그런데도 갑자기 태도를 바꿔 버티라니, 들으나 마나 한 이야기 같다. "될 때까지 한다"는 말은 반박하기는 쉽지 않지만 실제로는 큰 도움이 안 된다. 누군들 그것을 모르겠는가, 언제 될지 알 수 없으니 하다가 그만두는 법이다.

왜 몰입해 버텨야 할까? 다른 이유가 있다. 성공이 언제든 올 수 있기 때문이다. 왜 언제든지 올 수 있을까? 바로 운 때문이다. 물론 온다는 보장은 없다. 운의 속성이 그렇다. 하지만 오지 않는다는 보장도 없다. 그래서 버티고 있어야 한다.

운이 개입하는 한 가지 기제는 외부의 환경 변화다. 환경은 정적이지 않고 동적으로 변화한다. 진화가 발생하는 자연계는 물론이거니와 사람들의 네트워크인 인간 사회는 더욱 그렇다. 그렇기에 예전의 부적응자가 갑자기 스타가 되기도 한다.

경로 의존성도 좀 더 자세히 들여다보면 큰 걱정거리는 아니다. 부정적 경로 의존성을 조사한 매사추세츠기술원MIT의 시난 아랄Sinan Aral에 의하면 무작위한 초기 부정적 평가의 궁극적 효과는 0에 가깝다.

경로 의존성 때문에 누군가 잘될 수는 있어도 잘못될 일은 별로 없다는 이야기다. 초기 부정적 평가로 인권히 망가지는 일은 거의 없으니 너무 염려할 필요는 없다. 네트워크는 평범한 사람을 슈퍼스타로 만들기도 하지만 아주 뛰어난 사람을 무능력자 뒤에 놓지는 않는다. 자주 흥분하는 네트워크는 실수투성이지만 완전 멍청이는 아니다.

인내하지 말고 몰입하라

버티기는 2016년부터 인기몰이 중인 개념 한 가지와 어느 정도는 비슷하다. 펜실베이니아대학의 앤절라 더크워스Angela Duckworth가 유명하게 만든 '그릿grit'이다. 그릿의 본래 뜻은 모래나 아주 작은 돌멩이다. 이로부터 이를 악문 투지나 기개라는 뜻이 파생됐다. 너무 이를 악물면 이빨이 부스러져 작은 가루가 나오기 때문이다. 그릿은 더크워스에 의해 인내 혹은 끈기를 뜻하는 말로 탈바꿈했다. 그녀는 재능과 노력의 곱을 스킬로, 스킬과 노력의 곱을 성취라고 정의했다. 즉, 성취는 노력의 제곱 곱하기 재능이다. 재능보다 노력이 더 중요하다는 의미다.

　더크워스가 그릿의 유효성을 증명하는 방식은 다소 어리둥절하다. 그녀는 미국 해군 특수 부대 실SEAL로 선발되는 대원을 예측하는 가장 좋은 지표가 그릿이라고 주장했다. 성적이나 신체적 능력 혹은 다른 심리적 성향보다 정확하더라는 이야기였다. 하지만 선발 과정을 중도에 포기하지 않으려면 끈기는 필수다. 선발된 대원치고 끈기가 부족한 사람이 있을 것 같지는 않다. 즉, 그릿을 마치 성공의 유일무이한 요소인양 이야기하는 일은 지나치다.

그릿은 새로운 개념이 아니다. 인내와 끈기의 중요성은 예전부터 모두가 인정하는 바다. 대표적인 예가 3장에 나왔던 자기 계발서다. 자기 계발서는 운의 중요성을 무시하듯 재능의 중요성도 무시한다. 그저 인내하라고 주문할 뿐이다. 일례로, 2006년에 출간된 론다 번Rhonda Byrne의 자기 계발서 《시크릿Secret》은 끈기 있는 긍정적 마음을 요구한다. 번은 월러스 워틀스Wallace Wattles의 1910년작 《부자가 되는 과학적 방법The Science of Getting Rich》에서 영감을 얻어 《시크릿》을 썼다. 끝내 포기하지 않는 자에게 복이 온다는 주장이다.

그렇다면 이번 장의 버티기가 일반적인 인내나 그릿과 어떻게 다른 걸까? 가장 큰 차이점은 바로 '플로우flow', 즉 몰입이 수반된다는 점이다. 몰입이 무엇인지 좀 더 자세히 알아보도록 하자.

시카고대학의 미하이 칙센트미하이Mihaly Csikszentmihalyi에 의하면 플로우는 자기가 현재 수행하는 과제에 완전히 흡수된 상태다. 플로우 중인 사람은 "하늘을 자유롭게 날아가는 것처럼" 느끼거나 혹은 "물이 되어 흐르는 듯 편안한 느낌"을 받는다. 원래 흐른다는 뜻을 가진 플로우는 무엇인가에 깊게 심취한 무아지경에 가깝다. 몰입한 사람은 자신의 행위와 인식이 하나의 총체로 융합되는 경험을 한다. 자의식이 희미해지고 시간의 흐름을 다르게 느낀다. 그렇기에 버티기가 고통스럽지 않다. 오히려 온전한 충일감에 휩싸이게 된다.

음악, 미술, 무용 등과 같은 예술이나 스포츠 분야에서 플로우는

RULE 7. 성공할 때까지 몰입해 버티라

패나 익숙한 개념이다. 가령, 피아노 연주자가 몰입하면 심장 박동수와 혈압이 내려가고 얼굴 근육의 긴장이 풀린다. 또한 가지고 놀 대상을 스스로 정해 자유롭게 노는 몬테소리 방법Montessori Method으로 교육받는 아이가 몰입에 익숙하다는 연구 결과도 있다. 플로우가 분야를 가리지 않고 존재할 수 있다는 증거인 셈이다.

칙센트미하이는 가장 창의적이면서 성공한 사람 275명을 선별해 조사했다. 그들이 어떻게 몰입하는지 알기 위해서였다. 칙센트미하이의 조사는 쉽지 않았다. 3분의 1가량은 인터뷰할 시간이 없다며 거절했다. 또 다른 3분의 1은 아예 답장도 보내지 않았다. 즉, 그들 대부분은 이미 몰입한 자신의 일에 완전히 흡수되어 있었다.

칙센트미하이가 접촉을 시도한 사람 중에는 경영의 구루 피터 드러커Peter Drucker도 있었다. 드러커는 답신을 보내긴 했다. 그가 보낸 답신은 다음과 같았다.

"당신의 요청과 같은 모든 초청장을 버릴 아주 큰 쓰레기통이 내 생산성의 비밀이라고 말해도 건방지거나 무례하다고 생각하지 않기를 바랍니다."

자신의 일에 몰입 중인 드러커는 칙센트미하이가 누구건 간에 자신의 귀중한 시간을 낭비하고 싶지 않았다.

게임의 본질을 이해하면 몰입의 방법이 보인다

현재의 일에 몰입하기 위한 선결 조건은 무엇일까? 다음의 네 가지 조건이 충족될수록 몰입하기 쉽다. 첫째, 일을 감당할 수 있는 스킬이 있어야 한다. 둘째, 일을 통해 달성하려는 목표가 뚜렷해야 한다. 셋째, 일에 관련된 규칙이 분명해야 한다. 넷째, 일의 성과에 대한 피드백이 즉각적이어야 한다. 위 네 가지 조건이 모두 충족된다면 어떤 분야든지 몰입하는 것이 가능하다.

짐작할 수 있듯이 위 조건은 스킬이 존재하기 위한 조건과 흡사하다. 즉, 플로우는 스킬이 존재하는 경우에 발생하기 쉽다. 반대로 말하면 스킬의 영향이 크지 않은 분야일수록 몰입하기가 어렵다. 100퍼센트 운인 주사위 던지기는 몰입이 아예 불가능하다. 다시 말해 운이 중요하다면 몰입을 통한 버티기는 가능하지 않다. 그저 단순한 인내나 그릿이 될 뿐이다.

몰입 버티기를 시도할 때 쓸 수 있는 색다른 방법 한 가지를 소개하자. 바로 일을 일종의 게임으로 여기는 방법이다. 즉, 게임화다. 게임화는 글자 그대로 게임에서 흔히 사용되는 재미, 경쟁, 보상 등의 요소를 일에 도입하는 것이다. 실제로 게임은 몰입이 나타나기 좋은 대상이다. 게임에 존재하는 분명한 목표, 적당한 도전, 즉각적이고 연속적인 피드백 등이 위 몰입의 선결 조건과 비슷하기 때문이다.

게임화를 시도할 때도 조건이 있다. 목표가 분명하고, 도전이 새로우며, 이길 수 있고, 마지막으로 즉시 피드백을 받을 수 있어야 한다.

목표나 피드백은 앞에서 이야기한 내용과 다르지 않은 반면, 도전이 신선하고 승리가 가능해야 한다는 조건은 새롭다

도전해야 할 일이 너무 어렵다고 느끼면 사람들은 이내 꺾인다. 반대로 너무 쉽다고 느껴도 흥미를 잃는다. 도전은 쉽진 않지만 애를 쓰면 이길 방법이 있을 때가 최적이다. 한 가지 도전을 해결하고 나면 자신감과 스킬이 증가하고 다음 도전을 찾게 된다. 그렇게 차례차례 중간 보스를 해치우다 보면 결국 전체 과제를 클리어하게 된다.

게임화의 또 다른 장점 중 하나는 실패를 두려워하지 않게 된다는 점이다. 게임은 원래 지도록 디자인되어 있다. 이기기만 하면 시시해서 아무도 하지 않는다. 재미있는 게임은 다섯 번 시도할 때 한 번 정도 성공한다. 바꿔 말하면 다섯 번 중 네 번은 패배한다. 즉, 패배는 전혀 문제가 아니다. 다시 해서 이기면 그만이다. 게임에서의 실패는 우리를 실망시키지 않는다. 이를 통해 우리는 실패가 끝이 아님을 배우게 된다.

벤처캐피털 회사 클라이너퍼킨스의 랜디 코미사르*Randy Komisar*는 헌신과 열정에 관한 흥미로운 관찰을 제시했다. 코미사르에 의하면 헌신은 스스로가 부과한 의무다. 헌신은 우리를 무언가로 밀어내는 척력이다. 그에 반해 열정은 우리가 저항할 수 없는 무언가로 끌어당기는 인력이다. 열정은 어떤 목표나 수익을 달성하기 위한 단순한 욕구가 아니다.

우리 자신이 어떤 사람인지 잘 모를 때는 헌신과 열정의 구별이 어렵다. 스스로에 대해 조금 알게 되면 이제 자신의 열정이 무엇인지 깨

닫기 시작한다. 몰입한 버티기는 헌신보다는 열정에 가깝다.

하버드비즈니스스쿨의 가우탐 무쿤다Gautam Mukunda는 "삶에서 성공하기 위해 어떻게 해야 하는가?"라는 질문을 던졌다. 무쿤다의 대답은 두 가지 단계로 구성된다. 첫 번째 단계는 바로 "너 자신을 알라"다. 델피의 신전 벽에 쓰여 있던 말, '그노티 세아우톤Gnothi Seauton'이다. 코미사르가 이야기한 열정을 깨닫기 위한 필수 과정인 셈이다. 두 번째 단계는 "제대로 된 샘물을 고르라"다. 여러분과 어울리는 분야와 환경을 택해야 몰입한 버티기가 가능해진다. 여러분이 민물고기라면 바닷물은 어울리지 않는다.

창의성에는 만기일이 없다

몰입 버티기와 관련하여 한 가지 추가할 사항이 있다. 바로 나이와 창의성의 관계다. 통념은 나이가 들수록 창의적 능력이 떨어진다는 쪽이다. 창의성이 떨어지면 남다른 뭔가를 할 가능성도 낮아진다. 이게 사실이라면 몰입 버티기는 성공과 거리가 먼 방법일지도 모른다.

위와 같은 통념에 가장 부합하는 분야는 아마도 과학일 테다. 새로운 발견과 혁신적 이론은 대개 젊은 과학자의 몫이다. 예를 들어, 베르너 하이젠베르크는 27세 때에 불확정성의 원리를 발표했다. 폴 디랙도 포지트론의 존재를 예측하는 데 쓴 디랙 방정식을 27세에 유도했다. 물리 외의 분야도 상황은 비슷하다. 가령, 프레더릭 밴팅이 인슐린의 추출에 성공한 나이는 31세였다. 노벨상을 두 번 받은 마리 퀴리는 32세에 폴로늄과 라듐을 발견했다.

뛰어난 과학자일수록 아직 머리가 싱싱할 때 뭔가 업적을 남겨야한다는 압박을 심하게 받는다. 4장에 나왔던 알베르트 아인슈타인은 "만 30세가 될 때까지 과학에 커다란 업적을 남기지 못한 사람은 절대로 대단한 업적을 남길 수 없다"고 말했다. 아인슈타인의 '기적의 해'는 그가 27세 때였다. 폴 디랙Paul Dirac이라는 이론 물리학자는 한 걸음 더 나갔다. 디랙은 "나이는 오싹한 열병이다. 모든 물리학자는 나이를 두려워해야만 한다. 30대가 되면 살아 있기보다는 죽는 것이 낫다"고 했다. 창의성을 주로 연구한 캘리포니아 데이비스대학의 딘 키스 사이먼튼Dean Keith Simonton은 실제로 대부분의 천재가 40세 전에 역사에 이름을 남겼음을 확인했다.

사이먼튼의 결과에는 한 가지 문제가 있다. 바로 천재만 분석했다는 점이다. 과학은 천재만 하는 작업이 아니다. 대중적인 유명 인사는 아닐지언정 과학에 공헌하는 많은 과학자가 존재한다. 그러한 공헌이 쌓여 단속적인 과학의 진보가 이루어진다.

일반적인 과학자까지 포괄해 보면, 자신의 가장 영향력 있는 논문을 처음 3년 동안 쓸 확률은 약 13퍼센트다. 매 3년마다의 확률은 대략 20년간 비슷한 수준을 보인다. 즉 처음 3년 동안 최고의 업적을 남길 확률이 17년 후부터 3년간 최고의 업적을 남길 확률과 다르지 않다.

확률상 차이가 나기 시작하는 시점이 있긴 하다. 20년을 넘어가면 확률이 5퍼센트로 뚝 떨어진다. 이후로는 지속적으로 더 떨어진다. 이를 액면 그대로 받아들이면 창의성에는 유효 기간이 있다는 이야기처럼 보인다.

과학계의 작동 방식을 조금이라도 아는 사람이라면 왜 위와 같은 결과가 나왔는지 짐작할 수 있다. 학계에 진입하면 처음에는 미친 듯이 논문을 쓴다. 이 시기의 이혼율은 파트너가 되기 전의 미국 로펌 변호사와 맞먹을 정도로 높다. 논문의 대량 생산은 종신 교수가 되는 순간 끝난다. 이후로는 쓰고 싶은 만큼만 쓴다. 일반적으로 그 수는 별로 많지 않다. 20년이라는 기간은 대체로 대학원생이 정교수가 되는 데 걸리는 시간과 일치한다.

즉, 위 결과는 양에 대한 이야기일 뿐, 질에 대한 이야기는 아니다. 수는 적어도 정말 쓰고 싶은 논문만 쓴 쪽이 더 창의적일 가능성이 존재한다. 이를 확인할 수 있는 한 가지 방법은 은퇴한 과학자의 성과를 분석하는 일이다.

과연 어떤 결과가 나왔을까? 각각의 논문이 가장 영향력 있는 논문이 될 확률은 시기와 무관하게 거의 같았다. 70대에 쓴 논문이 20대 때 쓴 논문보다 시스템상에서 덜 중요하지 않았다. 연구자의 나이는 말 그대로 숫자에 불과했다. 연구자의 창의성은 나이 때문에 달라지지 않았다.

그렇다면 왜 연구 경력의 초반에 더 결정적인 업적을 거두는 것처럼 보일까? 그 이유에 대해서는 이미 앞에서 설명했다. 젊었을 때 더 창의적인 것이 아니라 더 생산적일 따름이다. 종신 교수 제도라는 경계 조건으로 인한 결과다.

물론 많은 생산은 의미가 있다. 1년에 다섯 편 쓰는 쪽이 한 편 쓰는 쪽보다는 중요한 논문을 쓸 가능성이 크다. 또 양이 쌓이다 보면 질적인 전환도 발생한다. 그래도 개별 논문 관점에서 모든 논문은 동등하다. 즉, 창의성 자체에는 나이가 없다. 좀 더 극적으로 표현하자면 "성공은 눈송이처럼 녹아 버릴 수 있지만 창의성은 만기일이 없다."

좀 더 구체적인 사례를 들자. 말년의 아인슈타인은 특별한 업적이 없었다는 것이 일반적인 인식이다. 통일장 이론을 세우려고 애를 썼지만 성공하지 못했다는 식이다. 이는 사실이 아니다. 현재 기준으로 아인슈타인의 논문 중 가장 많이 인용된 논문은 1935년 그의 나이 57세 때 쓴 논문이다. 여기서 아인슈타인은 보리스 포돌스키 및 네이선 로젠과 함께 이른바 '양자 얽힘quantum entanglement'을 예측했다. 이는 양자 컴퓨터 원리의 가장 중요한 시발점으로 간주되고 있다.

시카고대학의 데이비드 갤런슨David Galenson은 나이와 창의성의 관계를 새로운 각도에서 조명했다. 갤런슨에 의하면 창의성에는 두 가지 다른 성격이 존재한다. 하나는 개념적인 창의성이고 다른 하나는 실험적인 창의성이다. 전자는 젊었을 때 주로 나타나고 후자는 나이가 들수록 강해진다. 둘 사이의 우열을 가리려는 시도는 무의미하다.

개념적 창의성의 대표적 예는 파블로 피카소다. 피카소는 27세에 자신의 대표작인 〈아비뇽의 처녀들〉을 그렸다. 영화 〈시민 케인〉을 27세에 제작, 감독한 오손 웰즈도 개념적 창의성의 좋은 예다. 실험적 창의성의 대표적 예는 폴 세잔이다. 한평생 변신을 거듭한 세잔은 폐렴으로 숨진 68세 때가 화가로서 최정점이었다. 영화 쪽으로는 알프레드 히치콕이 실험적 창의성을 대변한다. 60세 때 〈현기증〉을 시작으로 62세에 〈싸이코〉, 65세에 〈새〉를 차례로 쏟아냈다. 매 10년마다 '역대 최고의 영화 50'을 선정하는 영국영화협회의 2012년 순위에서 〈현기증〉과 〈시민 케인〉은 나란히 1, 2위를 차지했다.

무엇을 하며 버티느냐가 당신이 누구인지를 증명한다

몰입 버티기에 필요한 사항 한 가지를 더 이야기하자. 바로 실행이다. 몰입 버티기는 머리나 입으로 하는 게 아니다. 온몸으로, 온 존재로 하는 일이다. 벤처캐피털리스트들이 이를 두고 늘 하는 말이 있다. "아이디어는 값싸다. 실행이 비싸다."

아이디어를 실행으로 옮기는 과정을 수식화하면 다음과 같다.

결과 혹은 성공 = 실행력 x 아이디어의 장점

아이디어의 장점은 범용재에 가깝다. 뭐가 좋은지는 누구나 안다. 아는 것과 행하는 것은 완전히 다른 이야기다. 실행력의 차이가 거의 모든 일을 판가름한다.

또한 실행은 자체로 우리를 규정짓는다. 심리학자들은 우리의 행동이 믿음에서 유래하기보다는 믿음이 행동에서 유래한다고 지적한다. 소설가 커트 보니것에 의하면 "우리가 무엇인 척하는 대상이 바로 우리다. 그러므로 무엇인 척할지를 조심해야 한다." 미겔 데 세르반테스가 《돈키호테》에서 하려고 했던 이야기도 다르지 않다. "네가

기사가 되고 싶으면, 기사처럼 행동하라." 몰입 버티기는 우리가 진짜 누구인지를 세상에 증명한다.

몰입 버티기는 곧 용기다

몰입 버티기를 행한 팀에 대한 이야기로서 이번 장을 마치자. 필립스석유Phillips Petroleum Company는 회사 이름과는 달리 사실 천연가스 회사였다. 미국 오클라호마에 기반을 둔 필립스석유는 네덜란드의 거대기업 필립스와는 무관하다. 1954년 미국 대법원이 미국 정부의 천연가스 가격 규제가 문제없다는 최종 판결을 내리자 새로운 비즈니스 영역을 찾고자 했다. 필립스석유의 선택은 미국 바깥의 유전 탐사였다.

1950년 후반부터 필립스석유는 베네수엘라, 캐나다, 콜롬비아, 중동 등에서 석유 탐사에 나섰다. 탐사는 그렇게 성공적이지 못했다. 절박한 심정의 필립스석유가 타진한 다음 지역은 북해였다. 북해는 유럽 대륙의 벨기에, 네덜란드, 덴마크, 영국, 그리고 노르웨이로 둘러싸인 대서양의 연해였다.

위도가 높은 북해는 탐사하기 좋은 바다는 아니었다. 1958년 네덜란드 영해에서 천연가스전이 발견되었고 몇 년 후 영국령 북해에서도 발견되었다. 유전을 찾고 싶은 필립스석유에게 좋은 신호는 아니었다. 그런데도 필립스석유는 1962년 정식 유전 탐사를 노르웨이 정부에 신청했다.

노르웨이 정부는 유전 탐사에 부정적이었다. 어업을 주로 하는 노르웨이 국민들은 유전 탐사로 인한 북해의 오염 가능성에 민감했다. 결정적으로 먼 바다에서 본격적인 유전을 발견한 과거 사례가 존재하지 않았다. 주요 정유사들은 한결같이 노르웨이 인근 북해는 가능성이 없다고 판단했다. 규모가 상대적으로 작은 필립스석유만이 노르웨이 인근에 관심을 가졌다. 가능성이 있는 바다는 이미 대형사가 차지해 비집고 들어갈 틈이 없었다.

3년간 장고한 노르웨이 정부는 마침내 1965년 필립스석유에게 시추권을 허락했다. 그것으로 모든 문제가 해결될 리는 없었다. 필립스석유는 시추에 사용할 리그 두 기를 같은 해 가을에 계약했다. 1966년 가을에 전달되기로 한 리그는 거친 북해를 견디지 못하고 문제를 일으켰다. 필립스석유는 1967년 3월에 개선 강화된 리그를 겨우 넘겨받았다.

이후 본격적으로 시작된 필립스석유의 시추는 계속 실패했다. 아예 말라 있거나 혹은 너무 소량이라 상업적인 가치가 없었다. 그렇게 2년 넘게 32번을 팠지만 소득은 전무했다. 1969년 8월 말에는 시추팀이 가장 무서워하는 분출 사고 직전까지 가면서 리그가 뒤집힐 뻔했다. 리그에 있던 엔지니어 대부분이 비상 탈출할 정도로 심각했다. 필립스석유 경영진은 철수를 결정했다. 현장의 팀에게 "더 이상의 시추를 중단하라"는 지시를 내렸다.

시추팀은 필립스석유 경영진의 지시를 따르지 않았다. 시추팀이 사용 중인 리그 오션 바이킹의 계약 기간이 아직 남아 있었다. 계약이 종료되기 전까지는 여전히 사용료를 지불해야 했다. 다른 정유사에

　　　　　　　　　　RULE 7. 성공할 때까지 몰입해 버티라

게 재임대하려고도 시도해 봤지만 빌려 가겠다는 데가 없었다. 시추팀은 어차피 나간 돈이라면 그냥 우리끼리 한 번 더 파 보자는 결정을 내렸다.

파기 시작한지 38일 째인 1969년 11월 해저 3000미터 아래로 도달했을 때 갑자기 원유가 솟구쳐 나왔다. 현재까지도 가장 큰 해상 유전인 에코피스크Ekofisk가 발견된 순간이었다. 수개월 후 필립스석유 경영진은 런던에서 인터뷰를 가졌다. 기자는 아무도 성공한 적이 없는 해상 유전을 어떻게 찾아냈냐는 질문을 던졌다. 대답은 간단했다. "운이죠." 시추팀의 몰입 버티기가 없었다면 만나지 못했을 운이다.

UCLA 농구팀 감독으로 12년간 열 번의 미국대학농구 우승을 이끈 존 우든John Wooden의 다음 말보다 더 몰입 버티기를 잘 요약하는 말은 없을 듯싶다.

"성공은 결코 최종적이지 않으며, 실패는 결코 치명적이지 않다. 용기만이 중요하다."

세 가지 열쇠

과도한 성공을 자만하지 마라

보드게임이 만들어 낸 우연한 대박

1889년에 태어난 찰스 대로우Charles Darrow는 평범한 난로 엔지니어였다. 1920년대에는 미국 주식 시장에서 돈 좀 벌어 보려는 삼류 투기꾼이었다. 조금 돈을 만졌지만 1929년 검은 목요일과 함께 모두 날아갔다. 대공황 중에는 본업 외에도 몇 가지 부업을 병행했다. 가령, 전기제품과 콘크리트 벽 수리를 했다. 또 개를 대신 맡아 주는 일도 시도했다. 어느 쪽도 벌이가 신통하지 않았다.

 1932년의 어느 날 저녁 대로우는 아내와 함께 이웃집을 방문했다. 저녁 식사 후 이웃집 부부는 자신들이 즐기는 보드게임을 꺼냈다. '지주 게임*The Landlord's Game*'이라는 이름의 보드게임은 리지 매기*Lizzie Magie*가 발명한 게임이었다. 대로우는 이날 지주 게임을 처음 보았다.

리지 매기는 《진보와 빈곤*Progress and Poverty*》을 쓴 헨리 조지*Henry George*의 추종자였다. 헨리 조지는 부동산 가격 상승이 빈부 격차를 가져오기에 다른 세금은 모두 폐지하고 토지세만 걷자고 주장했다. 매기는 부동산 가격 상승이 어떻게 독점을 낳는지를 보여 주는 게임을 만들고 싶었다. 1904년 매기는 자신의 게임에 대한 미국 특허권을 받았다. 1924년에는 기존 특허권을 대치하는 새로운 특허권을 획득했다.

대로우는 지주 게임이 너무 재미있었다. 너무 재미를 느낀 나머지 훔칠 생각을 했다. 그는 게임 규칙을 이웃 부부에게 써 달라고 청했다. 그러고는 조금 수정했다. 대로우는 조금 수정된 자신의 게임을 '모노폴리*Monopoly*'라는 이름으로 팔았다. 모노폴리는 독점을 뜻했다.

대로우는 자신이 직접 종이에 그린 게임에 1달러의 가격을 매겼다. 그렇게 약 100세트의 모노폴리를 팔았다. 대로우는 이를 심각한 비즈니스로 생각하지 않았다. 그저 약간의 돈벌이라고 생각했을 뿐이었다. 대로우는 아무런 마케팅도 하지 않았다. 게임을 한 사람이 주변 사람을 초대해 게임을 하면 저절로 새로운 주문이 들어왔다. 대로우는 이런 정도로도 충분히 행복했다.

한 인쇄업자가 우연히 모노폴리 게임을 접했다. 그는 밤을 샐 정도로 게임에 푹 빠졌다. 인쇄업자는 대로우에게 자신이 인쇄와 광고를 할 테니 제작을 맡겨 달라고 간청했다. 대로우는 직접 그리는 수고를 하지 않게 되어 기뻤다. 이제 하루에 여섯 세트씩 제작이 가능해졌다. 대로우와 인쇄업자는 동네 잡화점에 모노폴리를 진열해 놓고 팔았다.

어느 날 필라델피아의 백화점 워너메이커스의 매니저가 대로우가 사는 교외를 지나갔다. 하필이면 차가 고장 나 카센터에 들를 수밖에 없었다. 수리를 기다리다 심심해진 매니저는 주변 상점 구경에 나섰다. 그는 근처 잡화점에서 새로 인쇄된 모노폴리를 발견하고는 호기심이 생겼다. 시험 삼아 한 세트 사 간 매니저는 인쇄업자처럼 게임에 중독되었다.

얼마 후 차원이 다른 주문이 대로우에게 쇄도하기 시작했다. 입소문이 나면서 필라델피아의 모든 백화점이 물건을 원했다. 다른 도시의 백화점도 곧 주문 행렬에 동참했다. 한꺼번에 수백 개씩 주문이 닥쳤다. 인쇄업자도 감당하기 어려운 수량이었다. 대로우는 밀려드는 주문에 숨이 막힐 지경이었다.

절박한 심정으로 대로우는 파커브라더스Parker Brothers를 찾아갔다. 판권을 줄 테니 라이센스 사용료를 받고 싶다는 제안이었다. 조지, 찰스, 에드워드의 삼형제가 세운 파커브라더스는 당대 최고의 보드게임 회사였다. 파커브라더스는 어떤 보드게임이 팔리는지에 대한 일련의 원칙을 가지고 있었다. 가령, 게임이 단순해야 하고 게임 시간이 45분을 넘으면 안 되었다. 모노폴리는 파커브라더스의 규칙 중 52가지에 위배됐다. 파커브라더스는 대로우의 제안을 거절했다.

파커브라더스의 거절에도 불구하고 모노폴리는 점점 더 많이 팔렸다. 대로우는 정말로 죽을 지경이었다. 1934년 크리스마스 때 대로우는 5000세트를 주문했다. 주문이 인쇄업자에게 가기도 전에 모두 다 팔렸다. 실수했음을 깨달은 파커브라더스는 공손한 자세로 대로우를 찾아갔다. 대로우는 기쁜 마음으로 판권을 넘겼다. 1년 후 파커 브라더스는 2만 세트의 모노폴리를 만들었다. 1년 동안이 아니라 매주마다였다. 대로우는 백만 장자가 된 첫 번째 게임 디자이너가 되었다.

우연한 대박은 성공인가?

대로우는 성공한 사람일까? 어떤 면으로는 그렇다. 그는 백만장자가 되었고 자신의 위키 페이지도 갖고 있다. 4장의 프로젝트 판테온에 뽑힐 정도는 아니지만 11개 언어로 소개되고 있다.

대로우의 성공은 그가 가진 뛰어난 스킬 때문일까? 그렇게 보이지는 않는다. 그는 몇 가지 스킬을 보유했지만 대단한 수준은 아니었다. 난로 설치, 주식 투기, 전기 제품 수리, 개 보살핌 등은 그의 성공과 무관했다. 성공의 시작점은 부동산 투기를 소재로 한 보드게임에 빠지는 일이었다. 이것이 스킬일 수는 없다.

사실 대로우의 성공은 위태위태했다. 그는 남의 특허권을 무단으로 훔쳤다. 약간의 변경을 가했지만 그게 새로운 합법적 특허권의 이유가 될 수는 없었다. 실제로 파커브라더스는 문제가 된다고 보고 나중에 리지 매기의 특허권을 사들였다. 즉, 대로우는 백만장자가 아니라 죄수가 되어야 마땅했다. 당시 대공황이 아니었다면 그는 고소를 당해 감옥에 갈 수도 있었다.

그는 자신의 성공을 무엇 때문이라고 생각했을까? 이에 대한 기록은 없다. 그래도 빼어난 스킬이나 남다른 네트워크 때문이라고 생각했을 것 같지는 않다. 동네에서 몇 세트 파는 수준에서 그쳤다면 작게나마 스킬 덕분이라고 간주할 면이 없지 않았다. 목공이 가능했던 대로우는 게임에 쓸 집과 호텔을 직접 나무로 제작했다. 이것이 매기의 원본보다 더 근사한 느낌을 줬다.

재능이 중요한가 노력이 중요한가?

이쯤에서 위와 별 상관없는 듯한 이야기를 하나 해 보도록 하자. 지금까지 미루어 왔던 주제인 바로 재능과 노력의 관계다. 전자가 선천적이라면 후자는 후천적이다. 선천성을 강조하는 전자는 귀족주의나 엘리트주의로 흐르기 쉽다. 반대로 의지와 수고를 중시하는 후자는 민주주의나 다원주의와 자연스럽게 연결된다.

요즘 유행인 두 가지 지적 조류도 각각 재능과 노력을 지지한다. 재능에 관해 과거에는 신분과 혈통을 강조했다면 요즘은 유전자가 그 역할을 대신한다. 일종의 유전자 결정주의다. DNA를 발견한 사람 중 하나인 제임스 왓슨James Watson에 따르면 "우리가 지금 하고 있는 모든 일은 신들을 유전자로 바꿔 치는 것"이다.

유전자 결정주의는 자칫 균형을 잃으면 우생주의로 빠질 수 있다. 가령, 왓슨이 보기에 유태인은 지적이고, 중국인은 지적이기는 하지만 창의성이 떨어지고, 인도인은 비굴하다. 그는 이러한 인종과 민족별 차이가 유전자 때문이라고 주장했다. 심지어 2007년 자신의 신간을 홍보하면서 "사회 정책은 흑인과 백인의 지능이 같다는 전제하에 만들어졌지만 모든 시험 결과는 그렇지 않다. 난 아프리카의 전망에 대해 비관적으로 본다"고 말했다.

노력을 지지하는 조류는 '타불라 라사tabula lasa', 즉 '비어 있는 서판'으로 상징된다. 사람은 태어날 때 백지 상태의 종이와 같다는 의미다. 똑같은 빈 종이니 나중에 뭐가 될지는 무엇을 채우냐에 달린 문제다. 이는 경험과 학습의 영역이다. 즉, 노력 여하에 따라 원하는 만큼 될 수 있다. 타불라 라사를 주장하는 일은 '미래 상태의 민주화'라 할 수 있다.

이런 쪽으로 유명한 사례로 헝가리인 폴가르 라슬로Polgár László의 실험이 있다. 헝가리에서는 한국처럼 성이 먼저 나온다. 폴가르는 천재는 100퍼센트 만들어지는 것이지 태어나는 것이 아니라고 주장했다. 그는 자신의 아이들이 태어나기 전부터 체스 마스터로 만들어 보이겠다고 공언했다. 폴가르의 세 딸, 수잔나, 소피아, 주디트는 실제로 모두 체스 마스터가 되었다. 특히 첫째와 셋째인 수잔나와 주디트는 그랜드 마스터가 되었고 세계 여자 랭킹 각각 2위와 1위를 차지했다.

그렇다면 노력과 재능 중 뭐가 더 중요할까? 정답을 미리 말하자. 재능과 노력은 둘 다 중요하다. 어느 하나만 중요하지는 않다. 스킬은 재능과 훈련의 곱이기 때문이다.

타고난 재능만 믿다가 소싯적에 반짝하고 사라진 사례는 흔하디

흔하다. 머리만 좋은 사람이 엉덩이 무거운 사람을 공부로 이기기 어려운 이유다. IQ가 120이 넘으면 사회적 성공과 IQ 사이의 상관관계는 0이나 다름없다. 시험 성적이 연봉이나 직장 내 승진과 무관하다는 결과와 같은 맥락이다. 재능의 영향력은 일종의 신기루와 같다.

그렇다고 모든 것이 노력으로 극복된다는 말도 지나치다. 아무리 한평생 노력해도 내가 로저 페더러만큼 테니스를 칠 리는 없다. 페더러는 고사하고 이형택이나 정현 반만큼도 어림없다. 미국 대입 수능 시험SAT 수학에서 백분위로 상위 0.1퍼센트 이내인 학생은 상위 0.9퍼센트인 학생보다 이공계 박사 학위를 받을 확률이 18배 높다.

선천적 귀족주의의 반대말 중에는 영국의 사회 운동가 마이클 영Michael Young이 1958년에 만든 '메리토크라시meritocracy'도 있다. 메리토크라시를 직역하면 메리트, 즉 장점 혹은 실적에 의한 지배로 실력주의나 실적주의를 뜻한다. "재능 더하기 노력은 메리트와 같다"는 말로써 잘하기만 하면 귀족이든 평민이든 상관없다는 의미였다. 영은 당시 우경화하는 영국 노동당 정부를 비꼬려고 위 말을 만들었다.

영의 바람이 무색하게 메리토크라시는 이후 다른 의미로 쓰이기 시작했다. 실적에 의한 차별을 정당화하는 이데올로기로 변질되었다. 여기서의 실적이란 대개 배경과 재산에 의해 결정되는 학벌인 경우가 많다. 기부금이나 비싼 등록금을 감당할 부모의 자녀만 다닐 수 있는 미국의 사립 대학이 대표적인 예다. 요즘의 이른바 '스펙 경쟁'도 변질된 메리토크라시의 한 형태다.

위대한 성공에는 언제나 운이 필요하다

캘리포니아 버클리대학의 대니얼 카너먼은 보통의 성공과 위대한 성공을 다음처럼 구별했다. 성공은 재능과 운이 만났을 때 발생한다. 반면 위대한 성공은 조금 더 많은 재능과 아주 많은 운이 결합되었을 때 나타난다. 즉, 위대한 성공은 재능이 아닌 운 때문에 나타나는 현상이다. 재능의 기여가 있을지언정 그 중요성은 미미하다는 이야기다.

실패는 어떨까? 정의상 재능은 음의 값이 될 수 없다. 재능에서 최악은 0이다. 그렇다면 실패는 재능이 없고 운이 없을 때 발생한다. 처참한 실패는 재능이 없고 운이 예외적으로 나쁠 때 일어난다. 스킬이 운보다 덜 중요한 분야라면 상당한 스킬이 있어도 운 때문에 실패나 처참한 실패를 겪을 수 있다.

카너먼은 재능과 운으로 풀었지만 재능을 스킬로 바꾸어도 위 이야기는 그대로 성립한다. 재능에 훈련을 곱한 값이 스킬이기 때문이다. 위대한 성공은 대단한 스킬이 아닌 아주 많은 운에 달린 문제다.

위 사실을 다음처럼 이해할 수도 있다. 스킬이 일차 함수고 네트워크가 다항 함수라면 운은 무작위한 지수 함수다. 입력 값이 작을 때는 비슷해 보이지만 입력 값이 커질수록 지수 함수는 다항 함수를 압도하고 다항 함수는 일차 함수를 능가한다.

대단한 성공에서 운이 얼마나 중요한지에 대한 사례 한 가지를 이야기하자. 2장에 나왔던 전설적인 농구 선수 윌트 체임벌린 이야기다. 체임벌린은 미국프로농구에서 14시즌을 뛰면서 경기당 30.1점,

22.9개의 리바운드, 4.4개의 어시스트를 기록했다. 통산으로 따지면 득점 3만1419점, 리바운드 2만3924개, 어시스트 4643개였다. 통산 경력으로 경기당 30점 이상이면서 20리바운드 이상을 기록한 선수는 체임벌린이 여태껏 유일하다.

체임벌린이 100점을 기록한 1962년 3월 2일 경기를 되돌아보자. 그는 이날 야투로 72점을 기록했다. 72점이라는 야투 득점은 한 경기 득점 역대 2위인 코비 브라이언트의 2006년 1월 22일 81점에는 미치지 못하지만 역대 3위인 엘긴 베일러의 1960년 11월 15일 71점보다도 많았다. 통산 야투 성공률이 54퍼센트인 체임벌린은 이날 63개를 던져 36개를 성공시켰다. 그날의 성공률 57.1퍼센트는 평상시보다 살짝 좋은 정도였다.

그래도 이날 기록의 하이라이트는 28점을 기록한 자유투였다. 체임벌린은 1967-1968시즌에 어시스트 챔피언이 될 정도로 만능 농구 선수였지만 한 가지 약점이 있었다. 바로 자유투였다. 그의 통산 자유투 성공률은 고작 51.1퍼센트였다. 1967-1968시즌의 자유투 성공률은 38퍼센트로 40퍼센트에도 못 미쳤다.

체임벌린은 1962년 3월 2일 경기에서 32개의 자유투를 던져 28개를 넣었다. 무려 87.5퍼센트의 성공률이었다. 평상시처럼 들어갔다면 100점에 도달할 방법은 없었다. 최다 득점 기록은 세울지 몰라도 두 자리 수에 그쳤다. 자신의 기록 달성에 무엇이 결정적이었는지 알았던 체임벌린은 다음처럼 말했다.

"나는 세계 최악의 자유투 슈터다. 그리고 그날 밤 나는 32개 중

28개를 성공시켰다. 이는 누구든지 운이 좋을 수 있음을 보여 준다."

운의 도움이 없었다면 체임벌린의 불멸의 기록은 불가능했다.

반대의 경우도 가능하다. 최악의 실패도 운 때문일 가능성이 높다. 1850년에 태어난 에드워드 스미스Edward Smith는 경험 많고 노련한 선장이었다. 영국 해군 예비역 장교이기도 했던 스미스는 보어 전쟁에서 병력 수송의 공을 인정받아 1903년 훈장을 받았다. 그는 '안심해도 되는 선장'으로 간주되었고, 일부 돈 많은 여객들은 스미스가 선장인 배만 타기를 고집했다. 그 덕분에 '백만장자의 선장'이라는 별명을 얻었다.

1907년 세계 최대 여객선 아드리아틱의 첫 항해를 맡은 스미스는 다음의 말로 자부심을 드러냈다.

"그간의 내 모든 항해에서 나는 단 한 차례도 사고를 내거나 당한 적이 없었소. 나는 사고를 본 적도 없고 난파를 당한 적도 없으며 참사로 끝날 위협적인 곤란한 상황에 빠진 적도 없었소."

스미스는 그로부터 5년 뒤 배수량이 아드리아틱의 거의 두 배에 달하는 초대형 여객선 타이타닉의 첫 항해에 나섰다가 승객 1517명과 함께 북대서양에 가라앉았다.

누구나 성공을 실력 덕분이라 믿고 싶어 한다

지금까지의 이야기를 요약하면 이렇다. 적당한 성공이라면 세 가지 열쇠 중 하나만으로 충분할 수 있다. 대개의 작은 성공은 스킬에 기인

한다. 물론 작게 성공했다는 사실이 스킬의 존재를 증명하지는 않는다. 스킬이 없어도 네트워크가 도와주거나 혹은 운이 좋아서 적당히 성공하기도 한다. 그러나 큰 성공은 이 열쇠 없이는 불가능하다. 단한 건도 존재하지 않는다. 그것은 바로 운이다. 즉, 커다란 성공에서 운의 기여는 너무나 결정적이다.

그렇기에 성공에 이르는 여덟 번째 규칙이 나온다. 바로 "과도한 성공을 자만하지 마라"다. 스킬이 좋아서, 혹은 남다른 뭔가가 있어서 과도할 정도로 커다란 성공이 만들어지지는 않기 때문이다. 그저 어쩌다 보니 그렇게 되었을 뿐이고, 운은 언제든 떠날 수 있다.

성공한 사람은 자신의 성공의 이유를 대개 무엇으로 돌릴까? 재능으로 원인을 돌리는 경우는 생각보다 그렇게 많지 않다. 그보다는 노력을 더 많이 꼽는다. 성공의 정도가 커질수록 노력을 언급하는 경우가 많아진다. 과도하게 성공한 사람치고 노력을 이야기하지 않는 이가 없다. 이들은 자신의 성공이 실력 덕분이라고 말하고 싶어 한다.

노력을 자신의 성공 원인으로 꼽는 사람 중에 '석유왕' 존 데이비슨 록펠러John Davison Rockefeller가 있다. 그는 경쟁사를 무자비한 방법으로 쓰러트려 19세기 후반 미국의 석유 산업을 독점했다. 그는 성공한 후 길에서 구두닦이 소년들을 만나면 다음과 같은 멘트를 엄숙하게 반복했다.

"열심히 일하고, 현명하게 쓰고, 안전하게 투자하고, 시간이 나머지를 일하게 해."

록펠러는 바지 주머니에서 10센트 동전을 꺼내 소년의 손에 쥐어 주었다. 그리고 준비된 다음의 말이 따라붙었다.

"매일 10센트씩 저축하도록 해. 그러면 너는 부자가 될 거야."

물론 록펠러는 위와 같은 방식으로 돈을 모으지 않았다. 위는 록펠러의 홍보 자문 아이비 레드베터 리가 주문한 대로 벌인 일종의 공작이었다. 리는 록펠러가 10센트 동전 없이는 길거리에 못 나가게 했다. 바지를 입는 일보다 중요시했다. 그러고는 일부러 기자들 보는 앞에서 쇼를 펼쳤다. 자신이 돈 번 진짜 방식을 숨기려는 의도였다. 어이없게도 대부분의 사람들은 록펠러의 쇼를 진짜라고 믿었다.

크게 성공한 사람 중에 운 덕분에 성공했다고 이야기하는 사람은 극도로 드물다. 그중 한 명이 마이클 루이스Michael Lewis다. 프린스턴대학에서 미술사를 공부하고 런던경제대학에서 경제학 석사를 취득한 루이스는 투자은행 샐러먼브라더스를 거쳐 최고의 베스트셀러 작가가 되었다. 인기 있는 영화였던 〈머니볼Money Ball〉과 〈빅쇼트Big Short〉는 루이스의 원작을 소재로 했다.

루이스는 2012년 자신의 모교인 프린스턴대학 졸업식에서 축사를 했다. 그는 원래 자신이 금융에 대해 아는 것이 하나도 없었다고 실토했다. 단지 취직 가능성을 높이기 위해 진학한 대학원의 한 파티에 참석했을 뿐이었다. 하필 옆자리에 앉은 여자가 샐러먼브라더스 임원의 부인이었다. 루이스가 마음에 들었던 그녀는 자기 남편을 들들 볶아 잡 오퍼를 주게 했다. 샐러먼은 새로 생기기 시작한 최상의 역할을 루이스에게 주었다. 그 역할은 파생금융상품 세일즈였다. 1년 반 후 루이스의 보너스는 이미 10억 원을 넘겼다.

루이스의 진짜 성공은 투자은행 세일즈가 아니었다. 월스트리트 인간들의 행태에 염증을 느낀 루이스는 작가가 되기 위해 샐러먼을 그만두었다. 샐러먼의 모든 사람은 루이스가 미쳤다고 생각했다. 루이스의 첫 작품 《라이어스 포커Liar's Poker》는 샐러먼에서 겪은 일에 대한 이야기였다. 이 책이 100만 권 이상 팔렸다. 샐러먼에서 받은 보너스보다도 한참 더 큰 돈이 들어왔다. 그때 루이스는 겨우 30살이었다. 이제 루이스의 연설을 직접 들어보자.

"갑자기 사람들은 내가 타고난 작가라고 이야기하기 시작했어요. 한마디로 웃기는 이야기였죠. 좀 더 진실되게 묘사하자면 운에 관한 이야기예요. …… 사람들은 성공이 운 때문이란 설명을 듣고 싶어하지 않아요. 특히 성공한 사람들이 그렇죠. 그들은 나이를 먹고 성공함에 따라 자신의 성공이 불가피했다고 느낍니다. 운의 역할을 부인하고 싶어하죠."

많은 사람들이 운의 역할을 애써 무시하는 이유는 무엇일까? 과도하게 성공한 사람이 그러는 이유는 이미 위에서 설명한 바다. 자신의 노력 탓으로 돌리는 일은 속임수요, 물려받은 유리함이 없는 척하는 것은 자만심의 발로다.

작은 우연이 쌓여 큰 차이가 된다

실제로 성공은 우연의 소산이기 쉽다. 예를 들면, 전 세계 인기 프로 스포츠 리그 선수의 약 40퍼센트는 생일이 1월부터 3월 사이다. 반면

10월부터 12월 사이에 태어난 선수는 고작 10퍼센트다. 왜 이런 일이 벌어질까? 연초에 태어난 사람이 신체적으로 더 우월하다는 설명은 성립하기 어렵다. 실제로 성인을 대상으로 조사해 보면 연초든 연말이든 신체적 조건은 동등하다.

이유는 이른바 '축적된 이점' 때문이다. 언제 태어나는지는 우연에 달린 문제다. 어렸을 때는 우연에 달린 몇 달 차이가 신체적으로 꽤 중요하다. 생일이 빠를수록 키나 덩치가 크고 몸도 더 잘 가누기 쉽다. 그만큼 코치들 눈에 잘 띈다. 잘한다는 소리를 듣는 만큼 스스로 동기 부여하기 쉽다. 격려를 잘 받지 못하는 생일이 늦는 아이들은 지레 포기한다.

바너드대학의 시안 베일록Sian Beilock은 다른 측면에서 축적된 이점을 확인했다. 그녀에 따르면 작은 마을 태생이 대도시에서 태어난 이들보다 프로 선수가 되는 비율이 높다. 동일한 실력이라 해도 대도시에서는 사람이 많아 두각을 드러내기 힘들다. 반면 시골에서는 쉽게 영웅이 될 수 있다.

영국 크리켓 국가 대표 팀 주장이었던 에드 스미스Ed Smith는 축적된 이점의 또 다른 사례를 들었다. 그에 의하면 영국 인구의 7퍼센트가 사립 학교에서, 나머지 93퍼센트는 공립 학교에서 교육을 받는다. 반면 영국 국가 대표 선수 중 사립 학교 졸업자 비율은 7퍼센트보다 한참 높다. 치우침이 아주 심한 크리켓 같은 경우는 3분의 2에 달한다.

사립 학교를 졸업한 사람들이 육체적, 정신적으로 더 뛰어나서일까? 스미스의 분석은 다르다. 돈이 많이 드는 사립 학교에 다닐수록 운동에 노출될 기회가 더 많기 때문이다. 특수성을 강조하는 사립 학교의 환경을 보편성을 지향하는 공립 학교가 따라갈 방법은 없다. 영국 전체의 입장에서 이는 재능의 낭비다. 국가 대표가 되기 부족한 사람이 국가 대표가 되고, 또 국가 대표가 되었어야 마땅한 사람이 국가 대표로 선발되지 못한다.

운의 부인과 미신의 신봉은 동전의 양면이다

최고로 성공한 사람들은 운을 거부하면서도 동시에 미신을 믿는 경향이 있다. 특히 운동선수들에게서 자주 발견된다. 일례로, 2001년 윔블던 남자 단식 우승자인 고란 이바니세비치는 경기를 이겼을 때 했던 무언가를 다음 경기 때도 그대로 해야 한다고 믿었다. 그래서 윔블던 대회 중 텔레토비를 매일 아침마다 시청했다.

2008년 프랑스 오픈에서 8번 시드를 받은 여자 테니스 선수 비너스 윌리엄스는 3라운드에서 26번 시드의 플라비아 페네타에게 지자 다음처럼 인터뷰했다.

"오늘 운동화 끈을 제대로 안 묶었고요, 서브 전에 공을 다섯 번 팅기지 않았고요, 샤워 샌들을 코트에 가져오지도 않았어요. 아참, 그리고 여벌의 경기복도 안 가져왔죠. 패배할 숙명임을 알았어요."

사실 운의 부인과 미신의 신봉은 같은 동전의 양면과도 같다. 배후에 있는 마음은 완전한 통제에 대한 갈망이다. 이는 도달할 수 없는 목적지다. 무작위의 결과를 구체적인 원인이라 착각할 때 미신이 생

겨난다. 말할 필요도 없이 텔레토비 시청이나 공을 튕긴 횟수는 경기
결과와 무관하다.

성공에 대한 자만이 가져오는 결과

운은 자질이 부족한 사람을 최고의 자리로 올려놓기도 한다. 예를
하나 들자. 제임스 케인James Cain은 퍼듀대학을 다니다 중퇴한 고철
영업 사원이었다. 우연한 기회에 투자은행 베어스턴스The Bear Stearns
Companies, Inc.의 최고경영자인 앨런 그린버그Alan Greenberg의 눈에 띄어
1969년 갑자기 베어스턴스의 채권 세일즈가 되었다. 그린버그는 "고
철을 팔 수 있으면 채권을 팔고도 남지"라는 말과 함께 케인의 채용을
강행했다.

그린버그의 총애를 한 몸에 받은 케인은 베어스턴스에서 승승장
구했다. 베어스턴스가 상장된 1985년에 대표가 되었고, 1993년에는
그린버그를 회장으로 밀어내면서 최고경영자에 올랐다. 그걸로도 성
에 안 찼는지 2001년에는 회장으로 있던 그린버그를 은퇴시키면서
회장까지 겸직했다. 케인은 막대한 부도 거머쥐었다. 2007년 《월스
트리트저널》은 케인을 가리켜 "1조 원 이상의 자기 회사 주식을 가진
첫 번째 월가 경영자"라고 칭했다. 베어스턴스가 무한 책임 회사였다
면 절대로 가질 수 없는 돈이었다.

위 사실대로라면 케인이 대단한 능력의 소유자였을 듯싶다. 실상
은 그와 거리가 있었다. 케인은 상당히 어이없는 이유로 그린버그의

눈에 들었다. 바로 카드 게임인 브리지였다. 그린버그는 아마추어 브리지 선수였다. 그는 브리지 게임을 잘하는 사람이 금융도 잘한다는 이상한 지론의 소유자였다.

케인은 그린버그보다 훨씬 실력 있는 브리지 선수였다. 케인은 북미 레이싱거 브리지 대회를 비롯한 여러 대회에서 십수 차례 우승을 차지했다. 그린버그는 케인 등과 팀을 이뤄 1977년 북미 레이싱거 브리지 대회에서 우승했음을 너무나 자랑스러워했다. 케인의 오른팔이자 베어스턴스의 2인자인 워런 스펙터도 열렬한 브리지 애호가였다.

물론 브리지 게임에 능한 사람이 계산과 전략적 판단이 빠를 수는 있다. 하지만 거대한 투자은행의 경영은 다른 문제였다. 케인이 최고경영자로 있던 시절 베어스턴스의 수익은 나쁘지 않았다. 케인의 공이라기보다는 그곳에 모인 모든 사람의 합작품이었다. 사회는 엉뚱하게도 케인 한 명에게 공을 몰아주었다. 케인은 스스로를 거의 반쯤 신으로 여겼다.

케인의 진짜 실력은 2008년에 드러났다. 금융 위기가 시작되면서 2007년 여름 베어스턴스가 만든 헤지펀드 두 곳이 파산했다. 케인은 별다른 관심을 보이지 않았다. 그에게는 브리지가 베어스턴스보다 더 중요한 듯했다. 2007년 11월 심기일전한 케인은 15년 만에 레이싱거 트로피를 품에 안았다. 2008년 초 베어스턴스의 현금이 메말라 가는데도 케인은 특별한 조치를 취하지 않았다. 그 자리에 있으면 안 될 사람임을 스스로 증명한 셈이었다. 2008년 3월 1년 전 주가의 몇 퍼센트 가격에 JP 모건에 팔린 베어스턴스는 역사에서 사라졌다.

RULE 8. 과도한 성공을 자만하지 마라

위 케인의 사례는 니콜로 마키아벨리가 남긴 말을 생각나게 한다. 마키아벨리는 자신이 책 《군주론》에서 다음처럼 말했다

"사람은 고집을 부리는 반면 운은 변덕이 심하기에, 운과 고집이 부합하는 한 번성하지만, 운과 고집이 충돌하는 순간 나락으로 굴러 떨어진다."

승자 독식이 강화되면 성공이 과도해진다

과도한 성공을 낳는 한 가지 원인은 이른바 '승자 독식'이다. 운은 과도한 성공에 언제나 중요했지만 요즘 들어 영향이 더 커졌다. 코넬대학의 로버트 프랭크Robert Frank와 듀크대학의 필립 쿡Philip Cook이 지적하는 승자 독식 시장이 범람하기 때문이다.

승자 독식 시장이 강화될수록 두 가지 현상이 나타난다. 첫째는 보상이 절대적인 성과가 아닌 상대적인 성과에 따라 결정된다는 점이다. 예를 들어 설명해 보자. 여러분이 치킨집 주인이라고 할 때 여러분의 보상은 치킨집의 매상이다. 많이 팔수록 여러분의 보상도 커진다. 옆 치킨집이 얼마를 파는지는 중요하지 않다. 이 경우 보상은 절대적인 성과에 달려 있다.

상대적인 성과에 따라 보상이 결정되는 대표적인 사례는 바로 고시 제도다. 내가 몇 점을 맞았는지는 중요하지 않다. 내 등수가 선발 인원 안에 드는지, 그리고 그 안에서 몇 번째인지가 중요하다. 들지 못하면 아무 소용이 없다. 합격해도 문 닫고 들어가면 앞날이 신통치

않다. 즉 상대적 성과인 등수가 보상을 판가름한다.

보상이 상대적 성과에 의해 결정되는 사례 한 가지를 들자. 슈테피 그라프*Steffi Graf*는 그랜드 슬램 대회 단식에서 22회 우승을 차지한 여자 테니스 선수다. 특히 20살 때인 1988년 호주 오픈, 프랑스 오픈, 윔블던, 미국 오픈 단식에서 모두 우승하여 그랜드 슬램을 달성했고, 거기에 더해 서울 올림픽 단식 금메달까지 거머쥐어 이른바 '골든 슬램'을 기록했다. 그라프는 지금껏 남녀를 통틀어 골든 슬램을 달성한 유일한 선수다.

그라프는 1999년 은퇴할 때까지 꾸준히 기복 없는 최고 수준의 경기력을 보여 줬다. 그런데도 1993년에 성적과 상금에서 유독 좋은 결과를 냈다. 시즌을 마무리하는 투어 파이널을 비롯해 호주 오픈을 제외한 나머지 세 그랜드 슬램 대회에서 우승했다. 비결은 다른 데 있지 않았다. 그해 그라프의 극성 팬이 경기 중이던 그라프의 최대 라이벌 모니카 셀레스를 칼로 찌른 덕분이었다. 이 때문에 셀레스는 2년이 넘는 공백기를 가져야 했다.

승자 독식 시장이 강화될수록 나타나는 두 번째 현상은 보상이 극소수의 승자에게 극도로 집중된다는 점이다. 1퍼센트의 소수가 99퍼센트 이상의 부를 차지하는 현상과 궤를 같이한다. 이러한 시장에서는 오직 1등만이 중요하다. 1등과 거의 차가 나지 않는 2등도 패배자로 간주한다.

이러한 승자 독식 시장은 근본적으로 지위를 다투는 시장이다. 지위는 항상 극소수의 승자와 대다수의 패자로 사람을 나눈다. 이것이 적절한 방식인지는 생각해 볼 문제다. 예를 들어 보자. 100미터 세계 기록 보유지 우사인 볼트의 기록은 9초 58이다. 반면 2017년 볼트의 은퇴 경기 때 처음으로 볼트를 이긴 저스틴 개틀린Justin Gatlin의 최고 기록은 9초 74다. 볼트의 2017년 수입은 약 400억 원이고 그동안 벌어들인 돈이 2000억 원에 육박한다. 개틀린의 2017년 수입은 3억 원을 겨우 넘고 전 재산이 23억 원 정도다. 100미터를 0.16초 더 빨리 뛰는 것이 100배 이상의 수입 차이를 가져온다. 쓸모의 관점으로 보면 이해하기 어려운 일이다.

쓸모를 하찮게 여기는 대표적인 대상이 바로 지위다. 여러분이 아무리 치킨을 많이 팔아도 닭다리 하나 차이로 전 세계 1등이 되지 못하면 별 볼 일 없어진다고 생각해 보자. 받아들이기 쉽지 않다.

운으로 흥한 자, 운으로 망한다

캘리포니아 버클리대학의 폴 피프Paul Piff는 경제적 성공이 사람에게 미치는 영향을 실험했다. 그가 실험에 사용한 도구는 바로 모노폴리 게임이었다. 게임을 하는 두 명 중 한 명을 먼저 무작위하게 골랐다. 그러고는 다른 한 명보다 훨씬 더 유리한 조건을 줬다. 이를테면, 시작 때 돈이 두 배고, 주사위도 두 개가 아닌 세 개를 굴려 더 빨리 가고, 또 시작점을 통과할 때 더 많은 돈을 받았다.

유리한 조건에서 게임을 한 사람이 그렇지 않은 사람을 이기는 일은 당연했다. 피프의 관찰 대상은 게임의 결과가 아니었다. 금전적으로 성공한 사람이 그렇지 못한 사람을 대하는 태도였다. 전자는 후자를 깔보고 하대했다. 마치 자신이 더 귀한 사람이라고 생각하는 듯했다. 이는 우스운 일이었다. 그는 그저 운에 의해 그렇게 되었을 뿐이니까.

앞에 나왔던 마이클 루이스는 졸업식 축사에서 캘리포니아 버클리대학이 수행한 다른 실험 이야기도 들려주었다. 세 명으로 구성된 팀에게 어려운 윤리 문제에 대한 답을 구하게 했다. 각 팀은 셋 다 남자거나 혹은 셋 다 여자였다. 실험 시작 직전에 세 명 중 한 명을 무작위하게 뽑아 리더 역할을 맡겼다. 30분이 지나면 팀에게 과자를 제공했다. 단, 과자 개수는 세 개가 아닌 네 개였다. 무슨 일이 벌어졌을까?

사람 세 명에 과자 네 개니 각각 한 개씩 먹고 하나가 남았다고 생각했을지 모르겠다. 실제로는 거의 예외 없이 리더가 두 개를 먹었다. 리더는, 남자든 여자든, 나머지 두 명의 의견을 묻지도 않았다. 자기가 먹는 것이 당연하다는 듯 그냥 가져다 먹었다. 리더의 지위는 온전히 운에 의해 결정되었다. 그런 지위는 언제든 사라질 수 있다, 마찬가지로 운에 의해.

과도한 성공을 바랐던 어느 창업자의 말로

운과 네트워크에 의해 떠올랐다가 운이 다해 땅으로 떨어진 사람의 이야기로 이번 장을 마치자. 실리콘 밸리 스타트업 테라노스*Theranos*의 창업자인 엘리자베스 홈스*Elizabeth Holmes* 이야기다.

1984년에 태어난 홈스는 2002년 스탠퍼드대학 화학공학과에 입학했다. 홈스의 아버지는 고위 공직을 거쳐 회계 사기로 망한 엔론의 부사장을 지냈다. 홈스는 어렸을 적 동네에서 제시 드레이퍼라는 친구를 사귀었다. 제시의 아버지는 유명한 벤처캐피털 회사 DFJ의 공동 창업자 중 한 명인 팀 드레이퍼였다.

홈스는 어렸을 때부터 과도한 성공에 대한 열망을 드러냈다. 그녀의 성공에 대한 집착은 본인과 부모의 합작품이었다. 커서 뭐가 되고 싶냐는 친척의 질문에 열 살의 홈스는 일순간도 주저하지 않고 억만장자라고 답했다. 대통령이 되고 싶지 않냐는 질문에 홈스는 "아니에요, 대통령은 내가 억만장자기 때문에 나랑 결혼할 거예요"하고 대답했다.

2004년 3학년인 홈스는 대학을 중퇴하고 테라노스를 세웠다. 테라노스는 극소량의 혈액만으로 50가지 검사를 실시간으로 수행하는 의료 키트 개발 회사였다. 스탠퍼드대학 화공과 교수 채닝 로버트슨은 테라노스의 고문이 되었다. 팀 드레이퍼는 테라노스에 약 11억 원을 투자했다. 팀 드레이퍼의 할아버지는 실리콘 밸리 최초의 벤처캐피털리스트라 불리는 윌리엄 헨리 드레이퍼 2세였다. 드레이퍼의 막강한 영향력에 힘입어 테라노스는 그해 약 70억 원을 투자받았다.

모든 사람이 홈스의 테크놀로지를 믿지는 않았다. 가령, 의료 분야를 전문으로 하는 메드 벤처의 파트너들은 사업과 관련한 기본적인 질문에도 답하지 못하는 홈스를 의심했다. 사실 학부도 마치지 않은 홈스가 깊은 전문 지식을 가졌을 리는 만무했다. 혈액과 관련된 물리와 화학 원리를 아는 사람에게 테라노스의 주장은 소설에 가까웠다.

홈스는 자신을 여자 스티브 잡스라 여겼다. 그녀는 진지하게 잡스 흉내를 냈다. 먼저 대학을 중퇴했고, 이어 옷도 검은 터틀넥만 고집했다. 잡스처럼 같이 일하는 사람들을 함부로 대하고 자신의 테크놀로지에 의문을 갖는 직원을 가차 없이 해고했다. 그걸로도 모자라 퇴사자를 소송으로 위협해 외부에 관련 내용을 발설하지 못하게 했다. 적지 않은 수의 회사 내 중요 인물들이 퇴사당했다. 여기저기서 조금씩 테라노스와 홈스에 대한 의구심이 자라났다.

홈스를 둘러싼 네트워크는 아랑곳하지 않고 점점 커져 갔다. 오라클의 창업자 래리 엘리슨이 2006년 테라노스에 투자했고, 그 후 전 국무 장관 조지 슐츠, 전 해병대 대장 제임스 매티스, 전 국무 장관 헨리 키신저, 전 국방 장관 윌리엄 페리, 전 상원 군사 위원장 샘 넌, 전 해군 대장 게리 루헤드 등이 2013년까지 테라노스의 이사회에 합류했다. 이는 정상적인 의료 벤처 회사의 이사회라 볼 수 없었다.

테라노스가 가진 건 비정상적인 이사회만이 아니었다. 월마트의 창업자 샘 월튼의 일가가 약 1700억 원, 뉴스 코퍼레이션의 설립자 루퍼트 머독이 약 1400억 원, 암웨이 창업자의 며느리 벳시 드보스가 약 1100억 원을 들여 테라노스 주주 명부에 이름을 올렸다. 2014년까지 테라노스는 누적으로 8000억 원에 가까운 돈을 투자받았다. 당시 테라노스의 회사 가치는 약 11조 원으로 평가되었다. 테라노스는 그냥 보통의 '유니콘unicorn'을 넘어 회사 가치가 10조원이 넘는 스타트업을 칭하는 이른바 '데카콘decacorn'이 되었다.

2015년 초 한 언론사는 홈스를 "세계 최연소 자수성가 여자 억만 장자"로 소개했다. 미국 잡지 《포브스Forbes》는 홈스를 400대 부자 중 110위로 평가했다. 그녀의 개인 재산은 약 5조 원으로 추정되었다. 홈스는 자신이 바랐던 대로 "여성 스티브 잡스"라 불렸다. 이때가 홈스 인생의 최정점이었다.

2015년 10월 《월스트리트저널》의 존 캐리루John Carreyrou는 테라노스가 다른 회사의 검사 기기를 이용해 혈액 검사를 한다는 기사를 썼다. 테라노스가 개발했다는 혁신적인 테크놀로지가 실재하지 않는다는 고발이었다. 캐리루는 조지 슐츠의 손자인 타일러 슐츠를 통해 테라노스의 실상을 확인했다. 홈스는 가장 비싼 변호사를 고용해 캐리루와 슐츠를 위협했다. 슐츠는 2013년 테라노스에 입사했다가 회사 내부의 믿기지 않는 일을 보고 2014년 퇴사했다. 슬프게도 조지 슐츠는 손자보다 홈스의 말을 더 믿었다.

2018년 6월 15일, 홈스는 사기 혐의로 형사 기소되었다. 유죄로 판결되면 20년 형을 살 혐의였다. 미국 증권거래소위원회는 이미 형사 기소 전에 2018년 3월에 홈스를 증권 사기범으로서 중징계했다. 한때 800명이 넘었던 테라노스의 직원은 그때까지 25명으로 줄었다. 공식적으로 테라노스는 2018년 9월 4일 파산했다. 테라노스에 투자된 8000억 원의 돈은 모두 휴지가 되었다.

무언가를 걸고
행동에 책임지라

워런 버핏의 의미심장한 내기

현재 활동 중인 금융인 중 가장 성공한 사람을 하나 고르라면 아마도 워런 버핏*Warran Buffett*을 꼽을 듯하다. 2019년 3월 기준 버핏의 재산은 90조 원을 상회한다. 버핏보다 재산이 많은 사람은 150조 원의 제프 베조스와 110조 원의 빌 게이츠밖에 없다. 버핏은 지난 수십 년간 꾸준히 2등에서 4등 사이를 왔다 갔다 했다. 어쩌다 돈 좀 만져 본 졸부와 거리가 멀다.

버핏은 단지 돈만 많지 않다. 그는 널리 알려진 유명 인사다. 버핏의 위키 페이지 언어 수는 65개로 비즈니스 분야 4위에 해당한다. 버 핏을 앞서는 사람으로는 빌 게이츠, 페이스북의 마크 저커버그, 그라 민 은행의 무함마드 유누스 밖에 없다. 헤지펀드 매니저 조지 소로스, 석유왕 존 데이비슨 록펠러, 그리고 미국 대통령 도널드 트럼프를 앞 선다. 교보문고에 의하면 한국에 출간된 버핏의 이름이 들어간 책은 141종이다.

1930년에 태어난 버핏의 별명은 '오마하의 오라클The Oracle Of Omaha' 이다. 오라클은 신이 자신의 뜻을 알릴 때 사용하는 무속인을 뜻한다. 통념상 미국 금융인은 뉴욕이나 로스앤젤레스 혹은 시카고 같은 도 시에 사는 것이 일반적이다. 오마하는 미국 네브래스카에서 가장 큰 도시지만 그래 봐야 인구가 46만 명에 지나지 않는다. 버핏이 지주사 로 사용하는 버크셔 헤서웨이Berkshire Hathaway가 위치한 덕분에 오마 하라는 이름이 세상에 알려졌다.

버핏은 헤지펀드를 좋아하지 않는다. 장기적 수익은 내지 못하면 서 과도한 리스크만 진다고 생각해서다. 헤지펀드가 수익을 내는 가 장 중요한 원리는 '레버리지leverage'다. 쉽게 말해 그냥 빚을 잔뜩 지는 것이다. 자기 돈의 수십 배의 돈을 빌려 거래를 하니 운이 좋으면 큰 이익이 나는 듯 보인다. 그러다 까딱 잘못하면 한순간에 망한다.

버핏이 헤지펀드를 부정적으로 평가하는 또 다른 이유는 수수료였 다. 헤지펀드가 가져가는 수수료는 주식 시장 전체를 단순 추종하는 인덱스 펀드는 물론이고 빚을 지지 않고 운용하는 일반적인 자산운용 사보다도 한참 높았다. 극단적으로 제임스 사이먼스James Simons의 헤지펀드 르네상스 테크놀로지스*Renaissance Technologies* 같은 경우는 매년 수 퍼센트의 수수료를 1차로 떼고 이후 발생한 이익의 49퍼센트를 또 가져갔다. 이러한 수수료 차이는 시간이 지날수록 누적 효과가 눈덩이처럼 불어난다. 버핏은 위와 같은 자신의 생각을 여러 차례 밝혔다.

당연히 헤지펀드 매니저들은 버핏의 생각에 발끈했다. 그들 입장에서는 자신들의 존재 의의를 기초부터 허무는 주장이었다. 그들은 집합적으로 또 개별적으로 버핏을 비웃었다. 과거의 영광스러운 실적은 인정하지만, 이제는 새로운 금융 기법을 이해하지 못하는 70살 가까운 늙은이일 뿐이라고 폄하했다.

그러자 생각하기 어려운 일이 벌어졌다. 2006년 5월 버핏은 버크셔의 연례 주주 총회에서 공개적으로 "자신 있으면 진짜 대결 한번 할까요?"하고 헤지펀드 업계에게 장갑을 벗어던졌다. 10년이란 긴 시간 후에 누구 말이 맞는지 승패를 가리자는 일종의 결투 신청이었다.

이는 버핏과 헤지펀드 중에 누구의 금융 스킬이 더 뛰어난지를 가리는 대결이 아니었다. 버핏의 권총은 바로 S&P 500 인덱스 펀드였다. 버핏은 인덱스 펀드의 결과에 아무런 영향을 미칠 수 없었다. 그는 수수료가 적은 인덱스 펀드가 헤지펀드보다 결국 더 낫다는 자기 생각을 입증하고자 했다.

이례적인 부분은 그냥 말로 하는 대결이 아니라는 점이다. 버핏은 돈을 걸고 대결하자고 제안했다. 즉, 돈 내기를 하자는 얘기였다. 돈을 거는 이유는 나중에 장난으로 간주되어 흐지부지되는 일을 막자는 차원이었다. 대신 어느 헤지펀드가 어떤 방식으로 대결에 참가할지는 알아서 정하라고 했다.

헤지펀드 업계는 술렁거렸다. 이런 공개적인 결투 신청에 응하지 않으면 이길 자신이 없다는 뜻으로 보일 것이 분명했다. 이는 곧 패배였다. 실제로 버핏은 어떤 헤지펀드도 자신의 제안에 응하지 않는다며 자신이 이겼다고 공개적으로 언급했다. 그렇다고 막상 특정한 헤지펀드 하나가 나서기는 부담스러웠다. 혹시 지면 해당 헤지펀드는 더 이상 존속이 곤란했다. 10년 후 실적이 인덱스 펀드에도 못 미치는 헤지펀드에 돈을 맡길 곳은 없었다.

2007년 7월 뉴욕에 소재한 프로테제파트너스Protege Partners의 대표 테드 사이데스Ted Seides가 도전하겠다고 나섰다. 2002년에 설립된 프로테제는 헤지펀드에 주력하는 재간접 펀드 운용사였다. 즉, 우수한 헤지펀드를 감별해 바구니를 구성하는 스킬을 주장했다.

도전 당시 4조 원 정도를 운용하던 프로테제는 업계의 베테랑 세 명이 공동으로 만든 회사였다. 사이데스는 예일대학 재단의 유명한 데이비드 스웬슨 밑에서 헤지펀드를 운용했다. 다른 파트너 스콧 베센트는 조지 소로스의 펀드를 운용한 경력이 있었다. 2002년 7월 설립 이래로 2007년 말까지 프로테제의 펀드는 모든 수수료를 제하고 95퍼센트의 수익률을 보였다. 이는 같은 기간 동안 S&P 500 인덱스 펀드의 수익률 64퍼센트를 여유 있게 앞섰다.

버핏과 프로테제는 다음과 같은 내기 조건에 공개적으로 합의했다. 각각 약 3억 5000만 원을 내서 미국 국채를 샀다. 이자를 감안하면 10년 후에 합쳐서 11억 원 정도가 될 돈이었다. 10년 후에 딴소리할 가능성을 차단하기 위해 제3자가 돈을 맡았다. 내기에 이기면 전체 돈을 기부할 비영리 단체를 양자 모두 미리 정해 두었다.

프로테제는 자신들의 재간접 펀드를 포함한 다섯 곳의 헤지펀드로 바구니를 구성했다. 버핏은 승리를 확신하지는 않았다. 자신이 이길 확률이 60퍼센트 정도라고 추산했다. 프로테제는 버핏보다 확신의 강도가 높았다. 85퍼센트의 확률로 이길 것이라고 자신했다. 공식적인 내기는 2008년 1월 1일자로 시작되었다.

내기가 시작된 지 얼마 되지 않아 모기지 증권과 부채 담보부 증권 시장이 폭락했다. 미국의 내로라하는 모든 투자은행을 주저앉게 만든 글로벌 금융 위기는 미국 주식시장에 괴멸적 타격을 가했다. 첫 해가 지난 후 버핏의 인덱스 펀드는 37퍼센트의 손실을 입었다. 프로테제의 바구니는 23.9퍼센트 손실에 그쳤다.

2009년부터 2014년까지 6년간은 매년 수익률로 인덱스 펀드가 프로테제를 앞섰다. 누적 수익상으로도 2012년이 지난 후부터 인덱스 펀드가 프로테제를 제쳤다. 8년째인 2015년은 1.7퍼센트의 수익을 올린 프로테제가 1.4퍼센트에 그친 인덱스 펀드를 앞질렀다. 9년째인 2016년에는 2.2퍼센트 수익의 프로테제가 다시 7.1퍼센트 수익의 인덱스 펀드에 밀렸다. 2017년에 기적은 벌어지지 않았다. 10년간 인덱스 펀드와 프로테제의 최종 누적 수익률은 각각 125.8퍼센트와 약 36퍼센트였다. 최종 승자는 버핏이었다. 사이데스는 내기가 끝나기 전인 2015년 프로테제를 떠났다.

삶은 선택에 책임을 지는 내기다

위 이야기를 표피적으로 이해할 사람도 없지는 않을 듯싶다. 겉으로만 보면 그저 돈 내기를 장려하는 이야기처럼 보인다. 게다가 돈 많은 갑부와 헤지펀드 매니저 간의 치기 어린 자존심 대결처럼 느껴질 수도 있다.

일반인이 돈 내기라는 말을 들을 때 가장 먼저 생각나는 대상은 스포츠 도박이다. 스포츠 도박의 규모가 커지면 부작용이 나타나기 쉽다. 선수를 매수해 승부 조작을 할 경제적 유인이 커지기 때문이다. 과거에는 누군가 죽으면 전혀 상관이 없는 사람이 보험금을 받는 보험이 나온 적도 있다. 이것이 가능하면 남을 죽게 만들 좀 더 노골적인 경제적 유인이 생긴다. 이런 것이 허용될 수 없는 이유다.

위는 조금 다른 이야기다. 버핏의 돈 내기와 비슷한 사례로 레이 커즈와일Ray Kurzweil의 돈 내기가 있다. 커즈와일은 디지털 피아노 회사 커즈와일의 창업자로서 2012년 이래로 구글의 엔지니어링 디렉터다. 인공 지능이 가까운 장래에 인간 지능을 넘어선다는 이른바 '특이점Singularity'의 원조 주창자기도 하다.

적지 않은 사람들이 커즈와일의 예측에 혐오감을 표출했다. 왜 특이점이 불가능한지를 설명하는 주장이 뒤따랐다. 커즈와일이 틀렸다는 주장은 다양한 각도로 제시되었다. 특히 윤리, 인문, 심리, 생물 쪽의 지식을 근거로 특이점의 가능성을 부정하는 경우가 많았다. 수는 적지만 컴퓨터 엔지니어 중에서도 "커즈와일이 너무 멀리 나갔다"는 의견을 펴는 경우도 있었다.

그중 한 명이 미첼 카포Mitchell Kapor였다. 예일대학을 졸업한 카포는 초기 컴퓨터의 선구자였다. 최초 스프레드 시트로 유명했던 로터스Lotus를 1982년에 창업했고, 웹 브라우저 파이어폭스Firefox를 개발한 모질라 재단을 2003년부터 초대 회장으로서 이끌었다. 카포는 공개적으로 커즈와일의 예측에 반론을 폈다.

엔지니어면서 동시에 창업자기도 한 커즈와일과 카포는 말만 많은 사람들과 한 가지 점에서 분명히 달랐다. 2002년 둘은 돈 내기를 하기로 공개적으로 합의했다. 컴퓨터가 인간 지능을 넘어섰냐는 질문도 자체로는 명확한 답이 없기 쉬웠다. 둘은 인공 지능의 튜링 테스트 통과 여부로 질문을 바꾸고 2029년이라는 시간을 정했다. 즉, 내기 시점으로부터 27년 후인 2029년까지 튜링 테스트를 통과하는 컴퓨터가 하나라도 나오면 커즈와일이, 하나도 없으면 카포가 이기는 내기였다.

카포와 커즈와일의 내기 규칙은 버핏과 내기와 비슷했다. 두 사람은 각각 약 1100만 원을 걸었다. 이길 경우 딴 돈을 받아갈 비영리 재단도 미리 정해 놓았다. 아직 커즈와일과 카포의 내기 승자는 결정되지 않았다.

이러한 공개적 내기를 전문으로 하는 롱벳츠Long Bets라는 재단 사이트도 있다. 사실 커즈와일과 카포의 내기는 롱벳츠의 첫 번째 내기였다. 버핏의 내기는 362번째였다. 롱벳츠를 통해 내기하려면 몇 가지 조건을 만족시켜야 한다. 가령, 개인별 내기 금액은 최소 100달러고 내기 기간은 최소 2년이다.

롱 벳츠는 "책임지는 장기 예측을 장려"하기 위해 만들어졌다. 롱 벳츠를 만든 사람들은 무책임한 말 잔치가 사회에 도움이 되지 않는다고 생각했다. 뭔가를 의미 있게 주장하고 싶으면 "실명으로" "공개적으로" "돈을 걸고" 하자는 것이 롱벳츠의 철학이었다. 이는 곧 "책임을 지라"는 뜻이기도 했다.

영어권에서 권위 있는 미리엄-웹스터 사전에 의하면 내기는 "자신의 신념에 따라 뭔가를 잃을 각오를 하고 행하는 결정"이다. 내기는 신념, 주관적 확률, 리스크, 결정, 선택 등과 관련된다.

사실 곰곰이 생각해 보면 우리 삶의 모든 결정은 자체로 암묵적인 내기에 해당한다. 어떤 직업을 가질지, 어디에 살지, 누구와 관계를 유지할지, 심지어 치킨을 시킬 때 프라이드로 할지 아니면 양념으로 할지에도 내기의 측면이 있다. 프라이드를 택하면 양념치킨의 새콤달콤함을 얻지 못할 각오를 해야만 한다.

말할 필요도 없이 우리의 생각이 항상 옳지는 않으며, 우리의 결정이 언제나 최선은 아니다. 언제나 옳을 수 있다면 그는 곧 신이다. 인간은 그렇지 않다. 우리는 새로운 정보에 따라 과거의 생각을 바꾸기보다는 자신의 신념에 따라 정보를 취사선택한다. 섣부르게 똑똑할수록 그럴듯한 설명을 창작해 낸다.

명시적인 내기는 암묵적인 내기보다 그런 점에서 더 낫다. 나에게 가치 있는 뭔가를 걸어야 된다면, 다시 말해 뭔가를 잃게 될지도 모른다면 더 신중해질 수밖에 없다.

삶의 적지 않은 문제는 흑백 논리만으로는 해결되지 않는다. 흑백 논리는 사람들의 몸무게를 20킬로그램 미만과 200킬로그램 이상의 두 가지로 분류하는 일과 같다. 사람의 몸무게는 거의 대부분 그 중간 어딘가에 있다. 지나치게 확신하고 있다는 느낌이 든다면, 그게 자기 자신이든 혹은 다른 사람이든, "내기해 볼래?"하고 물을 일이다. 명시적인 내기는 책임을 지게 만든다.

선택에 결과를 가져다 붙이지 마라

이로부터 성공에 이르기 위한 이 책의 아홉 번째 규칙이 따라 나온다. 바로 "무언가를 걸고 행동에 책임지라"다. 무언가를 거는 자체가 행동이다. 또한 무엇이든 걸면 책임은 저절로 따라온다. 즉, 내게 가치 있는 것을 거는 게 관건이다. 말은 싸다. 내기는 비싸다.

무엇을 거는가도 중요하다. 작은 것을 건다면 그만큼 확신이 없다는 뜻이다. 크게 걸면 그만큼 책임을 지겠다는 의지를 내보인 셈이다. 19세기 작가 헨리 소로Henry Thoreau는 "모든 것의 가치는 당신이 삶에서 그걸 얻기 위해 교환하는 다른 무언가의 양"이라고 했다.

그렇다면 왜 이 규칙대로 해야 할까? 이유는 단순하다. 그게 무엇인가를 배우는 가장 효과적인 방법이기 때문이다. 잃을 각오를 하지 않으면 발전도 없다.

여기서 조심해야 할 일이 한 가지 있다. 바로 내기의 결과를 그대로 결정의 좋고 나쁨으로 간주하는 일이다. 결정은 최선이었지만 내기에 질 수도 있다. 반대로 결정은 삼류였지만 내기에 이기기도 한다. 상징적으로 말하자면, 빨간 불에 건넜지만 무사고일 수 있고, 초록 불에 건넜지만 차에 치이기도 한다. 운이 존재하는 한 그러한 가능성을 완전히 배제할 수 없다.

포커는 내기의 본질이 잘 드러나는 게임이다. 최종 결과의 유불리를 가지고 행동의 좋고 나쁨을 규정하는 일을 포커 세계에서는 '리절팅resulting', 즉 결과 갖다 붙이기라고 부른다. 프로 포커 선수들은 리절팅을 죄악으로 여긴다. 이를 극복하지 못하는 한 포커 스킬은 늘 제자리다.

포커의 여러 종류 중 인기 많은 텍사스 홀덤을 예로 설명해 보자. 텍사스 홀덤은 두 장의 개인별 카드와 다섯 장의 공유된 카드를 합쳐 승패를 가리는 게임이다. 개인별 카드로 가장 좋은 패는 에이스 두 장이고 최악의 패는 무늬가 다른 2와 7을 받는 경우다. 여기에는 재론의 여지가 없다.

무늬가 같고 순서가 연속인 두 장을 개인별 카드로 받으면 어떨까? 예를 들어, 스페이드 7과 스페이드 8을 받은 경우다. 중급자 중에서도 이를 좋은 패로 여기는 사람이 종종 있다. 무늬가 같은 다섯 장을 모으는 플러시나 순서가 연속인 다섯 장을 모으는 스트레이트를 기대할 법하다. 원하는 대로 플러시나 스트레이트가 만들어져 이기는 경우도 물론 발생한다.

그럼에도 불구하고 '순서가 연속인 같은 무늬'는 좋은 패가 아니다. 이 패를 가지고 고집을 부리면 이길 때는 작게 이기고 질 때는 크게 진다. 한두 번 이겨 본 경험만을 가지고 이 패를 좋은 패로 간주하는 일이 바로 리절팅이다.

책임을 져야 성장할 수 있다

"무언가를 걸고 행동에 책임지라"는 《블랙 스완*The Black Swan*》을 쓴 나심 탈레브의 '스킨 인 더 게임*Skin in the Game*'과 비견할 만하다. 스킨은 피부 혹은 살덩어리를 가리킨다. 홀마다 돈을 걸고 가장 잘 친 선수가 판돈을 모두 가져가는 스킨스 게임*Skins Game*의 스킨도 같은 뜻이다. 즉 행동의 결과에 따라 잃을 수도 있는 뭔가다. 버핏은 버크셔의 연례보고서를 통해 이 표현을 유명하게 만들었다. 아마도 셰익스피어의 《베니스의 상인》에서 영감을 얻었을 듯싶다.

'스킨 인 더 게임'은 두 가지 관점에서 바라볼 수 있다. 하나는 개인적 성장이고, 다른 하나는 사회적 책임이다.

뭔가를 거는 일이 한 개인의 성장에 불가결함은 자명하다. "리스크를 지지 않으면 수익이 없다"는 말이나, "고통이 없으면 얻는 것이 없다"는 말 그대로다. 앞에서 이야기한 세상을 배우는 가장 효과적인 방법인 이유와 맥을 같이 한다.

고대 그리스 경구에 '파테마타 마테마타*pathemata mathemata*'라는 말이 있다. 파테마타는 고통스러운 것들을 뜻한다. 그리스어 성경에서 예수의 수난을 가리키는 단어 파테마와 어원이 같다. 마테마타는 어딘가 낯이 익을텐데, 수학을 가리키는 영어 단어가 바로 여기서 유래

했다. 마테마타는 배운 것들을 의미한다. 즉, 수학의 본뜻은 숫자에 대한 지식이 아니라 배움 그 자체다. 합쳐 보면 "고통스러운 것들은 배운 것들이다"라는 뜻이 된다.

동시에 뭔가를 거는 일은 내가 속한 네트워크에 대한 책임을 지는 궁극의 길이다. 이러한 측면은 현대에 들어와 많이 약해졌다. 요즘 사회에 나타나는 많은 문제가 여기에서 비롯되었다.

과거로 돌아가 보자. 바빌론의 왕 함무라비가 공표한 법은 행위의 책임성을 극한까지 강조했다. 가령, 건축업자가 지은 집이 무너져 집주인이 죽으면 이는 곧 건축업자가 자신이 다해야 할 의무를 충실히 하지 않은 탓이었다. 건축업자는 자신의 행동에 대해 책임을 져야 마땅했다. 죽은 집주인을 살려 낼 방법이 없다면 정의를 회복하는 유일한 길은 건축업자의 사형이었다. 이름하여 '눈에는 눈, 이에는 이'다. 건축업자는 자신의 목숨을 걸고 집을 지어야 했다. 목숨을 걸지 않는 자의 집 건축은 허용되지 않았다.

고대 로마에서도 비슷한 원리가 통용되었다. 로마는 제국 내 교통망을 구축하면서 수많은 다리를 건설했다. 다리를 건설한 토목업자의 가족은 건설 중에는 물론이고 완공된 후에도 일정 기간 동안 다리 밑에서 살아야 했다. 토목업자가 책무를 부실하게 했다가는 자신의 가족이 먼저 몰살될 터였다. 즉, 토목업자는 자신의 가족을 걸고 다리를 놓아야 했다. 그때 건설된 다리들은 2000년 가까이 지난 지금도 멀쩡하다. 뭔가를 거는 일은 정의, 명예, 희생과 관련이 있었다.

요즘은 어떤가? 이른바 관료, 전문가, 대리인이 흘러넘치면서 정반대의 상황에 이르렀다. 이들은 하나 같이 말은 많되 어느 누구도 책임은 지지 않는다. 이들이 내세우는 사상이 바로 지성주의다. 지성주의란 행동의 주체와 행동의 결과를 분리할 수 있다는 믿음이다. 요즘은 실제로 일을 행할 수 있는 사람보다 뜯어 맞춘 설명에만 능한 사람이 더 많다. 이는 지성주의의 저주다.

물론 함무라비의 법처럼 사람의 목숨을 거는 일이 바람직하다는 뜻은 아니다. 하지만 행동에 대한 책임을 지우지 않는다면 지성주의의 저주를 깨트릴 방법은 없다. 책임을 어디까지 지워야 할까가 이어지는 중요한 질문이다.

책임을 질 때는 대칭성을 생각하라

책임을 지울 때 고려해야 할 중요한 원칙이 바로 대칭성이다. 여기서의 대칭성은 이를테면 '너와 나 사이의 대칭'이다. 예를 들어 보자. 일군의 스파르타인들이 스파르타를 개혁한 리쿠르구스에게 아테네식의 민주주의 도입을 요구했다. 리쿠르구스의 대답은 짧았다. "여러분 집부터 시작하시오."

위와 같은 입장의 대칭을 이야기한 사람은 한둘이 아니다. 가령, 플라톤이 라이벌로 여겼던 이소크라테스는 "강대국이 너희를 대할 때 썼으면 하는 방식으로 너희는 약소국을 대하라"는 글과 "너희 자식들이 너를 대했으면 하는 방식으로 너희 부모를 대하라"는 글을 남겼다. 실제와 이론의 차이를 누구보다도 잘 알았던 전설적인 포수 요기 베라는 "남들이 내 장례식에 오도록 나는 남들의 장례식에 가지" 라고 말했다.

결국 함무라비식 정의는 다음과 같은 방식으로 진화할 여지가 있다. 이름하여 황금률이다. 궁극의 도덕이라는 황금률은 "남이 너희에게 해 주기를 바라는 그대로 너희도 남에게 해 주어라"라고 요구한다. 내가 먹을 수 있는 음식만 남에게 주라는 의미다.

부정문의 형태로 된 황금률을 은률이라고 부르기도 한다. 은률은 "남이 너희에게 안 했으면 하는 일은 너희도 남에게 하지 말라"다. 탈레브에 의하면 은률이 먼저 준수되고 난 후 더 높은 단계로써 황금률이 등장한다.

캘리포니아 버클리대학의 카를로 치폴라Carlo Cipolla는 사람을 두 가지 축으로 분류한다. x축은 자신에게 미치는 혜택과 피해를, y축은 남에게 미치는 혜택과 피해를 나타낸다. 치폴라의 분류법에 의하면 사람은 네 사분면 중의 하나에 속하기 마련이다.

자신의 행동이 자신과 남에게 모두 혜택을 가져오는 1사분면에 해당하는 사람은 '현자'다. 현자는 네트워크에 도움이 되지만 그 수가 별로 많지 않다. 남에게는 혜택을 주지만 자신은 피해를 입는 2사분면에 해당하는 사람은 '무력자'다. 무력자는 넷 중 제일 약자지만 역설적으로 성자가 이 구역에 위치한다. 자신의 혜택을 위해 남에게 피해를 입히는 4분면에 해당하는 사람은 '강도'다. 강도는 잠깐은 번성할지 몰라도 곧 소멸된다.

가장 이해하기 어려운 부류가 3사분면에 속하는 사람들이다. 이들은 자신에게 아무 혜택이 없음에도 남에게 피해 입히기를 주저하지 않는다. 심지어는 자신에게도 일부 피해를 입힌다. 한마디로 '멍청이'다.

멍청이는 의외로 많다. 현자일수록 멍청이의 수와 악영향을 과소평가하기 쉽다. 현자는 자신이 현명하다는 사실을 안다. 강도도 자신이 강도임을 안다. 무력자도 자신이 무력하다는 사실을 안다. 오직 멍청이만 자신이 멍청하다는 사실을 모른다. 이들의 멍청함으로 인한 폐해는 강도보다 크다.

뭔가를 걸지 않는 사람은 강도 아니면 멍청이기 쉽다. 둘 다 네트워크에 도움이 안 되는 족속들이다. 다른 사람에게 피해를 입히는 사람이 장기적으로 네트워크에서 성공할 수 있을까? 그럴 리 없다. 자신에게 가치 있는 뭔가를 거는 것이 성공을 위해 중요한 이유다.

무엇을 얼마나 걸어야 하는가

그렇다면 무조건 많이 걸수록 좋은 걸까? 지나치면 모자람만 못하다 했다. 거는 정도에도 한계는 있다.

성공을 위해 그 외 모든 것을 희생시키는 경우는 일종의 '파우스트의 거래'다. 요한 볼프강 괴테가 쓴 희곡의 주인공인 파우스트는 악마 메피스토펠레스에게 영혼을 넘기는 대신 세상의 온갖 쾌락을 한시적으로 누리는 거래를 했다. 파우스트는 나중에 자신의 거래를 뼛속 깊이 후회했다.

극단적인 거래를 마다하지 않았던 사람을 예로 들자. 테드 윌리엄스Ted Williams는 미국프로야구의 전설 중 한 명이다. 윌리엄스는 19년을 선수로 뛰면서 통산 타율 3할 4푼 4리와 통산 출루율 4할 8푼 2리를 기록했다. 출루율은 역대 1위고, 타율도 1920년 이전의 물렁물렁한 공으로 경기하던 시기를 제외하면 제일 높다. 윌리엄스의 위 기록들은 제2차 세계대전과 한국전쟁 때 약 6년간 미국 해병대 전투기 조종사로서 경기를 뛰지 못한 상태로 달성한 결과였다.

윌리엄스는 타고난 재능과 지독할 정도의 훈련을 모두 갖춘 타자였다. 가진 시간과 에너지를 온전히 야구에만 쏟았다. "저기 테드 윌리엄스가 지나간다, 역대 최고의 타자야"라는 말을 듣는 것이 그의 인생 목표였고, 이를 위해 미친 듯이 훈련했다. 그 결과 그의 타격 스킬은 타의 추종을 불허했다. "나는 내가 300홈런을 칠 때까지 상대 투수가 누구였고, 볼 카운트가 어땠으며, 구종과 코스가 무엇이었는지 모두 기억하고 있었다"라고 자랑할 정도였다. 야구에서 성공하지 못하면 그게 이상할 수준이었다.

대신 그는 다른 모든 일에는 빵점이었다. 가령, 첫 번째 부인과 아직 이혼하기 전인 1950년대 초반에 윌리엄스는 이블린 터너라는 항공사 승무원과 바람을 피웠다. 터너에게 깊이 빠진 윌리엄스는 결혼하자고 끊임없이 졸랐다. 터너에게는 한 가지 걱정이 있었다. 윌리엄스가 자신보다 야구를 훨씬 더 좋아한다는 염려였다. 터너는 윌리엄스에게 단도직입적으로 물었다.

"당신 삶에서 나는 몇 번째로 중요한가요?"

윌리엄스의 대답은 신속했다.

"야구가 첫째, 낚시가 둘째, 너는 셋째야."

말뿐일지언정 "니가 첫째야"라는 말을 들으면 결혼할 마음이 있었던 터너는 결국 청혼을 거절했다.

물론 이후 그런 조건을 감수하겠다는 여자가 두 명 더 나타나기는 했다. 윌리엄스의 세 번째 부인이었던 전 미스 버몬트 돌로레스 위타치는 결혼 직후부터 자신이 실수했음을 깨달았다. 당시 출간되었던 윌리엄스의 자서전에 "그는 아마도 당신이 상상할 수 있는 최악의 결혼 상대다"라는 서문을 붙이겠다고 위협할 정도였다.

그렇다면 어느 정도 거는 것이 적당한 걸까? 완벽한 정답이 있기는 어렵다. 그보다는 얼마나 확신하는가에 따라 조절할 일이다. 확신이 크다면 좀 더 많이 걸 수 있겠지만, 불확실할수록 줄여야 한다.

여기서 한 가지 사항을 분명히 하자. 거는 것이 지나쳐 파멸에 이를 정도로 인생 전부를 거는 일은 결코 바람직하지 않다. 파멸하면 그걸로 모든 것이 끝난다. 습관적으로 가진 것 이상으로 거는 도박사가 끝까지 살아남는 경우란 없다. 이들은 곧 역사에서 사라진다.

또한 거는 대상을 돈만으로 잘못 이해해도 곤란하다. 돈은 물론 걸 수 있는 뭔가 중 하나지만 전부는 아니다. 길게 보면 돈보다 중요한 것이 둘 있다. 시간이 하나요, 명예 혹은 평판이 둘이다. 합치면 인생이 된다.

책임으로 본 삶의 3단계

무엇인가를 걸고 행동에 책임지는 대표적인 일이 하나 있다. 바로 창업이다. 창업은 거저 이루어지지 않는다. 창업자는 돈과 시간과 평판을 건다. 창업을 말로 하는 경우란 없다. 다니던 직장을 그만두어야 하고 자신이 모은 돈과 평판의 일부를 잃을 각오를 해야 한다. 이 모든 것이 다 행동이다. 용기 없이는 불가능한 일이다. 즉, 모험 사업가는 사회의 영웅이다. 안온한 삶을 추구하는 나머지 사람들을 대신해 실패의 가능성을 짊어진다.

탈레브에 의하면 사람은 무엇을 거는가에 따라 세 단계로 나뉜다. 1단계는 아무것도 걸지 않는 경우다. 2단계는 뭔가를 걸고 책임을 지는 경우다. 여기까지는 지금까지 이야기한 바다. 제일 위의 3단계는 어떤 경우일까? 바로 영혼을 거는 경우다. 달리 말해, 자신이 아닌 남을 위해 뭔가를 거는 사람이다. 한마디로 성자다.

성자는 남을 위해 고통스러운 삶을 자처한다. 시작은 미약하고 몸은 쉽게 소멸한다. 역설적으로 그런 그를 네트워크는 쉽사리 잊지 못한다. 고난을 대신 짊어진 그를 우러르고 또 우러른다. 시간이 갈수록 성자의 삶은 더욱 생명을 얻는다. 궁극의 성공이다.

구체적으로 누가 어느 단계에 속하는지 이야기해 보자. 대기업 임원이 1단계라면 창업자는 2단계다. 3단계는 누구일까? 바로 혁신가다. 당대에는 빛을 보지 못하지만 시간이 지나면 그의 공을 세상이 알아준다. 하나만 더 예를 들자. 뒤에 숨어서 말로만 떠드는 귀족이나 관료가 1단계요, 책임지는 시민이 2단계라면, 3단계는 바로 돌격 때 앞장서는 전사나 불길에 뛰어드는 소방관이다.

물론 3단계가 되기는 어렵다. 모두가 3단계가 될 수는 없다. 2단계는 어렵지 않다. 자신의 행동에 책임을 지면 그걸로 충분하다. 예를 들면 이런 경우다. 글라이더의 아버지 오토 릴리엔탈Otto Lilienthal은 자신이 만든 시제 글라이더의 비행을 직접 도맡아 했다. 릴리엔탈은 1986년 8월 9일, 시제 글라이더 탑승 중 사고로 숨졌다.

모든 2단계가 비극으로 끝나지는 않는다. 전동 휠 세그웨이를 만든 엔지니어 딘 케이멘Dean Kamen은 저개발 지역에서도 값싸게 쓸 수 있는 정수기도 개발했다. 이른바 '슬링샷Slingshot'이다. 케이멘은 시연회에서 슬링샷의 성능을 증명하기 위해 자신의 오줌을 슬링샷에 부었다. 그리고 정수된 오줌을 기꺼이 마셨다. 속된 말로 "내가 싼 똥은 내가 치운다"는 자세였다. 정수 성능에 문제가 있다면 오줌을 들이킬 첫 번째 사람이 자신이라는 뜻이었다. 물론 케이멘은 슬링샷에서 나온 깨끗한 물을 마셨다.

스스로 독을 마신 노벨 생리의학상 수상자

이런 쪽으로 유명한 사례 한 가지를 마지막으로 들면서 이번 장을 마치자. 1951년에 오스트레일리아에서 태어난 배리 마셜Barry Marshall은 1981년부터 14살 위의 로빈 워런John Robin Warren과 함께 위염을 일으키는 원인을 찾기 시작했다. 그들은 위 속의 박테리아가 위궤양과 위

암을 일으킬지 모른다고 의심했다. 당시의 의학계 상식으로 산도가 높은 위 속에서 박테리아가 산다는 생각은 농담에 가까웠다.

1982년 마셜과 워런은 실제로 위에서 사는 박테리아를 배양하는 데 성공했다. 1983년 오스트레일리아 소화기내과학회는 그들이 제출한 논문을 단박에 쓰레기통에 처박았다. 마셜은 통상적인 방법으로는 자신의 주장을 증명할 방법이 없음을 깨달았다.

1984년 마셜은 먼저 내시경 검사를 통해 자기 위에 아무런 염증이 없음을 확인했다. 내시경 검사 직후 그는 박테리아가 가득한 배양액을 들이 삼켰다. 3일 후부터 배탈 증세가 나타나기 시작했다. 7일 후 행한 위 내시경 검사에서 급성 위염과 박테리아 증식이 확인되었다. 마셜의 실험 결과는 마침내 1985년 오스트레일리아의학회지에 실렸다. 이후 마셜은 세계적인 명사가 되었다.

사실 마셜의 실험은 적지 않은 행운이 따랐다. 당시까지만 해도 위염에는 뚜렷한 치료법이 없었다. 잘못했다가는 위궤양 및 위암으로 발전해 목숨이 단축될 일이었다. 그런데도 마셜의 급성 위염은 며칠 만에 저절로 나았다. 만성 위염을 가진 일반적인 위 박테리아 보균자와 다른 양상이었다. 또한 마셜은 박테리아 배양액을 마신 후 14일 뒤부터 항생제를 복용했다. 현재 해당 항생제는 문제의 박테리아 제거에 단독으로는 효과가 없다고 알려져 있다.

어쨌거나 자신의 위를 건 마셜의 모험은 해피 엔딩으로 끝났다. 마셜은 2001년 국내 텔레비전 광고에도 직접 출연했다. 자신과 워런이 발견한 박테리아, 즉 헬리코박터 파일로리를 없애는 데 효과가 있다는 요쿠르트 제품을 선전하는 광고였다. 마셜과 워런 듀오는 2005년 노벨 생리의학상을 공동으로 수상했다.

RULE 9. 무언가를 걸고 행동에 책임지라

천명을 겸허히
받아들이라

이름 없이 죽었던 포송령의 진정한 재능

1640년 중국 산둥성에서 포송령이라는 남자가 태어났다. 당시는 여
진족의 나라인 청이 한족의 나라인 명을 정복해 나가던 혼란한 시기
였다. 포송령은 어려서부터 수재로 이름이 높았다. 사서와 삼경을 막
론하고 한번 배우면 막힘없이 써내려 간다는 평판이 자자했다.

19세 때인 1658년 포송령은 과거 시험에 도전했다. 가장 작은 지
역 단위인 현부터 부, 원까지 세 번의 지역 예선에서 모두 수석으로
합격하는 기염을 토했다. 포송령의 답안지를 채점한 당대의 문장가

시윤장은 "붓 끝에 신기가 어려 있고 글에서는 기이한 향내가 난다"고 평가했다.

그러나 포송령의 운은 거기까지였다. 최종 결선인 향시에서 번번이 낙방했다. 향시는 3년에 한 번씩 치르는 시험이었다. 51세에 일곱 번째로 도전했지만 또 떨어졌다. 이때 포송령의 아내가 나섰다.

"이제 그만하세요. 당신이 그럴 운명이라면 지금쯤 벌써 대신이 되어 있을 거예요."

그 말에 깨달은 바가 있었는지 포송령은 더 이상 향시에 도전하지 않았다.

재산과 배경이 대단치 않았던 포송령은 남의 집 가정 교사로 생계를 연명했다. 그렇게 40년 넘게 살았다. 말년에 동자시라는 급이 높지 않은 시험에 겨우 합격했다. 과목 하나를 맡는 박사의 제자, 즉 보조를 가리키는 박사 제자원이라는 말직이 되었다. 포송령은 76세 때인 1715년 숨을 거뒀다. 이름 없고 곤궁한 삶이었다.

포송령은 남는 시간에 시중에서 전해지는 이야기를 소재로 삼아 글을 썼다. 고관대작들이 눈살을 찌푸릴, 시정잡배나 읽을 글이었다. 30세부터 쓰기 시작한 글의 서문에서 포송령은 자신의 신세를 아래처럼 한탄했다.

"나는 어려서부터 병약했고 자라서는 모든 일이 순탄하지 못했다. 집안은 썰렁하고 생활은 일찍부터 승려처럼 단조로웠다. 가르치는 일에 의지해 꾸려 나가는 살림은 마치 탁발승이 동냥 다니는 신세와 다름없었다. 깊은 밤 혼자 앉아 있자니 등잔불은 꺼질 듯 희미하게 깜박

거린다. 서재는 쓸쓸하고 책상은 얼음처럼 차갑다. 단지 나는 여우 겨드랑이 가죽을 모아 옷은 짓듯, 한 글자 한 구절씩 모아 감히 유명록의 속편을 짓겠다고 덤볐다. 유생으로서 평생의 심사를 이런 글에 기탁하게 되었으니 말하는 것조차 슬프고 애달프다."

포송령이 죽기 직전까지 40여 년간 쓴 글들은 그의 생존 당시 빛을 보지 못했다. 위 책은 포송령이 죽은 지 51년 후인 1766년에야 출간되었다. 그럴 만한 이유가 있었다. 400여 편의 단편으로 구성된 위 책은 온갖 괴이한 이야기투성이였다. 신선 정도는 약과고, 여우, 귀신, 도깨비, 강시 등이 끊임없이 나왔다. 홍콩 영화배우 왕조현과 장국영이 출연한 〈천녀유혼〉이라는 영화의 원작도 이 책에서 가져왔다.

이 책의 단편 중 하나를 아래에 소개해 보자. 뭐랄까, 포송령 자신의 처지에 대한 울분과 체념이 묘하게 겹쳐 있는 단편이다.

한 서생이 과거 공부를 오래 했지만 흰 수염이 나도록 번번이 떨어졌다. 가산은 기울고 아내는 가출하니 죽을 작정을 하고 대들보에 동아줄을 묶었다. 막상 목을 매려니 자기보다 변변치 못한 자들이 버젓이 급제한 것이 억울했다. 이에 옥황상제를 찾아가 따졌다.

서생의 억울한 심정을 들은 옥황상제는 정의의 신과 운명의 신을 불렀다. 둘 중 누가 더 술을 많이 마실 수 있는지를 가름하는 내기를 벌이기 위해서였다. 옥황상제는 서생에게 물었다.

"정의의 신이 더 많이 마시면 네가 분개함이 옳다만, 운명의 신이 더 많이 마시면 네가 체념함이 옳으니 그런 줄로 알고 따르겠느냐?"

서생은 따르겠다고 답했다.

두 신 사이의 술 내기에서 정의의 신은 석 잔을 마신 반면, 운명의 신은 일곱 잔을 마셨다. 이에 옥황상제가 다음처럼 서생을 꾸짖고 돌려보냈다.

"세상은 정의에 따라 행해지지 않고 운명의 장난에 따라 행해지니라. 다만, 운명이 7할을 지배하는 가운데 3할의 이치도 행해지고 있음을 명심하여라."

여러분이 한 번쯤은 들어 봤을 '운칠기삼運七技三', 즉 운이 7이고 기술이 3이라는 이야기가 바로 여기서 처음 나왔다. 즉, 포송령은 운칠기삼의 원조다.

살아생전에는 시시하고 하찮았던 포송령은 죽어서 유명해졌다. 《요재지이聊齋志異》라는 이름으로 나온 이 책은 나중에 서양에서 '동양의 아라비안나이트'라는 찬사를 받았다. 요재는 포송령의 아호고 지이는 기이한 기록이라는 뜻이다. 현재 포송령은 청을 대표하는 단편 작가로 이름이 높다. 포송령 대신 향시에 급제한 자 중 누구를 우리가 알랴.

운의 존재를 인정하지 않는 사회는 발전하지 않는다

운을 받아들이는 일은 어렵다. 포송령은 자신의 불운이 슬프고 애달팠다. 지역 예선 수석은 당연하고 공정한 일이지만 향시의 계속되는 불합격은 납득하기 어려웠다.

운의 존재 자체를 인정하지 않는 경우 불합격을 설명할 수 있는 방법은 둘 중 하나다. 하나는 자신의 실력, 즉 스킬 부족이다. 이런 설명을 받아들이는 사람은 드물다. 다른 하나는 세상이 불공정하다는 의심이다. 실제로 부정한 네트워크가 작용하는 경우도 있지만 모든 경우가 그렇지는 않다.

운의 존재를 인정하지 않는 사회가 발전하기란 쉽지 않다. 옥스퍼드대학의 에드워드 에반스-프리처드Edward Evans-Pritchard에 의하면 대개의 원시 부족은 운의 개념을 갖고 있지 않다. 그가 연구한 아잔데 부족 사회는 불신, 의심, 질투로 점철되어 있었다.

운의 존재를 인정하는 사람조차도 운이 스킬보다 크다는 사실은 소화를 잘 못한다. 잘된 일은 온전히 내 스킬 덕분이고 잘못된 결과에 대해서만 운 탓을 한다. 사실은 정반대일 수 있다. 즉, 잘못된 결과가 내 모자란 스킬 탓이고 잘된 일은 운이 좋아서일지 모른다. 운칠기삼 고사의 서생이 옥황상제의 꾸짖음을 마음속 깊이 받아들였는지는 미지수다.

운칠기삼의 진정한 의미

운칠기삼의 의미는 옥황상제가 이야기한 그대로다. 두 가지로 나누어 이해할 수 있다. 첫째, 세상사는 스킬보다 운이 더 중요하다. 둘째, 운보다는 작지만 개인이 어떻게 할 수 있는 여지도 있기는 하다.

위 두 가지로부터 필연적 결과 네 가지가 따라 나온다. 첫째, 당신이 잘된 이유는 일차적으로는 운 때문이다. 둘째, 당신이 잘못된 이유도 일차적으로는 운 때문이다. 셋째, 스킬의 연마는 잘될 가능성을 높이지만 그 영향은 크지 않다. 넷째, 그런데도 우리가 할 수 있는 유일한 일은 스킬의 연마다.

운칠기삼이라는 말은 많이 알려진 데 비해서 그다지 인기가 없다. 인터넷 검색을 해 보면 어떻게든 그 의미를 자기가 원하는 대로 구부리는 경우가 다반사다. 가령, 운칠기삼이 아니라 요즘은 운삼기칠로 바뀌었다고 한다든지, 혹은 운을 내가 원하는 대로 조종할 수 있다든지 하는 식이다. 이는 올바른 태도가 아니다. 운이 나보다 크다는 사실을 인정할 필요가 있다.

《앙팡 테리블Enfants terribles》을 쓴 작가 장 콕토Jean Cocteau는 아래처럼 운을 인정하는 다소 속물적 방법을 제시했다.

"우리는 운을 믿어야만 해. 왜냐하면 그렇지 않으면 어떻게 우리가 싫어하는 인간들의 성공을 설명할 수 있겠어?"

운이 나를 넘어섬을 받아들이는 데 도움이 된다면 이 방법도 쓸 만하다.

운은 전적으로 공평하지는 않다. 광의의 운은 결과적 평등을 약속하지 않는다. 운은 한시적으로 특정한 사람을 편애하거나 미워하는 듯 보일 수 있다.

이를 잘 보여 주는 일화가 있다. 1973년에 태어난 스티븐 브래드버리Steven Bradbury는 쇼트트랙 선수였다. 브래드버리는 1991년부터 오스트레일리아 국가 대표로 뛰었지만 성적은 그저 그랬다. 1994년 릴리함메르 올림픽에서 수상한 5000미터 남자 계주 동메달이 유일한 올림픽 메달이었다. 500미터나 1000미터 같은 개인전에서는 늘 예선 탈락했다. 세계선수권대회에서도 한번도 개인전 메달을 딴 적이 없었다.

2002년 솔트레이크시티 올림픽에서 브래드버리는 이미 30세의 노장이었다. 가능성 없는 퇴물이라 불러도 지나친 표현은 아니었다. 역시나 500미터는 준준결승에서, 1500미터는 준결승에서 탈락했다.

1000미터는 그중 제일 가능성이 낮은 종목이었다. 릴리함메르와 1998년 나가노에서 두 번 모두 1차 예선 탈락했다. 브래드버리는 1000미터 1차 예선에 참가한 32명의 선수 중 두 번째로 나이가 많았다. 한국의 김동성과 안현수, 중국의 리자준, 미국의 아폴로 안톤 오노, 그리고 같은 대회 500미터에서 금메달을 딴 캐나다의 마크 개농 등이 모두 1000미터에 출전했다.

1차 예선 때 2조에 속한 브래드버리는 1분 30초 956의 기록으로 조 1위를 차지하며 준준결승에 올랐다. 준준결승에 오른 16명의 선수 중 10위의 미미한 기록이었다. 준준결승에서 브래드버리는 오노와 개농과 같은 2조에서 경기를 벌였다. 네 명 중 상위 두 명만 준결승에 진출하는 규정상 브래드버리의 준결승 진출 가능성은 희박했다. 실제로 브래드버리는 상당히 뒤처진 3위로 결승점을 통과했다. 그러나 개농이 실격 판정을 받으면서 덤으로 준결승에 진출했다.

브래드버리가 배치된 준결승 1조는 모두 다섯 명의 선수가 뛰었다. 김동성과 리자준이 있는 1조에서 브래드버리가 결승에 진출할 것 같지는 않았다. 마지막 바퀴에서 직전 올림픽 우승자인 김동성이 넘어지고 이어 리자준과 캐나다의 매슈 투코트가 충돌하면서 내내 꼴찌로 달리던 브래드버리가 엉겁결에 두 번째로 결승점을 통과했다. 판독 결과 첫 번째로 들어온 일본의 사토루 테라오가 실격 처리되면서 당당하게 1위로 승자 결승전에 진출했다. 강력한 우승 후보 김동성은 패자 결승조로 밀려났다.

승자 결승전은 다시 다섯 명이 경기를 벌였다. 여전히 브래드버리의 메달 가능성은 극히 낮았다. 안현수, 오노, 리자준, 투코트의 네 명모두 브래드버리보다 뛰어난 선수였다. 네 명이 엉켜 선두 경쟁을 벌이는 동안 기량이 딸리는 브래드버리는 약 15미터 뒤처져 달렸다. 확실한 꼴찌였다. 결승선으로 들어오는 마지막 코너에서 리자준이 오노와 충돌했다. 둘은 볼링공처럼 덤으로 안현수와 투코트까지 쓸어버렸다. 브래드버리는 워낙 뒤처져 있던 덕분에 충돌을 피해 결승선에 먼저 들어왔다. 금메달이었다.

운의 명령은 결국 천명의 모습으로 나타난다

룬트대학의 마르틴 닐손Martin Nilsson은 운에 대한 독특한 견해를 갖고있다. 바로 서구의 정의 개념이 운에서 왔다는 주장이다. 고대 그리스시인 호메로스는 '정의'에 반하는 '오만'이란 단어를 남의 것에 대한부당한 침해라는 의미로 사용했다. 또한 그리스 신화의 운명의 여신모이라는 적정한 배분 혹은 수명이라는 뜻을 가졌다. 즉, 운은 공평하지는 않을지언정 공정할 수 있다. 부자나 권력자라 해서 봐주거나 피해 가지 않는다. 운 앞에서는 모두가 평등하다.

운은 궁극적으로는 운명의 모습으로 나타난다. 운명運命을 풀어 보면 '운의 명령'이 된다. 운명의 명命은 왕이 자신의 뜻을 입을 통해 백성에게 전함을 뜻한다. 예전에 왕의 명령은 반드시 목숨을 걸고 완수해야 했다. 그래서 명에는 목숨이란 뜻도 있다.

운명이라고 다 같은 운명은 아니다. 운명을 바라보는 태도에는 두가지가 있다. 첫 번째는 숙명이다. 영어의 '페이트fate'에 해당한다. 숙명은 날 때부터 타고난 정해진 것, 혹은 피할 수 없는 것을 말한다. 숙명을 받아들이면 더 이상 사람에게는 자유 의지가 없다. 모든 일이 이미 정해져 있기 때문이다. 숙명을 인정하면 3할의 스킬조차 하찮다. 이러한 태도는 막다른 골목으로 우리를 안내한다.

두 번째는 운명이다. 영어로 '데스티니destiny'다. 운명은 숙명과 달리 전적으로 주어지지 않는다. 여기에는 내가 선택한 삶의 길이라는 의미가 있다. 물론 운의 명령이기에 전적으로 내 통제하에 있지는 않다. 그래도 내 결정에 의해, 인생을 걸고 좇는 목표와도 같다. 운명은 선택할 수도, 거부할 수도 있다. 숙명은 그저 주어질 뿐이다.

종교는 기본적으로 운에 대해 적대적이기 쉽다. 특히 텔레비전에 나오는 텍사스의 에반젤리스트evangelist, 즉 부흥 전도사들은 운에 대해 몹시 화를 낸다. 그들에 의하면 운은 발명된 가장 사악한 신화다. 가톨릭 교부들도 우연을 마녀 사이렌처럼 대했다. 미신을 불러올 잠재력이 있어서였다. 아우렐리우스 아우구스티누스는 숙명이라는 단어를 혐오했다.

신은 운이 작용하는 대상은 아니다. 모든 것을 알고 모든 것을 할 수 있는 신에게 운이 설 자리는 없다. 인간의 관점에서는 꼭 그렇지는 않다. 인간은 예지와 능력에서 한계가 있다. 교육 철학자 존 듀이John Dewey에 의하면, 자신의 운명을 전적으로 통제할 수 없는 인간이 자신을 넘어서는 신의 섭리에 바치는 헌사가 곧 신앙이다.

이로부터 성공을 위한 마지막이자 열 번째인 규칙이 나온다. 바로 "천명을 겸허히 받아들이라"다. 악운이나 불운을 만나도 너무 좌절할 필요가 없다. 반대로 행운에 너무 들뜰 이유도 없다. 운과 싸우려 들지 말고 그저 묵묵히 우리의 길을 걸어갈 뿐이다. 하늘의 명을 겸손히 따를 일이다.

세상 일은 우리의 희망과 무관하게 돌아간다

실제로 우리의 간절한 희망과 무관한 많은 일이 벌어진다. 우리의 구체적 결정은 종종 아무런 차이도 만들지 못한다. 모든 길이 로마로 통한다면 어느 길을 택하든 결과는 같다. 결과가 이미 결정되어 있어서 불가피한 일들이 세상에는 분명히 있다.

그렇다면 "행운을 빌어요!"라는 말은 무슨 소용이 있을까? 이야기를 듣는 상대방이 무능력자라는 뜻일까? 그렇지는 않다. 오히려 운으로 가득 찬 이 세계에서 능력만으로는 성공을 담보할 수 없다는 의미다. 오만과 허영이 우리를 검게 물들이지 않도록 환히 비추는 밝은 빛이기도 하다.

하늘은 가끔 우리에게 이유 없는 행운을 선사한다. 그중 하나가 운명의 짝을 만나는 인이다. 그러한 예를 하나 들자.

영국에서 태어난 윌리엄은 30세에 미국 뉴욕으로 건너왔다. 2년 후 첫 번째 부인인 마사와 함께 미국 서부로 이주를 결정했다. 마사는 이주 도중 병에 걸려 오하이오 신시내티에서 숨졌다. 윌리엄은 계획을 바꿔 신시내티에 주저 앉았다. 상처한 홀아비인 윌리엄은 곧 자기보다 여덟 살 어린 올리비아 노리스라는 여자와 데이트를 시작했다.

올리비아 노리스에게는 엘리자베스라는 두 살 어린 여동생이 있었다. 엘리자베스가 만나던 남자 친구는 제임스로 아일랜드 태생이었다. 제임스는 엘리자베스보다 여덟 살이 많았다.

어느 날 윌리엄은 올리비아의 여동생 엘리자베스를 만났다. 그리고 그날 자신의 운명의 짝을 만났다. 바로 제임스였다. 두 자매와 각기 결혼한 윌리엄과 제임스는 5년 후 같이 회사를 세웠다. 비누와 양초를 만들어 파는 회사였다. 이 회사는 나중에 P&G라고 불리게 되었다. 윌리엄 프록터William Procter와 제임스 갬블James Gamble이 공동으로 창업한 프록터앤드갬블Procter&Gamble이다.

반대의 경우도 물론 있다. 헤럴드 쿠슈너Harold Kushner는 미국의 유대교 랍비였다. 쿠슈너는 29살 때 아들 아론을 얻었다. 아론은 세 살 때 병에 걸렸다. 병명은 길포드 증후군, 즉 조로증이었다. 영국 외과 의사 헤이스팅스 길포드가 최초 보고한 조로증은 노화가 비정상적으로 빠르게 진행하는 희귀한 유전 질환이었다. 이 병에 걸린 아이들은 키가 안 자라면서 얼굴은 노인처럼 변했다.

　　　　　　　　　　　　　　　세 가지 열쇠

쿠슈너는 자신과 아들에게 닥친 일을 이해할 수 없었다. 그는 아들의 병을 고치기 위해, 그리고 자신의 고통에 대한 답을 찾기 위해 백방으로 노력했다. 쿠슈너의 간절한 노력에도 불구하고 아론은 15살에 죽었다. 조로증 환자들은 노화로 인해 동맥이 빨리 경화되고 이로 인한 합병증을 겪는다. 길포드 증후군 환자의 평균 수명은 13세 정도로 아론은 그보다는 조금 더 오래 살았다.

쿠슈너는 아론이 죽은 후 4년 뒤에 《왜 착한 사람에게 나쁜 일이 일어날까When bad things happen to good people》라는 책을 냈다. 자신이 던졌던 질문에 대한 답을 정리한 결과였다. 답은 간단했다. 아론에게 닥친 불행에는 아무런 이유가 없었다. 그저 무작위하게 발생한 불운이었다.

결국 뭔가 안 좋은 일이 벌어졌다고 해서 너무 좌절할 필요는 없다. 그것이 스킬의 부족 때문이라면 지금보다 더 연마하면 될 일이다. 그것이 아니라면 여러분 잘못은 아니다. 단지 불운에 얻어맞았을 따름이다. 그게 전부다. 다시 일어서서 가야 할 길을 뚜벅뚜벅 걸어가는 것으로 충분하다.

살아야 할 이유는 고난을 이겨 내는 힘이다

소크라테스는 "인간사에는 안정된 것이 하나도 없음을 기억하라. 그러므로 성공에 들뜨거나 역경에 지나치게 의기소침하지 말라"고 가르쳤다. 이는 세네카와 에픽테투스와 같은 이른바 스토아 철학자의 주장이기도 하다. 우리는 우리에게 닥칠 모든 일을 통제할 수 없다. 즉 우리는 우리가 처한 상황의 주인이 아니다. 그런데도 여전히 우리 운명의 주인일 수는 있다.

삶에서 고난은 불가피하다. 세상은 선善만으로 이루어져 있지 않다. 역설적으로 그러한 삶의 고통이 우리를 성장시키는 원동력이다. 진정한 성공에 다가가게 하는 어쩌면 유일한 길이다. 《레미제라블Les Misérables》을 쓴 빅토르 마리 위고Victor-Marie Hugo는 "역경은 사람을 만들고, 번영은 괴물을 만든다"고 했다. 그라시안에 의하면, "꿈은 당신을 아무데도 데려다 주지 않는다. 그보다는 바지 한가운데를 걷어 채이는 쪽이 먼 길을 데려다준다."

삶의 궁극적인 성공에서 중요한 한 가지는 바로 '이유'다. 쉽게 말해 "왜 사는가?"하는 질문에 대해 스스로 찾은 답이다. 이것이 갖춰지지 않으면 그 어떠한 성공도 공허해지기 쉽다. 프리드리히 니체는 "왜를 가진 사람은 거의 모든 어떻게를 견딜 수 있다"고 썼다.

가장 고통스러운 삶은 어떠한 모습일까? 유력한 후보 중 하나는 체계적 집단 학살이 자행되는 수용소에 수감되는 일이다. 이유 없이 끌려와서 죽는 일은 사람이 이성적으로 이해할 수 있는 일의 범위를 넘어선다. 그제는 부모가, 어제는 배우자가 끌려가 죽고, 오늘은 자식이 끌려가 죽는다. 상상할 수 있는 지옥 그 이상이다. 사실 지옥은 우리 세상에 있다.

수용소에서 끝까지 살아남은 사람들은 어떤 사람들일까? 체력이 좋거나, 머리가 좋거나, 혹은 네트워크가 좋은 사람이라고 짐작할지도 모르겠다. 소수의 생존자를 '운이 좋은 사람'으로 치부할 수도 있다. 물론 운은 중요한 요소다. 거기에 추가하고 싶은 요소가 바로 '이유'다. 살아남은 사람의 대부분은 살아야 하는 이유를 알던 사람들이었다.

삶의 의미는 우리가 세상에 대해 스스로에게 들려주는 이야기의 형태로 온다. 이는 피상적인 가치나 막연한 이데올로기에 대한 엄밀한 정의가 아니다. 거의 모든 종교 지도자는 설교 혹은 강론을 한다. 설교는 곧 세상에 대한 구체적인 이야기다.

삶의 의미를 찾고 싶다면 죽음을 생각하라

자신만의 의미를 찾는 한 가지 효과적인 방법이 있다. 바로 죽음에 대해 생각해 보는 일이다. 자살을 고려하라는 의미는 물론 아니다. 언젠가 우리는 모두 죽는다. 끝은 이미 정해져 있다.

끝을 의식하게 되면 무슨 일이 벌어질까? 바로 남아 있는 현재의 인생에서 가장 중요한 것에 집중하게 된다. 이를 누구보다 잘 알았던 사람이 바로 스티브 잡스Steve Jobs다. 잡스는 2005년 스탠퍼드대학 졸업식 축사에서 다음처럼 말했다. "내가 곧 죽을 것이라는 사실을 기억함은 내가 인생의 큰 결정을 내리는 데 도움을 준 가장 중요한 도구입니다."

《인간의 품격The Road to Character》을 쓴 데이비드 브룩스David Brooks는 세상의 가치를 두 가지로 구별한다. 하나는 이른바 '이력서 가치

resume virtues'다. 어느 학교를 나왔으며, 어느 직장에 들어갔고, 어떤 시험을 붙었고, 또 어디에서 무엇으로 일했다 등이 이력서 가치다. 일반적인 성공의 기준이라 할 수 있다.

브룩스가 강조하고 싶은 두 번째 가치는 이른바 '추도사 가치eulogy virtues'다. 서양의 장례식 참석자들은 돌아가면서 고인을 기리는 추모 연설을 한다. 이때 고인이 얼마나 대단한 지위와 권세를 누렸는지 이야기하는 사람은 드물다. 거의 예외 없이 고인과 나눈 개인적인 경험이나 일화 등을 언급한다. 그러면서 그 경험이 자신에게 얼마나 의미가 있었는지를 이야기한다.

자신의 장례식 때 어떤 추도사를 듣게 될까 생각해 보면 무엇이 더 의미 있는 가치인지를 생각지 않을 수 없다. 가까운 이들에게 어떤 사람으로 기억되고 싶은지를 미리 시뮬레이션해 보는 방법인 셈이다. 위 방법을 일컬어 '스크루지 효과Scrooge effect'라고 부르기도 한다. 찰스 디킨스Charles Dickens가 쓴 소설 《크리스마스 캐롤A Christmas Carol》의 주인공 스크루지는 지독한 구두쇠였다. 그러다 꿈에서 자신이 죽은 후의 미래를 보고는 새로운 사람이 되었다. 끝에 대한 생각은 우리를 조금 더 친절하고 관대하게 만든다.

진정한 행복은 사명에서 온다

행운은 사람을 행복하게 만들까? 이를 부인하기는 어렵다. 그러나 행운만으로는 진정한 충만을 느끼지 못한다. 행복도 마찬가지다. 행복하다는 감정은 대개 순간에 그치고 오래 지속되지 않는다. 게다가 행운은 언젠가 떠난다. 즉, 행운에 의존한 행복은 취약할 수밖에 없다.

행복보다 오래 지속되는 것이 한 가지 있다. 바로 기쁨이다. 여기서 이야기하는 기쁨은 영어의 '조이joy'에 해당한다. 기쁨은 행복을 뜻하는 '해피니스happiness'나 쾌락을 뜻하는 '플레저pleasure'와 다르다.

기쁨을 누리는 가장 효과적인 방법은 바로 행하는 일을 미션, 즉 사명으로 여길 때다. 여기서 일은 단지 직업만을 의미하지 않는다. 직업은 물론이거니와 직업이 아닌 일도 스스로 어렵지만 의미 있는 임무라고 간주하면 사명이 된다. 흥미롭게도 케임브리지 사전에 의하면 일상적인 영국 영어에서 조이는 성공이나 행동을 의미한다. 기쁨과 사명 사이의 관계를 이로부터 짐작해 볼 수 있다.

사명이 인생에서 어떤 역할을 하는지를 함축적으로 설명한 한 사람의 예를 들자. 1899년에 프랑스 파리에서 태어난 조르주 도리오 Georges Doriot는 청소년기에 인생의 굴곡을 겪었다. 도리오의 아버지는 프랑스의 선구적 자동차 엔지니어로, 자동차 회사 푸조의 창업자 아르망 푸조의 오른팔이었다. 그는 푸조의 축복을 받으며 독립해서 자동차 회사 D.F.P.를 차렸다. D.F.P.는 초기에 번창했지만 제1차 세계대전을 거치면서 사세가 기울었다. 거의 파산 지경에 이른 아버지는 조르주 혼자만 미국으로 떠나보냈다.

도리오는 당시 생긴지 얼마 안 된 하버드비즈니스스쿨에서 MBA 과정을 밟았다. 어렸을 때부터 기계를 만지며 자란 덕분에 그는 엔지니어링 기반 제조업에 일가견을 보였다. 하버드비즈니스스쿨의 인기 교수가 된 도리오는 미국을 위해 봉사하기를 늘 희망했다. 1941년 미국이 제2차 세계대전에 참전하자 미국 육군 병참단이 요청에 8헤 중령으로 자원입대했다. 미국 육군의 무기 개발, 생산, 군수를 총책임지는 역할을 수행한 도리오는 나중에 준장으로 예편했다.

도리오는 두 개의 조국을 가지고 있었다. 자신을 성장시켜 준 미국과 자신이 태어난 프랑스였다. 도리오는 태어난 조국 프랑스에도 기여하기를 소망했다. 자신이 경험한 교육 환경을 유럽에 마련하는 사명을 스스로에게 부과했다. 적지 않은 사람들이 그의 사명에 공감하고 힘을 보탰다. 결국 그는 하버드비즈니스스쿨을 모델로 하여 1957년 유럽 최초의 비즈니스 스쿨 인시아드INSEAD를 프랑스에 설립했다.

도리오의 사명은 거기서 그치지 않았다. 제2차 세계대전 중 첨단 테크놀로지의 개발과 사업화의 중요성에 눈을 뜬 그는 1946년 아메리칸리서치 앤드 디벨롭먼트American Research and Development Corporation(이하 ARD)라는 회사를 세웠다. 이 회사는 기술은 있지만 돈과 비즈니스 지식이 없는 엔지니어들에게 선뜻 지분 투자를 결정했다. 즉, ARD는 세계 최초의 벤처캐피털 회사였다. 이후 도리오의 방식을 따라 하는 여러 회사들이 실리콘 밸리에 생겨났다. 도리오는 '벤처캐피털의 아버지'라고도 불린다.

도리오는 자신의 은퇴식에서 다음과 같은 말을 남겼다.

"길에서 돌을 깨고 있는 세 사람이 있길래 무슨 일을 하고 있냐고 물어보았습니다. 한 명은 "돈을 벌고 있어요"라고 대답했고, 한 명은 "돌을 깨고 있어요"라고 말했으며, 마지막 한 명은 "성당 건축에 힘을 보태고 있어요"라고 말했지요. 우리 함께 성당을 쌓아 올립시다.'"

천명의 가장 큰 적, 허무주의

한 사람의 사명이 깊어지면 천명天命에 이른다. 천명은 말 그대로 '하늘의 명령'이다. 천명을 따르는 일은 영웅이 되는 길이기도 하다. 최후의, 궁극의 성공이 여기에 있다.

영웅은 대단한 일을 이루거나 매우 용감한 일을 함으로써 사람들의 존경을 받는 사람이다. 그저 돈이 많거나 권력이 있거나 단순히 유명한 사람과 구별된다. 사람들은 그의 행위에 마음속 깊이 감탄하며 칭송한다. 영웅은 동시대 사람뿐만 아니라 후대 사람들로부터도 공경과 흠모를 받는다.

시대와 지역을 막론하고 영웅은 대체로 비슷한 모습이다. 영웅의 이미지가 보편적이라는 의미다. 영웅은 단지 힘이 센 사람이 아니다. 오히려 그것과 거리가 멀다. 영웅이 되려면 스스로의 목숨을 포함해 무언가를 포기하고 희생해야 한다. 말도 안 되는 이야기처럼 들리겠지만 사실이 그렇다. 죽어야만 살 수 있고 버려야만 얻을 수 있다. 그렇게 다시 태어남으로써 도전에 맞설 수 있다. 한계가 없으면 이야기가 없고, 이야기가 없으면 영웅도 없다.

인간이 영웅이 되는 길을 막는 두 가지가 있다. 그중 첫 번째 적을 먼저 이야기하자. 바로 허무주의다.

니힐리즘nihilism, 즉 허무주의는 세상이 공허하다는 생각이다. 라틴어 '니힐nihil'은 아무것도 없음을, 즉 텅 비어 있음을 뜻한다. 허무주의에 의하면 뭘 해도 소용이 없고 무가치할 뿐이다. 인생의 목표니 의미도 허구적 개념에 지나지 않는다.

허무주의를 받아들이면 결론은 하나다. 그냥 되는 대로 살거나 순간의 쾌락을 쫓다가 때 되면 갈 따름이다. 이 또한 각자가 선택할 문제이기는 하다. 이러한 선택은 성공을 바라는 마음과 거리가 멀다.

가톨릭 교부들이 오래전부터 주장했고 《팡세Pensées》를 쓴 블레즈 파스칼Blaise Pascal이 재차 강조했듯이 인간의 고귀함은 제한된 수단으로 위대한 목적을 달성하려는 데 있다. 인간의 삶에서 운을 배제하면 삶은 완전한 예측이 가능한 대상이 된다. 인간에게서 자유 의지를 제거해도 마찬가지다. 이는 인간을 인간이 아니게 만드는 결과다. 허무주의를 타파하려면 존재의 짐을 떠안고 영웅의 길을 걸어야 한다.

1956년에 나이지리아에서 태어난 아메요 아다데보Ameyo Adadevoh는 내과 의사였다. 2014년 7월 20일 나이지리아의 한 공항에서 라이베리아인 패트릭 소여가 갑자기 실신했다. 당시 아프리카는 에볼라 바이러스가 휩쓸고 있었다. 에볼라는 평균 치사율이 50퍼센트에 달하는 무서운 전염병이었다. 에볼라가 퍼진 서아프리카 9개국 중 가장 피해가 큰 나라가 5000명 가까이 죽은 라이베리아였다. 나이지리아는 철저한 검역을 통해 에볼라의 유입을 막고 있었다.

설사와 토사로 엉망이 된 소여는 일단 호텔로 옮겨졌다. 소여의 증상은 에볼라 환자와 비슷했다. 어느 누구도 그를 손대고 싶지 않아 했다. 정상적인 경우 그를 취급해야 할 곳은 공중 보건소였다. 사람과의 접촉을 막고 환자를 격리할 필요가 있었다. 하필이면 당시 나이지리아 공중 보건 의사들은 파업 중이었다. 결국 소여는 40개 병상을 보유한 작은 병원 퍼스트컨설턴트병원에 실려 왔다. 아다데보는 퍼스트컨설턴트병원의 책임 당직 의사였다.

의식을 되찾은 소여는 자신이 말라리아에 걸렸다고 진술했다. 이는 거짓말이었다. 7월 초부터 소여는 에볼라에 감염된 자신의 여동생을 간호했다. 7월 7일 여동생은 사망했다. 아다데보는 소여의 진술을 신뢰할 수 없었다. 소여가 라이베리아인이라는 사실과 현재 나타난 증상으로 미루어 보건대 에볼라 환자일 가능성을 무시할 수 없었다.

소여는 병원을 나가겠다고 우겼다. 아다데보는 간호사들과 함께 소여를 붙잡았다. 에볼라 환자일지도 모르는 사람이 마음대로 돌아다니게 놔둘 수는 없었다. 몸싸움을 하는 과정에서 소여의 피가 아다데보에게 튀었다. 퍼스트컨설턴트병원은 아다데보의 지휘하에 자체 격리에 들어갔다. 아다데보와 간호사들이 이미 에볼라 보균자가 되었을 가능성 때문이었다.

소여의 에볼라 감염 테스트 결과를 기다리는 동안 생각지 못한 일이 벌어졌다. 라이베리아 정부는 자국민인 소여의 감금을 중단하고 석방하라는 압력을 가했다. 외교적 문제가 부담스러웠던 나이지리아 공무원들은 소여를 내보내라고 아다데보를 압박했다. 아다데보는 버텼다.

소여가 병원에 나타나고 나흘 후인 7월 24일 결국 소여는 죽었다. 사망 원인은 역시 에볼라였다. 그로부터 11일 후인 8월 4일 아다데보가 에볼라에 감염되었음이 확인되었다. 8월 5일 아다데보와 함께 소여를 간호했던 간호사 한 명이 에볼라루 사망했다. 8월 19일 아다데보도 사랑하는 남편과 아들을 이 세상에 남긴 채 숨을 거뒀다. 소여에 의해 감염된 19명의 에볼라 환자 중 8명이 숨졌다. 나이지리아에 더 이상의 피해는 없었다. 빅터 프랭클의 말처럼 "세상을 빛으로 밝히려 하는 것은 불타 버리기를 견뎌야 한다."

하찮게 보여도 천명을 따르는 삶일 수 있다

인간이 영웅이 되는 길을 막는 두 번째 적은 바로 악惡이다. 악은 자기 자신만을 위하는 이기적인 마음이다. 이기적인 마음은 우리 안의 일부다. 우리가 악을 완전히 없앨 수 없는 이유다. 악은 희생을 거부한다. 희생의 거부를 거부함으로써 우리는 악을 물리칠 수 있다.

천명을 겸허히 받아들이는 영웅이 되기 위해 모두가 아다데보처럼 살아야 할 필요는 없다. 여러분의 천명은 아마도 아다데보와 다를 테다. 그게 무엇인지 찾을 수 있는 사람도 여러분뿐이다. 참고가 될 만한 한 사람의 이야기로써 이 책을 마치자.

앤 킬케니는 미국 알라스카에 사는 할머니다. 대학 졸업 후 고등학교 교사가 되고 싶었지만 실패했다. 대신 학교 직원이 되었고 그 삶에 감사했다. 목수와 결혼해 아들을 낳았고 교회 성가대에서 노래를 부른다. 취미는 댄스 스포츠다. 킬케니의 좌우명은 "단순하게 산다. 관대하게 사랑한다. 깊게 보살핀다. 친절하게 말한다. 나머지는 신에게 맡긴다"다.

    지금까지 읽으면서 혹시 주님의 향기를 느낀 여러분이 있을지 모르겠다. 있다면 돌아가서 운을 예수 그리스도로 바꿔서 읽어보시길. 그리스도인들은 자신의 통제 바깥의 일을 가리켜 은총이라고 부른다. 운과 은총은 둘 다 사람을 겸손하게 만든다.

부록

첫 번째 내기에서는 주사위 한 개를 네 번 던져 1이 한 번이라도 나오면 이긴다. 이 내기를 이길 확률은 이 내기에서 질 확률을 1에서 뺀 값과 같다. 이 내기를 지려면 1이 아닌 눈이 네 번 연속 나와야 한다. 따라서 그 확률은 다음과 같다.

$$\widetilde{P} = \left(\frac{5}{6}\right)^4 = 48.225\% \qquad \text{(A.1)}$$

그러므로, 첫 번째 내기에서 이길 확률 P는 다음과 같다.

$$P = 1 - \widetilde{P} = 51.775\% \qquad \text{(A.2)}$$

두 번째 내기에서는 주사위 두 개를 열두 번 던져 (1,1)이나 (6,6)이 한 번이라도 나오면 이긴다. 위와 마찬가지로, 이 내기를 이길 확률은 이 내기에서 질 확률을 1에서 뺀 값과 같다. 이 내기를 지려면 (1,1)이나 (6,6)이 아닌 눈이 열두 번 연속 나와야 한다. 따라서 그 확률은 다음과 같다.

세 가지 열쇠

$$\widetilde{Q} = \left(\frac{34}{36} \right)^{12} = 50.364\% \qquad \text{(A.3)}$$

그러므로, 두 번째 내기에서 이길 확률 Q는 다음과 같다.

$$Q = 1 - \widetilde{Q} = 49.636\% \qquad \text{(A.4)}$$

부록

참고문헌

권오상 지음, 《신금융선언》, 들녘, 2018.

권오상 지음, 《혁신의 파》, 청어람미디어, 2018.

레오나르드 믈로디노프 지음, 이덕환 옮김, 《춤추는 술고래의 수학 이야기》, 까치, 2009.

로버트 프랭크·필립 쿡 지음, 권영경·김양미 옮김, 《승자독식사회》, 웅진지식하우스, 2008.

마틴 블레이저 지음, 서자영 옮김, 《인간은 왜 세균과 공존해야 하는가》, 처음북스, 2014.

백성호, 《예수를 만나다》, 아르테, 2018.

빌 버넷·데이브 에번스 지음, 김정혜 옮김, 《디자인 유어 라이프》, 와이즈베리, 2017.

알프레드 랜싱 지음, 유혜경 옮김, 《섀클턴의 위대한 항해》, 뜨인돌, 2001.

양은우 지음, 《처음 만나는 뇌과학 이야기》, 카시오페아, 2016.

엠제이 드마코 지음, 안시열 옮김, 《언스크립티드》, 토트, 2018.

제프리 웨스트 지음, 이한음 옮김, 《스케일》, 김영사, 2018.

카를로 치폴라 지음, 김정하 옮김, 《즐겁게 그러나 지나치지 않게》, 북코리아, 2007.

플로리안 아이그너 지음, 서유리 옮김, 《우연은 얼마나 내 삶을 지배하는가》, 동양북스, 2018.

하노 벡·알로이스 프린츠 지음, 배명자 옮김, 《내 안에서 행복을 만드는 것들》, 다산초당, 2018.

Arbesman, Samuel. *The Half-Life of Facts*. Current, 2012.

Armstrong, Karen. *A Short History of Myth*. Canongate, 2006.

Ante, Spencer E.. *Creative Capital: Georges Doriot and the Birth of Venture Capital*. Harvard Business Review Press, 2008.

Bahcall, Safi. *Loonshots*, St. Martin's Press, 2019.

Barabási, Albert-László. *The Formula: The Universal Laws of Success*. Little, Brown and Company, 2018.

Barabási, Albert-Lázsló and Reka Albert. "Emergence of scaling in random networks".

Science, 1999, 286, 509-512.

Barker, Eric. *Barking up the Wrong Tree*. HarperOne, 2017.

Berlin, Isaiah. *The Hedgehog and the Fox*. Princeton University Press, 2013.

Brenner, Reuven, Gabrielle A. Brenner and Aaron Brown. *A World of Chance*. Cambridge University Press, 2008.

Brenner, Reuven. *Rivalry*. Cambridge University Press, 1987.

Brown, Aaron. *The Poker Face of Wall Street*. Wiley, 2006.

Buettner, Ricardo. "Getting a job via career-oriented social networking markets: The weakness of too many ties." *Electronic Markets*, 2017, 27(4), 371-385.

Burkus, David. *Friend of a Friend*. Houghton Mifflin Harcourt, 2018.

Burnham, Terry. *Mean Markets and Lizard Brains*. Wiley, 2008.

Calacanis, Jason. *Angel: How to Invest in Technology Startup*. HarperBusiness, 2017.

Carreyrou, John. *Bad Blood: Secrets and Lies in a Silicon Valley Startup*. Knopf, 2018.

Cornell, C. J.. *The Age of Metapreneurship*. Venture Point Press, 2017.

Costa, Rebecca. *The Watchman's Rattle: A Radical New Theory of Collapse*. Vanguard Press, 2012.

Diaconis, Persi. *Ten Great Ideas about Chance*. Princeton University Press, 2017.

Doerr, John. *Measure What Matters*. Portfolio, 2018.

Duckworth, Angela. *Grit: The Power of Passion and Perseverance*. Simon & Schuster, 2016.

Duke, Annie, *Thinking in Bets*. Portfolio, 2018.

Dunbar, Robin. "Neocortex size as a constraint on group size in primates." *Journal of Human Evolution*, 1992, 22(6), 469-493.

Dunbar, Robin. "Why drink is the secret to humanity's success." *Financial Times*, August 10, 2018.

Easley, David and Jon Kleinberg. *Networks, Crowds, and Markets*. Cambridge University Press, 2010.

Ellenberg, Jordan. *How Not To Be Wrong: The Power of Mathematical Thinking.* Penguin, 2015.

Ellis, Charles D.. *Winning the Loser's Game.* McGraw-Hill, 2002.

Emerson, Jed. *The Purpose of Capital: Elements of Impacts, Financial Flows, and Natural Being.* Blended Value Group Press, 2018.

Epstein, David. *Range: Why Generalists Triumph in a Specialized World.* Riverhead Books, 2019.

Feld, Brad and Jason Mendelson. *Venture Deals.* Wiley, 2012.

Fisher, Adam. *Valley of Genius.* Twelve, 2018.

Flores, Renato G., Jr. and Victor A. Ginsburgh. "The Queen Elisabeth Musical Competition How Fair is the Final Ranking." *Journal of the Royal Statistical Society,* 1996, 45, 97-104.

Frank, Robert H.. *Success and Luck: Good Fortune and the Myth of Meritocracy.* Princeton University Press, 2016.

Gilboa, Itzhak. *Making Better Decisions.* Wiley-Blackwell, 2010.

Gunther, Max. *The Luck Factor.* Harriman House, 2010.

Hasilip, Alexander. *Essentials of Venture Capital.* Wiley, 2010.

Harari, Yuval Noah. *21 Lessons for the 21st Century.* Spiegel & Grau, 2018.

Hidalgo, Cesar. *Why Information Grows.* Basic Books, 2015.

Hodgson, Robert T.. "How Expert are "Expert" Wine Judges?". *Journal of Wine Economics,* 2009, 4(2), 233-241.

Hudson, Barbara A.. *Understanding Justice.* Open University Press, 1996.

Jackson, Matthew O.. *The Human Network.* Pantheon, 2019.

Johnson, Neil. *Simply Complexity.* Oneworld, 2007.

Kahneman, Daniel. *Thinking, Fast and Slow.* Farrar, Straus & Giroux, 2011.

Komisar, Randy. *The Monk and the Riddle.* Harvard Business Review Press, 2001.

Kucharski, Adam. *The Perfect Bet: How Science and Math are Taking the Luck out of*

Gambling. Basic Books, 2016.

Leigh, Andrew. "Does the World Economy Swing National Elections?". https://ssrn. com/abstract=615481,2004.

Levitin, Daniel J.. *A Field Guide to Lies: Critical Thinking in the Information Age*. Dutton, 2016.

Lewis, Michael. *Liar's Poker*. W. W. Norton & Company, 1989.

Lewis, Michael. *The Fifth Risk*. W. W. Norton & Company, 2018.

Machiavelli, Niccolo. *The Prince*. Chump Change, 2017.

Mallaby, Sebastian. *More Money Than God*. The Penguin Press, 2010.

Martinez, Antonio Garcia. *Chaos Monkey*. HarperCollins, 2016.

Mauboussin, Michael J.. *The Success Equation*. Harvard Business Review Press, 2012.

Mauboussin, Michael J.. *Think Twice*. Harvard Business School Press, 2009.

Mazzucato, Mariana. *The Value of Everything: Making and Taking in Global Economy*. PublicAffairs, 2018.

Mehrabian, Albert and Morton Wiener. "Decoding of Inconsistent Communications". *Journal of Personality and Social Psychology*, 1967, 6(1), 109-114.

Metrick, Andrew and Ayako Yasuda, *Venture Capital and the Finance of Innovation*. Wiley, 2011.

Morrison, Foster. *The Art of Modeling Dynamic System*. Wiley-Interscience, 1991.

Muller, Jerry Z.. *The Tyranny of Metrics*. Princeton University Press, 2018.

North, Michael J. and Charles M. Macal. *Managing Business Complexity*. Oxford University Press, 2007.

Orrell, David. *Quantum Economics: The New Science of Money*. Icon Books, 2018.

Page, Scott E.. *The Diversity Bonus*. Princeton University Press, 2017.

Page, Scott E.. *The Model Thinker*. Basic Books, 2018.

Pearl, Judea. *Causal Inference in Statistics*. Wiley, 2016.

Pearl, Judea and Dana Mackenzie. *The Book of Why*. Basic Books, 2018.

Peck, M. Scott. *People of the Lie: The Hope for Healing Human Evil.* Touchstone, 1998.

Peck, M. Scott. *The Road Less Traveled.* Touchstone, 2003.

Peterson, Jordan B.. *12 Rules for Life: An Antidote to Chaos.* Random House Canada, 2018.

Peterson, Jordan B.. *Maps of Meaning: The Architecture of Belief.* Routledge, 1999.

Portnoy, Brian. *The Investor's Paradox.* St. Martin's Press, 2014.

Portnoy, Brian. *The Geometry of Wealth.* Harriman House, 2018.

Posner, Eric A. and E. Glen Weyl. *Radical Markets.* Princeton University Press, 2018.

Prigogine, Ilya. *Is Future Given?.* World Scientic Publishing, 2003.

Ramsinghani, Mahendra. *The Business of Venture Capital.* Wiley, 2014.

Raynor, Michael E.. *The Strategy Paradox.* Crown Business, 2007.

Raynor, Michael E. and Mumtaz Ahmed. *The Three Rules.* Portfolio, 2013.

Rescher, Nicholas. *Luck: The Brilliant Randomness of Everyday Life.* University of Pittsburgh Press, 2001.

Riel, Jennifer and Roger Martin. *Creating Great Choices.* Harvard Business Review Press, 2017.

Rogelberg, Steven G.. *The Surprising Science of Meeting.* Oxford University Press, 2019.

Rose, Todd. *The End of Average.* HarperOne, 2016.

Rosenzweig, Phil. *The Halo Effect.* Free Press, 2014.

Rosling, Hans, Ola Rosling and Anna Rosling Ronnlund. *Factfulness.* Flatiron Books, 2018.

Silver, Nate. *The Signal and the Noise.* The Penguin Press, 2012.

Skinner, B. F.. "'Superstition' in the Pigeon." *Journal of Experimental Psychology,* 1947, No.38.

Smith, Ed. *Luck: What It Means and Why It Matters.* Bloomsbury Publishing, 2012.

Sterman, John D.. *Business Dynamics.* Irwin McGraw Hill, 2000.

Stockton, Frank R.. *The Lady, or the Tiger?.* The Century, 1882.

Strogatz, Steven H.. *Nonlinear Dynamics and Chaos*. Perseus Books, 1994.

Taleb, Nassim N.. *Skin in the Game*. Random House, 2018.

Taleb, Nassim N.. *Fooled by Randomness*. Texere, 2001.

Tenner, Edward. *The Efficiency Paradox: What Big Data Can't Do*. Knopf, 2018.

Tetlock, Philip E. and Dan Gardner. *Superforecasting: The Art and Science of Prediction*.
Crown, 2015.

Tinker, Bob and Tae Hea Nahm. *Survival to Thrival*. Mascot Books, 2018.

Walsh, Mike. *The Algorithmic Leader*. Page Two, 2019.

Watts, Duncan J.. *Everything is Obvious*. Crown Business, 2012.

Wink, Walter. *Engaging the Powers*. Fortress Press, 1992.

Wright, Tom and Bradley Hope. *Billion Dollar Whale*. Hachette Books, 2018.

Young, Michael. *The Rise of the Meritocracy*. Transaction Publishers, 1994.

Yudkkowsky, Eliezer. *Inadequate Equilibria*. Machine Intelligence Research Institute,
2017.